校企合作土木与建筑工程专业系列

互联网+创新型“十四五”精品教材

工程项目管理实务

（微课版）

主　编　朱绍猛　赵倩倩　黄琪皓
副主编　黄　帅　剧秀梅　郝绍菊
　　　　韩　超　张加伟　赵瑞仙

哈爾濱工程大學出版社
Harbin Engineering University Press

内 容 简 介

本书共十章，主要包括工程项目管理概述、工程项目的组织、工程项目进度管理、工程项目质量管理、工程项目成本管理、工程项目安全管理与环境管理、工程项目合同管理、工程项目风险管理、工程项目沟通管理和工程项目收尾管理。

本书可作为职业院校建筑工程管理专业的教材，也可作为工程建设领域从业人员的学习资料，还可供职业（执业）资格考试人员参考阅读。

图书在版编目（CIP）数据

工程项目管理实务 ： 微课版 / 朱绍猛，赵倩倩，黄琪皓主编. -- 哈尔滨 ： 哈尔滨工程大学出版社，2024. 6. -- ISBN 978-7-5661-4453-9

Ⅰ. F284

中国国家版本馆 CIP 数据核字第 20243YA818 号

工程项目管理实务（微课版）

GONGCHENG XIANGMU GUANLI SHIWU（WEIKE BAN）

策划编辑 张林峰

责任编辑 章银武

出版发行 哈尔滨工程大学出版社

社　　址 哈尔滨市南岗区南通大街 145 号

邮政编码 150001

发行电话 0451-82519328

传　　真 0451-82519699

经　　销 新华书店

印　　刷 唐山唐文印刷有限公司

开　　本 787 mm×1 092 mm　1/16

印　　张 14.5

字　　数 371 千字

版　　次 2024 年 6 月第 1 版

印　　次 2024 年 6 月第 1 次印刷

书　　号 ISBN 978-7-5661-4453-9

定　　价 49.80 元

http://www.hrbeupress.com

E-mail:heupress@hrbeu.edu.cn

前　言

党的二十大报告中指出，教育、科技、人才是全面建设社会主义现代化国家的基础性、战略性支撑。必须坚持科技是第一生产力、人才是第一资源、创新是第一动力，深入实施科教兴国战略、人才强国战略、创新驱动发展战略，开辟发展新领域新赛道，不断塑造发展新动能新优势。

“工程项目管理实务”是工程造价、工程管理、建筑工程技术等专业的主干课程。本书既紧跟建筑行业的时代发展步伐，也考虑到充分满足应用型本科、职业院校学生能力的培养要求，力争做到面向工程实际，突出应用型教育特色。

本书在编写过程中，力求将管理学的基本原理、项目管理的基本理论与工程项目的特殊性相结合，以建筑工程项目的管理为着力点，详细介绍了建设工程项目管理的方法及要求等，并与我国现行建设项目管理的有关法律、法规及规范、标准相结合，贴近建设工程现场项目管理的各项工作。在内容上，本书注重深度与广度之间的关系，具有可操作性强、深浅适度、通俗易懂等特点。

全书共十章，主要包括工程项目管理概述、工程项目的组织、工程项目进度管理、工程项目质量管理、工程项目成本管理、工程项目安全管理与环境管理、工程项目合同管理、工程项目风险管理、工程项目沟通管理和工程项目收尾管理。

本书由朱绍猛（滕州市中心人民医院）、赵倩倩（湖北轻工职业技术学院）、黄琪皓（胶州市胶北街道办事处）担任主编，由黄帅（重庆市綦江区城市建设投资有限公司）、剧秀梅（吉林工程职业学院）、郝绍菊（郑州信息科技职业学院）、韩超（辽宁建筑职业学院）、张加伟（焦作市铭源建筑有限公司）、赵瑞仙（重庆艾兰工程设计有限公司）担任副主编。本书的相关资料和售后服务可扫封底微信二维码或登录 www.bjzzwh.com 下载获得。

编者在编写本书的过程中参考了大量资料，在此向相关人员表示感谢。由于编者水平有限，书中难免存在不足之处，恳请广大读者批评指正并提出宝贵意见。

编　者

目　录

第一章 工程项目管理概述

本章导读

工程项目管理是指从事工程项目管理的企业受业主委托，按照合同约定，代表业主对工程项目的组织实施进行全过程或若干阶段的管理和服务。本章主要介绍工程项目、项目管理与工程项目管理等内容。

学习目标

- 了解项目的属性、特点、组成要素和参与者。
- 掌握工程项目的分类及特征。
- 熟悉工程项目管理的特点、内容及基本职能。
- 熟悉项目管理的过程、作用、核心、目的、关键原则和基本职能。

素质目标

- 培养学生的人文素质、科学素养、绿色理念和社会责任感，适应地方经济社会发展需要。
- 培养学生具备执行工程项目管理所需技术、技能及使用现代工具的能力。

本章结构图

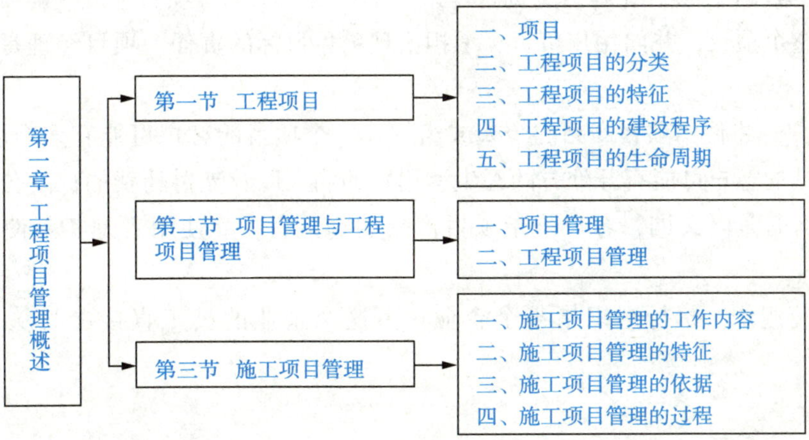

第一节 工程项目

工程项目是以工程建设为载体的项目，作为被管理对象的一次性工程建设任务。工程项目不仅涉及建筑物的建设，还包括了策划、勘察、设计、采购、施工、试运行以及竣工验收和考核评价等全流程全阶段的工程建设任务。这些任务需要在一定的时间内完成，并且要满足质量要求。

一、项目

项目是一个特殊的将被完成的有限任务，在一定时间内，满足一系列特定目标的多项相关工作的总称。

（一）项目的组成要素

为了达到预期的目标，项目由以下五个要素构成。

（1）项目的（界定）范围。

（2）项目的组织结构。

（3）项目的质量。

（4）项目的费用。

（5）项目的时间进度。

项目目标五要素中，项目的（界定）范围和项目的组织结构是最基本的，而项目的质量、费用、时间进度可以有所变动，是依附于界定和组织的。

（二）项目的参与者

项目的参与者，又叫作项目干系人，是指那些积极介入项目，其利益可能由于项目执行或项目成功完成而受到积极或消极影响的个人和组织。一个项目中应当有以下五个参与者。

（1）项目经理。项目经理是负责管理某一个项目的个人。项目经理一般要有足够的权力以便管理整个项目，并向用户负责，承担实现项目目标的责任。项目经理是项目班子的领导人。

（2）客户。将使用项目产品的个人或组织。一个项目的客户可能有多个层次，例如，一种新的药品的客户可能有开处方的医生、用药的病人以及支付药费的保险公司。有时客户与使用者有时是同义词，客户是指项目产品的购买者，而使用者是实际使用项目产品的人。

（3）执行组织。执行组织指某个企业，由这个企业的员工直接参与从事项目中的工作。

（4）项目班子成员。

（5）项目出资人。项目出资人是执行组织内部或外部以现金或实物为项目提供财务资源的个人或团体。

（三）项目的特点

项目主要有以下几个特点。

（1）项目由多个部分组成，跨越多个组织，因此需要多方合作才能完成。

（2）通常是为了追求一种新产物才组织项目。

（3）要预先对可利用资源有明确的预算。

（4）可利用资源一经约定，不再接受其他支援。

（5）有严格的时间界限，并要公之于众。

（6）项目的构成人员来自不同专业的不同职能组织，原则上项目结束后回到原职能组织中。

（7）项目的产物的保全或扩展通常由项目参加者以外的人员来进行。

（四）项目的属性

项目是特定工作的集合，项目中所涉及的工作具有其自身的独特性，具体有以下属性。

（1）独特性和唯一性。每个项目都是独立存在的，有其自身的特点。另外与其他项目相比总会有不同之处，至少项目的过程也是独一无二的。

（2）一次性和时限性。一次性指每个项目都有自己明确的起点和终点，没有可以完全照搬的先例也不会有完全相同的项目；时限性指每个项目都应该有自己明确的开端和结束时点，当然，时效性并不是说项目持续时间短，主要是指项目的持续时间是确定的。

（3）目标的确定性。目标的确定性主要指每个项目在时间上、成果上以及资源的限制等方面都有确定的目标。当然，项目的目标可以在一个允许变动的幅度内修改，不过一旦目标发生了实质性的变化，就会产生一个新的项目而存在。

（4）活动的整体性与范围性。活动的整体性是指每一个项目中的活动都是互相联系构成完整一体，某些关键性活动缺失则不能构成项目整体，因为影响目标的实现。同样，活动的范围性是指每一个项目的范围也是确定的。

（5）组织的临时性和开放性。组织的临时性是指每一个项目中关键因素，如人员、数量、职责等都是在不断变化的，不同时段不同程度参与到项目活动中。同时，该特点也说明了临时性的开放性。

（6）成果的不可挽回性。成果的不可挽回性是指每一个项目如同单程车票一样，项目的一次性属性决定了项目一旦失败就失去了重新进行原项目的机会，也就是没有试做的机会。

（7）团队性。团队性是指项目团队是针对具体项目而言的。如开发一项新的产品、修订一个信息系统、修建一座大楼等活动都可以称为一个项目，都需要对应的项目团队。

二、工程项目的分类

工程项目是最常见的项目类型，是投资与建设相结合的一种典型类型。根据不同的划分标准，工程项目可分为不同的类型。

（一）按工程项目投资用途分类

工程项目按投资用途可分为以下几类。

（1）商业项目。商业项目是指商场、零售连锁店、大型购物中心，饭店、写字楼等。

（2）工业项目。工业项目是指工业企业的厂房、车间、库房及其辅助设施的建设项目，如化工厂、食品厂、电器制造厂等。

（3）住宅项目。住宅项目是指建成后供人居住的房屋建筑项目，包括高层住宅、多层住宅、别墅等。

（4）基础设施项目。基础设施项目是指城市基础设施，如城市道路、地铁、轻轨、隧道、污水处理工程、供电工程等。

（5）公益项目。公益项目如学校、医院、图书馆、体育馆等。

（6）国防项目。国防项目是指与国防事业、军队建设、武器装备有关的工程项目，如雷达站、军事基地、军事机场等。

（7）其他项目。如农田灌溉、防洪工程等。

（二）按工程项目建设性质分类

工程项目按工程项目建设性质可分为以下几类。

（1）新建项目。新建项目一般是指为经济、科学技术和社会发展而进行的平地起家的投资项目。如有的单位原有规模很小，经过建设后其新增的固定资产价值超过原有固定资产原值三倍以上的项目，也算新建项目。

（2）扩建项目。扩建项目一般是指为扩大生产能力或新增效益而增建的分厂、主要车间、矿井、铁路干线、码头泊位等工程项目。

（3）迁建项目。迁建项目一般是指为改变生产力布局而将企业或事业单位搬迁到其他地点建设的项目。

（4）改建项目。改建项目一般是指为技术进步，提高产品质量，增加花色品种，促进产品升级换代，降低消耗和成本，加强资源综合利用、三废治理和劳动安全等，采用新技术、新工艺、新设备、新材料等对现有工艺条件进行技术改造和更新的项目。

（5）恢复项目。恢复项目一般是指因遭受各种灾害而使原有固定资产全部或部分报废，以后又恢复建设的项目。

（三）按工程项目投资主体分类

工程项目按投资主体可分为以下两类。

（1）非政府投资项目。非政府投资项目是除政府投资的项目之外的投资项目的总称，包括企业投资项目、民间资本投资项目、国外企业与私人投资项目等。

(2) 政府投资项目。政府投资项目包括中央政府投资的项目和地方政府投资的项目，是由国家各级财政预算直接安排的工程建设项目。

(四) 按工程项目资本金的来源分类

工程项目按资本金的来源可分以下几类。

(1) 外资项目，是指利用外国资金作为资本金进行投资的工程项目。

(2) 内资项目，是指运用国内资金作为资本金进行投资的工程项目。

(3) 中外合资项目，是指运用国内和外国资金作为资本金进行投资的工程项目。

三、工程项目的特征

工程项目具有以下几方面的特征。

(1) 工程项目实体的特殊性。首先，工程项目首先具有庞大的实体体型。无论是复杂的工程项目实体，还是简单的工程产品，为满足其使用功能上的需要，并考虑到建筑材料的物理力学性能，均需要大量的物质资源占据广阔的平面或空间，因而工程项目实体体型庞大。其次，工程项目实体在空间上具有固定性。一般的工程项目实体由地下基础和地上主体两部分组成，建造后不能移动。最后，工程项目实体的单件性。除其建造的时间、地点、地形、环境的不同，工程项目不可能有完全雷同的情况。

(2) 建设目标的明确性。建设目标的明确性是工程项目的显著特征。无论是政府投资的项目还是企业或私人投资的项目，都有自己的建设目标，如工业项目是在一定时期内为满足某种社会需求而提供产品或服务，通过产品或服务使投资实现一定经济目标的投资方案；再如交通工程项目是为满足社会对公共交通的需求而进行的投资方案。

(3) 项目的风险性。项目的风险性工程项目从构思、实施到建成都有一个过程，有的工程项目建设周期较长，不可避免地面临较大的不确定性和风险，如国内投资环境的变化、天气或自然灾害的影响、金融市场的波动、原材料与产品市场的变化等，这些不确定因素都会给项目带来一定的风险，可能造成不利后果。

(4) 资源的有限性。资源的有限性是指每一个工程项目都有资金、土地、时间、人力、技术等方面的限制。要实现工期、质量、费用的项目目标．必须对有限的资源进行最优配置。

(5) 建设过程的特殊性。建设过程的特殊性体现在其建设周期长、建设过程的连续性及建设施工队伍的流动性上。

四、工程项目的建设程序

工程项目建设程序是指建设项目从决策、设计、施工到竣工验收和后评价的全过程中，各项工作必须遵循的先后次序。项目建设程序是人们在认识客观规律的基础上制定出来的，不能任意颠倒，但是可以合理交叉。

在我国建设程序可分为“六阶段”，即项目建议书阶段、可行性研究阶段、设计工作阶段、建设准备阶段、建设施工阶段和竣工验收阶段，如图 1-1 所示。其中项目建议书阶段和可行性研究阶段称为前期工作阶段或决策阶段。

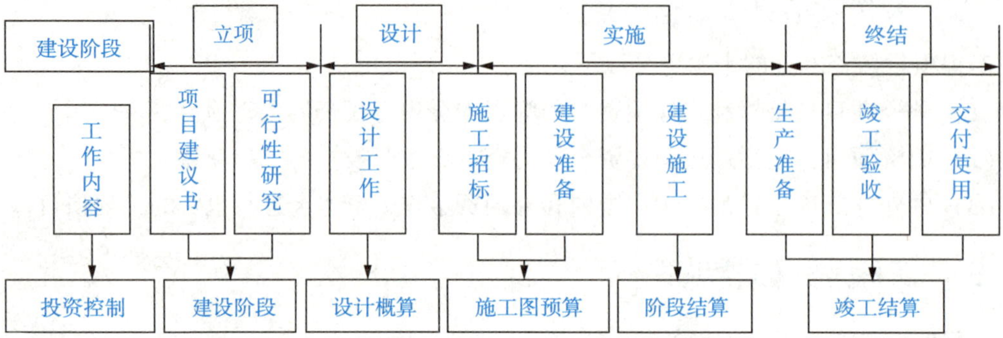

图 1-1　项目建设程序

五、工程项目的生命周期

工程项目建设的完成，即可交付一个产品。因此，工程项目存在从开始策划立项，到建成、运行和报废（或淘汰）这样一个项目周期。

不同类型或规模的工程项目，由于使用者对其要求不同，因而生命周期的长短一般也不会相同。但不同工程项目的全寿命周期都包括项目的决策阶段、实施阶段和使用阶段。项目实施阶段包括设计准备阶段、设计阶段、施工阶段、动用前准备阶段和保修阶段，如图 1-2 所示。招投标工作分散在设计准备阶段、设计阶段和施工阶段中进行，因此可以不单独列为招投标阶段。

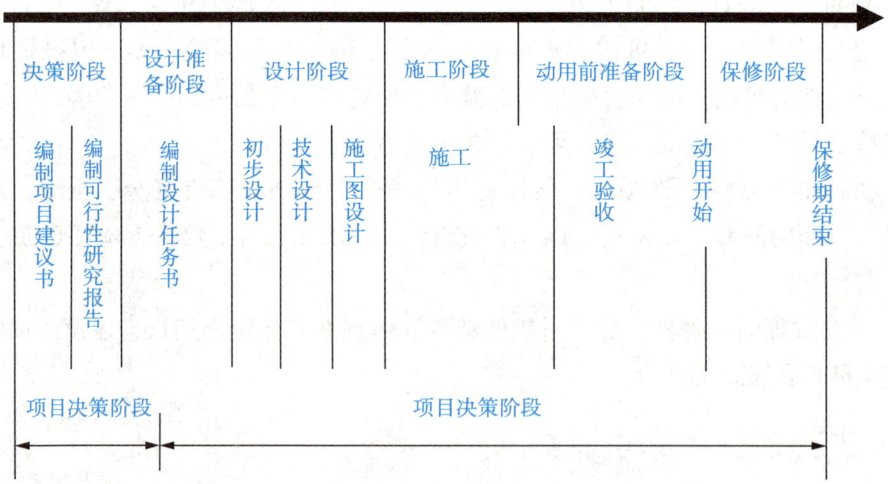

图 1-2　工程项目的生命周期阶段划分

第二节　项目管理与工程项目管理

一、项目管理

项目管理就是以项目为对象的系统管理方法，通过一个临时性的专门的柔性组织，对项目进行高效率的计划、组织、指导和控制，以实现项目全过程的动态管理和项目目标的综合协调与优化。项目管理有两种含义：一是项目管理是指一种管理活动，即一种有意识地按照项目的特点和规律，对项目进行组织管理的活动；二是项目管理是指一种管理学科，即以项目管理活动为研究对象的一门学科，是探求项目活动科学组织管理的理论与方法。

项目和项目管理

（一）项目管理的内容

在工程实践意义上，如果一个建设项目没有明确的投资目标、明确的进度目标和明确的质量目标，那么就没有必要进行管理，也无法进行定量的目标控制。通常，项目管理工作主要包括以下内容。

（1）对项目进行前期调查，并收集整理相关资料，制定初步的项目可行性研究报告，为决策层提供建议，协同配合制作和申报立项报告资料。

（2）对项目进行分析和需求策划。

（3）对项目的组成部分或模块进行完整的系统设计。

（4）制定项目目标及项目计划、项目进度表。

（5）制定项目执行和控制的基本计划。

（6）建立项目管理的信息系统。

（7）项目进程控制，配合上级管理层对项目进行良好的控制。

（8）跟踪和分析成本。

（9）记录并向上级管理层传达项目信息。

（10）管理项目中的问题、风险和变化。

（11）项目团队建设。

（12）各部门、各项目组之间的协调并组织项目培训工作。

（13）项目方案及项目经理考核。

（二）项目管理的过程

项目管理过程是关于描述和组织项目工作的过程，通常情况下适用于大多数的项目。项目管理过程可以分为启动过程、计划过程、执行过程、控制过程和结束过程五个阶段。

（1）启动过程。启动过程是指认定一个项目或阶段应当开始并保证去做。其主要内容包括：项目的评估与论证、项目的核准和批准、项目的资金筹集和项目启动。

（2）计划过程。计划过程是指为了实现承担项目所致力的商业需要而做出并维持一个可操作的系统的计划。其主要内容包括：项目规划和项目计划、规划的步骤和成果以及范围规划相关的子过程。

（3）实施过程。实施过程是指为了执行计划而协调人和其他资源的过程。其主要内容包括：项目实施准备、项目计划执行和项目控制。

（4）结束过程。结束过程是指项目或阶段的正式接收并使其有序地结束。其主要工作内容包括：项目验收、合同收尾、行政收尾、中止收尾和总结评价。

工程项目具有一次性、固定性及不确定性等特点，这就决定了其过程控制的动态特征。过程管理师使用一组实践方法、技术和工具来策划、控制和改进过程的效果、效率和适应性。国际标准化组织（ISO）和国际咨询工程师联合会（FIDIC）推荐采用国际通用的循环方法（plan—do—check—act，PDCA）循环方法。

项目管理的日常活动通常是围绕项目计划、项目组织、质量管理、费用控制、进度控制等五项基本任务来展开的。

项目管理贯穿于项目的整个寿命周期，它是一种运用既规律又经济的方法，对项目进行高效率的计划、组织、指导和控制的手段，并在时间、费用和技术效果上达到预定目标。

（三）项目管理的作用

项目管理是一种针对特殊任务的特殊管理，有着许多不可替代的价值和作用。对于一个应用了它的组织，项目管理保证可用的资源能以最有效的方式被运用，项目管理使上级领导能够在他们的单位内部了解到“正在发生什么”和“事物发展阶段”。

实施项目管理给组织带来明显的价值。经过调查，那些不实行项目管理的组织与实行项目管理的组织相比将处于竞争的劣势。CBP 调查了对所在组织的项目管理实践和其组织业务成果有所掌握的高级项目管理人员，结果显示，由于率先实行项目管理，组织确有明显进步。项目管理的作用大致有以下几方面。

（1）有更好的工作能见度并且更注重结果。

（2）对不同的工作任务可改进协调和控制。

（3）项目成员有较高的工作热情和较明确的任务方向。

（4）广泛的项目职责能够加速管理人员的成长。

（5）能够缩短产品开发的时间。

（6）能够减少总计划费用，提高利润率。

（7）项目的安全控制较好。

（四）项目管理的核心

项目管理的核心内容主要包括以几个方面。

（1）以顾客的需要为中心。在新的商业环境中，如果所完成的项目不能让顾客满意，则项目就是最大的失败。

（2）掌握各种项目管理技术。项目管理人员不仅要掌握进度安排、预算以及人力和物质资源的分配等方面的基本技术，还需要精通如基本的合同管理技术、商业财务、成本进度综合控制、工作进展测量、质量监控以及进行风险分析等“硬”技术。同时，他们还必须熟练掌握如谈判、变化管理、政治敏锐以及了解他们所交往的人员（包括顾客、同级人员、职员以及上级主管）的需求等“软”技术。

（3）重视项目经理的作用。授权给项目经理，使他能真正对项目的盈亏负责，在很大程度上把自己看成是独立的经营者，独立运作自己的业务，也使得项目经理具备在新的商业环境中有效经营的知识和技能。

（五）项目管理的目的

项目管理的目的主要有以下几个方面。

（1）质量的具体规定。当接受分派的每一个项目时，总是有某种质量方面的具体规定。这些规定可能是采取口头表述的形式，也可能是一份书面文件，说明该产品必须达到的详细要求。质量规定给出了一个最终的定义，即项目的形式、适配性和功能，它定义了项目的最终状态。重要的是，项目的结束要确保项目符合这些规定，或者比这些规定做得更好。

（2）截止日期。每一个项目都会有一个截止日期。项目经理在确定了截止日期后，要将它编制成为进度表的形式，告诉团队成员。而且在编制进度表时，要牢牢记住截止日期。让团队成员知道要求完成项目的实际期限和进度情况，使他们受到更大的激励，加快步伐，从而做出更大贡献。

（3）成本极限（制约因素）。每一个项目都有成本的上限。项目经理要做出比较详细的预算，编制出项目的计划，并让公司或客户知道这项工作要花费多少成本，让团队成员尽可能地了解有关成本的信息。

项目团队可能很大程度上能自己指导自己，执行并实现项目发起者或项目赞助者所设定的愿景。这些项目看上去好像是自己运行的，团队成员在为实现目的而需要完成的各项任务中表现出首创精神。把每个人都理解并同意的项目任务和目的组成一份大纲式文件，这会对项目经理有所帮助。

（六）项目管理中的关键原则

要使项目取得成功，项目各方的理念必须适应项目管理的要求，其中值得注意的关键原则主要有以下几个方面。

（1）项目经理必须关注项目成功的三个标准：一是准时；二是预算控制在既定的范围内；三是质量以用户满意为准则。

（2）应当先规划再执行。

（3）项目经理必须以自己的实际行动向项目团队成员传递一种紧迫感。

（4）成功的项目应使用一种可以度量且被证实的项目生命周期。

（5）所有项目目标和项目活动必须生动形象地进行交流和沟通。

（6）采用渐进的方式逐步实现目标。

（7）项目应得到明确的许可，并由投资方签字实施。

（8）必须对项目目标进行透彻的分析。

（9）项目经理应当责权相同。项目经理应当对项目的结果负责，同时也应被授予足够的权力以承担相应的责任。

（10）项目投资方和用户应当主动介入，不能被动地坐享其成。

（11）项目的实施应当采用市场运作机制。

（12）项目经理应当获得项目小组成员的最佳人选。

（七）项目管理的基本职能

项目管理最基本的职能是项目计划、项目组织、项目评价与控制。

（1）项目计划。项目计划就是根据项目目标的要求，对项目范围内的各项活动做出合理安排。它系统地确定项目的任务、进度和完成任务所需的资源等，使项目在合理的工期内，用尽可能低的成本和以尽可能高的质量完成。

（2）项目组织。项目组织是指为进行项目管理、完成项目计划、实现组织职能而进行的项目组织机构的建立，组织运行与组织调整等组织活动。

（3）项目评价与控制。项目评价是项目控制的基础和依据，项目控制则是项目评价的目的和归宿。从内容上看，项目评价与控制可以分为工作控制、费用控制与进度控制等。

二、工程项目管理

工程项目管理是项目管理的一类，其管理对象是工程项目。可以定义为在工程项目的生命周期内用系统工程的理论、观点和方法，进行有效的规划、决策、组织、协调和控制等活动，从而使工程项目在既定的资源和环境条件下，使其质量、工期和投资控制目标得以实现。

工程建设项目的控制目标有三个：一是时间约束，需要在既定的时间范围内形成一定的固定资产；二是资塬约束，需要在预定的投资限额内完成项目的建设；三是质量约束，即建成的项目有预期的生产能力和使用效益，各项指标达到设计要求，工程质量满足国家、行业、工程合同等要求。在实际工作中，人们通常把进度目标用于工期目标或建设周期管理，也通过对费用的计划与控制达成投资控制的目标。因此，工程项目管理的三大目标是质量、进度和费用。

（一）工程项目管理的特点

工程项目管理的特点主要有以下五个。

（1）项目管理具有创造性。工程项目具有一次性的特点。项目管理者在项目决策和实施过程中，必须从实际出发，结合项目的具体情况，因地制宜地处理和解决工程项目的实际问题。因此，项目管理就是将前人总结的经验和建设知识，创造性地运用于工程管理实践。

（2）项目管理是复杂的任务。工程项目时间跨度长、外界影响因素多，受到投资、时间、质量等多种约束条件的门格限制，并且由多个阶段和部分有机组合而成，其中任何一个阶段或部分出问题，都会影响到整个项目目标的实现，增加项目管理过程中的不确定因素。

项目管理需要各方面的人员临时组织成一个团队，要求全体人员能够综合运用包括专业技术、经济、法律等多种学科知识，步调一致地进行工作，随时解决工程实际中发生的问题。

（3）项目管理方法具有完备的理论体系。现代项目管理方法的理论体系是多学科知识的集成，可以分为哲学方法、逻辑方法和学科方法。哲学方法是辩证地分析事物的两面性，即分析事物的正面效应和反面效应；逻辑方法是用概念、判断、推理等逻辑思维方式，对问题进行归纳、演绎、综合，如逻辑框架法等；专业方法是指各种学科中常用的研究方法，如文献法、问卷法、蒙特卡罗法、价值工程法、网络技术法等。这些方法在项目周期中的项目的策划与立项、目标控制、后评价等方面得到广泛应用，在项目的科学管理中起到关键性作用。

（4）项目管理应建立专门的组织机构。工程项目管理需对资金、人员、材料、设备等多种资源进行优化配置和合理使用，并需要在不同阶段及时进行相应的调整。对于项目决策和实施过程中出现的各种问题，相关部门都应迅速地做出协调一致的反应，以适应项目时间目标的要求。同时，因各种工程项目在资金来源、规模大小、专业领域等方面都存在较大不同，项目管理组织的结构形式、部门设立、人员配备必然不同，不可能采用单一的模式，而必须按照弹性原则围绕具体任务建立一次性的专门组织机构。

（5）项目管理的标准是客户的满意度。一个项目能否成功的关键在于项目管理，项目成功的标准是客户的满意度。项目的客户是项目的利益相关者，是那些参与该项目或其利益受到该项目影响的个人和组织。项目管理就是要充分考虑相关客户的利益，最大限度地满足客户的要求。

（二）工程项目管理的内容

项目管理的目标是通过项目管理工作实现的。为了实现项目管理的目标必须对项目进行全过程、多方面的管理。工程项目按时间顺序，可依次划分为四个阶段：项目决策阶段，项目组织、计划与设计阶段，项目实施阶段，项目竣工验收及试生产阶段。每个阶段具体的管理内容如下。

（1）项目决策阶段。该阶段的目标是通过对投资机会的分析与选择，对项目进行可行性的研究，并对项目建设的必要性、实施的可行性等进行科学的论证和多方案的比较研究。这是立项的阶段。这一阶段工作量相对较小，但决策所需要的时间却不短，因为这一阶段在整个项目周期中最为重要，对项目的长远经济效益和战略起着决定性作用。

（2）项目组织、计划与设计阶段。该阶段对项目实施的成败起着决定性作用。项目实施能否高效率地达到预期目标，在很大程度上取决于这一阶段的工作。这一阶段的主要工作包括：①完成项目初步设计和施工图设计；②建立建设项目管理组织；③进行项目招投标和选定承包单位；④签订项目合同，选定监理单位；⑤制定项目总体规划；⑥完成项目征地及建设条件的准备。该阶段工作非常关键，是为项目实施阶段创造条件的工作，必须集中力量抓好本阶段的工作，顺利进行才可能使项目实施。

(3) 项目实施阶段。该阶段的主要工作是将设计变成项目真正的实体。本阶段在整个项目周期中，工作量最大，投入的人力、物力、财力也最多，管理协调配合难度大。工程项目管理的主要职责是项目实施中的监督、组织、协调和控制。

(4) 项目竣工验收及试生产阶段。该阶段应完成项目竣工验收及项目调试和联动试车。项目试生产正常，建设项目管理人员组织验收认可，进行决算、总结，项目管理即结束。

（三）工程项目管理的基本职能

工程项目管理的基本职能主要有以下几个方面。

(1) 决策职能。工程项目的建设过程是一个系统的决策过程，每一个建设阶段的启动都靠决策。前期决策对设计、施工及建成后的运行都有重要影响。

(2) 计划职能。计划职能是将项目全过程、全部目标和全部活动都纳入计划，用一个动态的计划系统来协调控制整个项目，使项目协调有序地达到预期目标。

(3) 组织职能。组织职能是通过责权的划分，合同的签订与执行中的各种规章制度等方式，建立一个高效的组织，保证管理的有效进行，确保项目建设目标的实现。

(4) 控制职能。建设项目的主要目标是保证建设项目按计划有效地进行。项目在建设过程中偏离目标的可能性经常存在，项目管理就是要通过各种手段对项目实行有效的控制。通常是通过目标的分解，阶段目标的提出与检查，各种指标、定额的贯彻与执行及实施中的反馈与决策来实现。建设项目的控制目标是以工期、投资额和质量为中心的。

(5) 协调职能。项目不同阶段涉及不同的建设参与者，工程项目管理者起到的协调与沟通的作用，也是项目管理的重要职能。

(6) 监督职能。监督职能是建设单位依据工程项目合同、计划、制度、规范等对设计单位、施工单位都有一个监督的作用。监督的职能是通过巡视、检查及各种反映工程进度情况的报表、报告等信息来发现问题并及时纠偏，目的是要确保项目目标的实现。有效的监督是项目目标实现的重要手段。建设单位对施工单位的监督通常是委托专门的监理公司来实现的。

第三节 施工项目管理

一、施工项目管理的工作内容

施工项目管理的主要工作内容包括成立项目部、编制施工项目管理计划、施工项目现场管理、施工项目的目标控制、施工项目生产要素的优化和动态管理、施工项目的合同管理和施工项目的信息管理。

（一）成立项目部

项目部是工程承包项目管理的组织，成立项目部的主要工作包括以下几项。

（1）选聘施工项目经理。项目经理是企业法定代表人在承包的施工项目上的委托代理人。对项目经理的素质要求包括：①经验和业绩要求，具有相应的施工项目管理经验和业绩；②能力要求，具有符合施工项目管理要求的能力；③知识要求，具有承担项目管理任务的专业技术、管理、经济、法律和法规知识；④道德品质要求，具有良好的道德品质。

（2）选择适当的组织形式，组建施工项目管理机构，明确责任、权限和义务。项目经理部是由项目经理在企业的支持下组建并领导的，进行项目管理的组织机构。项目经理部的组织形式应根据施工项目的规模、结构复杂程度、专业特点、人员素质和地域范围确定。

（3）根据施工项目管理的要求，制定施工项目管理制度。对于企业制定的规章制度，项目经理部应无条件遵守；当企业现有的规章制度不能满足项目管理需要时，项目经理部可以自行制定规章制度，但是应报企业或其授权的职能部门批准。

（二）编制施工项目管理计划

施工项目管理计划是对该项目管理组织内容、方法、步骤、重点进行预测和决策等所做出具体安排的纲领性文件。施工项目管理计划的主要内容如下。

（1）进行项目分解，以便确定阶段性控制目标，从局部到整体地进行工程承包活动和进行工程承包项目管理。

（2）建立施工管理工作体系，绘制施工项目管理工作结构和相应管理流程图。

（3）制定施工项目管理计划，确定管理重点，形成文件，以利执行。

（三）施工项目现场管理

施工项目现场管理的总体要求：文明施工，现场入口处要有“五牌二图”，规范场容管理，做好环境保护和卫生管理等。

（四）施工项目的目标控制

施工项目的目标控制主要包括进度、质量、成本和安全施工现场等目标控制。

（五）施工项目生产要素的优化和动态管理

施工项目的生产要素是工程承包项目目标得以实现的保证，主要包括劳动力、材料、设备、资金和技术。

生产要素管理的内容包括以几个方面。

（1）分析各项生产要素的特点。

（2）按照一定原则、方法对施工活动生产要素进行优化，并对配置状况进行评价。

（3）对施工项目的各项生产要素进行动态管理。

（六）施工项目的合同管理

施工项目管理是在市场条件下进行的特殊交易活动的管理。这种交易从招标、投标开始，持续于管理的全过程，因此必须签订合同，进行履约经营。合同管理的好坏直接涉及工程承包项目管理与工程承包项目的技术经济效果和目标实现。

（七）施工项目的信息管理

施工项目管理是一项复杂的现代化管理活动，更要依靠大量信息及对大量信息的管理，既包括内部的信息管理，也包括外部的信息管理。

二、施工项目管理的特征

通常，施工项目管理的特征主要有以下几个方面。

（1）施工项目是主要的管理对象。施工项目管理的主体是以施工项目经理为首的项目经理部，管理的客体是施工对象、施工活动以及相关的生产要素。

（2）施工项目管理的内容随着施工阶段的不同而改变。施工项目管理一般包括施工投标、签订施工合同、施工准备、施工及竣工验收、保修阶段的管理。施工阶段又包括基础、主体结构、屋面、装修、设备安装和竣工验收等内容，其管理的内容差异很大。因此，必须做出管理计划，签订合同，提出措施，进行有针对性的动态管理，并且还要进行资源优化组合，以提高施工效率和施工效益。

（3）施工项目管理的首要任务是对施工现场的管理，施工项目现场管理是指对施工现场内的活动及空间使用所进行的管理。施工现场管理是建筑安全生产管理的关键。

三、施工项目管理的依据

施工项目管理的依据主要有以下几个方面。

（1）工程施工合同提出的施工企业应承担的施工项目总目标；项目经理与企业经理之间签订的项目管理目标责任书中的项目经理的责任目标。

（2）国家的政策、法规、方针、标准和定额。

（3）生产要素市场的变化动态和发展趋势。

（4）有关文件、资料。

（5）对于国际工程施工项目，制定控制目标还应根据工程所在国家的各种条件及国际市场情况进行调整。

四、施工项目管理的过程

从施工项目的寿命周期来看，施工项目的管理过程可分为投标签约阶段、施工准备阶段、施工阶段、竣工验收阶段、质量保修与售后服务阶段等。

（1）投标签约阶段。对于每一次可以参与投标的机会，施工单位都应从其经营战略的角度出发，做出是否投标争取承揽该项工程施工任务的决策。如果决定投标，则应马上从多方面、多渠道尽可能地获取大量信息，继而认真进行分析梳理，做出判断，编制投标书，进行投标。若中标，则与招标单位进行合同谈判，签订合同。

（2）施工准备阶段。施工单位聘任项目经理，实行项目经理责任制。设立项目经理部，根据施工项目的规模、结构复杂程度、专业特点、人员素质、地域范围，来确定项目经理部的组织形式及人员分配等。编制施工项目管理规划及规章制度，以指导和规范施工项目的管理工作。编制施工组织设计及质量计划，以指导规范施工准备工作与施工过程。做好施工现场准备，使现场具备施工条件，保证安全文明施工。编写开工申请报告，上报审批。

（3）施工阶段。按照施工组织设计组织施工并进行管理。通过施工项目目标管理的动态控制，采用适当的管理措施、技术措施、经济措施等，保证实现施工项目的进度、质量、成本、安全生产管理、文明施工管理等预期目标。加强施工项目的合同管理、现场管理、生产管理、信息管理、项目组织协调工作。做好记录，及时收集和整理施工管理资料。

（4）竣工验收阶段。在整个施工项目已按设计要求全部完成和试运转合格之后，且预验结果符合工程项目竣工验收标准的前提下，组织竣工验收。竣工验收通过之后，办理竣工结算和工程移交手续。

（5）质量保修与售后服务阶段。按照《建设工程质量管理条例》的规定，竣工验收通过的工程即进入工程保修阶段。为了保证工程的正常使用和维护施工单位的良好声誉，施工单位应定期进行工程回访，听取使用单位和社会公众的意见，总结经验教训；了解和观察使用中的问题，进行必要的维护、维修、保修和技术咨询服务。

本 章 小 结

本章主要介绍了工程项目、项目管理与工程项目管理，以及施工项目管理。通过本章的学习，读者应了解项目的基本知识、工程项目的分类、建设程序、特征及其生命周期，掌握项目管理的基本知识、工程项目管理的基本知识；掌握施工项目管理的工作内容、依据、特征及其过程。

习 题 一

一、填空题

1. 项目的组成要素包括________、________、________、________、________五个要素。
2. 工程项目的特征为________、________、________、________、________。
3. 项目管理的核心的主要内容包括________、________、________。
4. 工程项目管理的特点为________________________________。
5. 项目部对项目经理的素质要求包括________、________、________、________。

二、简答题

1. 项目的属性有哪些？
2. 工程项目的分类方法有几种？具体是什么？
3. 什么是项目管理？项目管理的特点和要求是什么？
4. 工程项目管理的主要内容是什么？
5. 简述施工项目管理过程。

第二章

工程项目的组织

本章导读

传统的项目管理模式下，通过工程项目组织结构设计，优化项目经理与企业法人之间、项目层级与企业层级之间的职能与责权关系。建筑企业的公司总部一般定位为项目管控主体和利润中心，建筑企业的项目部定位为项目实施主体和成本中心。本章主要介绍工程项目组织、工程项目经理和工程项目管理模式等内容。

学习目标

- 了解工程项目管理组织的建立。
- 掌握工程项目管理组织的特点与形式。
- 熟悉项目经理的作用、能力、工作原则和职责与权力。
- 掌握建设工程项目经理部的特征、设置原则和工作内容。
- 熟悉工程项目管理的模式。

素质目标

- 帮助学生掌握工程管理学科的基本理论、基本知识和较强的实践技能。
- 培养学生具备持续学习、知识更新和认知时事议题的能力，了解工程项目实务技术对环境、社会、经济及国际化的影响能力。

本章结构图

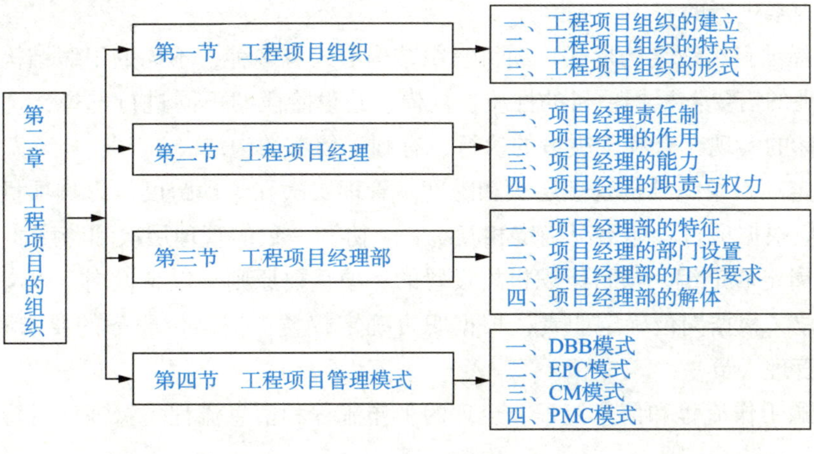

第一节　工程项目组织

工程项目组织是指为了完成某个特定的项目任务而由不同部门、不同专业的人员组成的一个特别工作组织，它不受现存的职能组织构造束缚，但也不能代替各种职能组织的职能活动。组织是一切管理活动取得成功的基础，项目管理作为一种新型的管理方式，其组织结构与传统的组织观念有相同之处，但是由于项目本身的特性，决定了项目实施过程中其组织管理又有特殊之处。项目管理与传统组织管理的最大区别在于项目管理更强调项目负责人的作用和团队的协作精神，其组织形式具有更大的灵活性和柔性。

一、工程项目组织的建立

工程项目管理组织的建立，首先确定工程项目的管理模式，然后确定各参与单位自身采用的项目组织形式。工程项目管理组织的建立步骤如下。

（一）确定工程项目管理模式

根据现阶段我国相关法律法规及工程项目特点，工程项目管理体制的基本框架下，选择工程项目管理模式。现阶段我国工程项目管理体制的基本框架是以工程项目为中心，以经济为纽带，以合同为依据，以项目法人为工程招标发包主体，以设计施工承包商为工程投标承包主体，以建设监理单位为咨询管理主体，相互协作、相互制约的三元主体结构。在此框架下，工程项目管理的模式主要有 CM 管理模式、PMC 管理模式等。

（二）建立工程项目组织

（1）明确项目管理目标。工程项目管理目标取决于项目目标，主要是工期、质量、成本、安全四大目标。对于工程项目各参与单位的项目管理目标是不同的，建立项目组织时应该明确本组织的项目管理目标。

（2）明确管理工作内容。项目管理工作内容根据管理目标的确定，是对项目目标的细化和落实。细化是依据项目的规模、性质、复杂程度以及组织人员的技术业务水平、组织管理水平等因素进行的。

（3）选择项目组织结构形式。项目组织结构形式有多种，不同的组织结构形式适应不同的项目管理的需要；根据项目的性质、规模、建设阶段的不同进行选择，选择应考虑有利于项目目标的实现、有利于决策的执行、有利于信息的沟通。

（4）确定项目组织结构管理层次和跨度。管理层次和管理跨度是影响项目组织工作的主要因素，应根据项目具体情况确定相互统一、协调一致的管理层次和跨度。

（5）定岗定职定编。项目组织机构设置的一项重要原则是以事设岗、以岗定人。根据工作划分岗位，根据岗位确定职责，根据职责确定权益；按岗位职务的要求和组织原则，选配合适的管理人员。

（6）理顺工作流程和信息流程。合理的工作流程和信息流程是保证项目管理工作科学有序进行的基础，是明确工作岗位考核标准的依据，是严肃工作纪律、使工作人员人尽其责的主要手段。

(7) 制定考核标准，定期进行考核。为保证项目目标的最终实现和项目工作内容的完成，必须对各工作岗位制定考核标准，包括考核内容、考试时间、考核形式等，并按照考核标准，规范开展工作，定期进行考核。

二、工程项目组织的特点

工程项目组织是为实现工程目标而建立的项目管理工作的组织系统。它包括项目业主、承包商、供应商等管理主体之间的项目管理模式，以及管理主体针对具体工程项目所建立的内部自身的管理模式。不同的工程项目具有不同的组织特点，但都具有以下基本共性。

(1) 一次性的项目组织。工程项目组织是为了实现项目目标而建立的。因为工程项目是一次性的，所以，项目完成后，项目组织就解散。

(2) 目的性的项目组织。任何组织都有目的性，这样的目的性既是这种组织产生的原因，也是组织形成后使命的体现。例如，为了完成工程建造而形成的施工项目组织，建造标的物就是它的目的。组织的目的性还表现在同级组织成员对目的的共享性，即组织成员共同认可同样的组织目的。

(3) 复杂的项目组织。由于工程项目的参与者多，且在项目中任务不同、目标不同，形成了由不同的组织结构形式组成的复杂的组织结构体系。但又是为了完成项目的共同目标，所以，这些组织应该相互适应。同时，工程项目组织还要与本企业的组织形式相互适应，这也增加了项目组织的复杂性。

(4) 动态变化性的项目组织。项目在不同的实施阶段，工作内容不同、项目的参与者不同；同一参与者，在项目的不同阶段任务也不同。因此，项目组织随着项目的进展阶段性动态变化。

(5) 专业化分工的项目组织。组织是在分工的基础上形成的，组织中不同的职务或职位需要承担不同的组织任务，将组织进行专业化分工，可以处理工作的复杂性，解决人的生理、心理等有限性特征的矛盾，便于积累经验及提高效率。例如，按职能专业划分的项目组织有施工员、质量员、预算员、安全员、机械员、资料员等。

(6) 等级制度分明的项目组织。任何组织都会存在一个上下级关系，下属有责任执行上级的指示，这一般是绝对的，而上级不可以推卸掉组织下属活动的责任。如人们一般将组织划分为高层、中层和基层，高层有指挥中层的职权，而中层有指挥基层的职权。

三、工程项目组织的形式

工程项目组织的形式主要有直线式、职能式、项目式和矩阵式。

(一) 直线式

直线式组织形式是最早、最简单的一种组织结构形式。直线式组织形式的优点是结构比较简单，权力集中，责任分明，命令统一，联系简捷。直线式组织形式的缺点是在组织规模较大的情况下，所有的管理职能都由一人集中承担，往往由于个人的知识及能力有限而感到难于应对，顾此失彼，可能会发生较多失误。此外，每个部门基本关心的是本部门的工作，因而部门间的协调比较差。一般而言，这种组织结构形式只适用于没有必要按职能实行专业化管理的小型组织，或者是现场的作业管理。直线式组织形式比较适合中小型企业。直线式组织形式如图 2-1 所示。

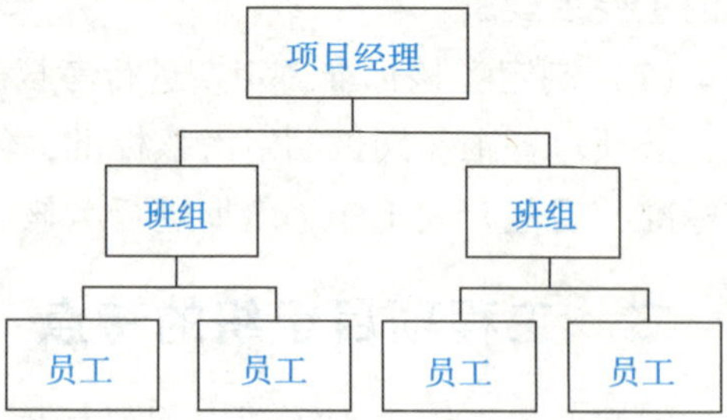

图 2-1　直线式组织形式

（二）职能式

职能式组织形式是按职能原则建立的项目组织，也称部门控制式项目组织。是当今世界上最为普遍的组织形式，是社会进步和生产力发展专业化分工的结果。采用职能式项目组织形式的企业在进行项目工作时，各职能部门根据项目的需要承担本职能范围内的工作，也就是说企业主管根据项目任务需要从各职能部门抽调人员及其他资源组成项目实施组织。

在职能式组织形式中，项目团队除直线主管外还相应地设立一些组织机构，分担某些职能管理的业务。这些职能机构有权在自己的业务范围内，向下级单位下达命令和指示，因此，下级直线主管除了接受上级直线主管的领导外，还必须接受上级各职能机构的领导和指示。职能式组织形式如图 2-2 所示。

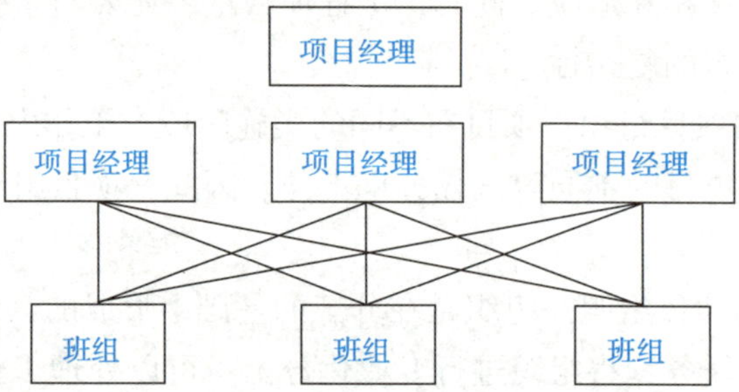

图 2-2　职能式组织形式

1. 职能式组织形式的优点

（1）有利于企业的技术水平的提升。由于职能式组织是以职能的相似性而划分部门的，同一部门人员可以交流经验及共同研究，有利于专业人才专心致志地钻研本专业领域理论知识，有利于积累经验与提高业务水平。同时这种结构为项目实施提供了强大的技术支持，当项目遇到困难之时，问题所属职能部门可以联合攻关。

（2）资源利用的灵活性与低成本。职能式组织形式项目实施组织中的人员或其他资源仍归职能部门领导所有，因此职能部门可以根据需要分配所需资源，而当某人从某项目退出或闲置时，部门主管可以安排他到另一个项目去工作，可以降低人员及资源的闲置成本。

(3) 有利于从整体协调企业活动。由于每个部门或部门主管只能承担项目中本职能范围的责任，并不承担最终成果的责任，然而每个部门主管都直接向企业主管负责，因此要求企业主管要从全局出发进行协调与控制。

2. 职能式组织形式的缺点

(1) 从协调上来看，因项目组的成员是从不同的职能部门中选派的，所以项目经理必须要与职能部门的领导协调一致，当双方对某个特定人员的需要产生冲突时，往往难以协调。

(2) 从项目组织的整体性来看，由于项目组成员的构成具有一定的不稳定性和随机性，这给组织的管理带来一定的困难，而且项目组的成员尚属原来的部门，未必能与项目组织的目标保持高度一致，这样就必须影响项目目标的实现。

(3) 从职责上来看，由于项目组成员具有双重身份的性质，因此决定着没有人愿意主动承担责任和风险，且项目组的成员具有一定的流动性，更使责任难以明确，必然使管理陷于混乱状态。

职能式组织形式主要适用于中小型、产品品种比较单一、生产技术发展变化较慢、外部环境比较稳定的企业。具备以上特性的企业，其经营管理相对简单，部门较少，横向协调的难度小，对适应性的要求较低，因此职能式结构的缺点不突出，而优点却能得到较为充分的发挥。

(三) 项目式

项目式组织形式是按项目来划归所有资源，即每个项目有完成项目任务所必须的所有资源，每个项目实施组织有明确的项目经理，也就是每个项目的负责人，对上直接接受企业主管或大项目经理领导，对下负责本项目资源的运用以完成项目任务。每个项目组之间相对独立。项目式组织形式如图 2-3 所示。

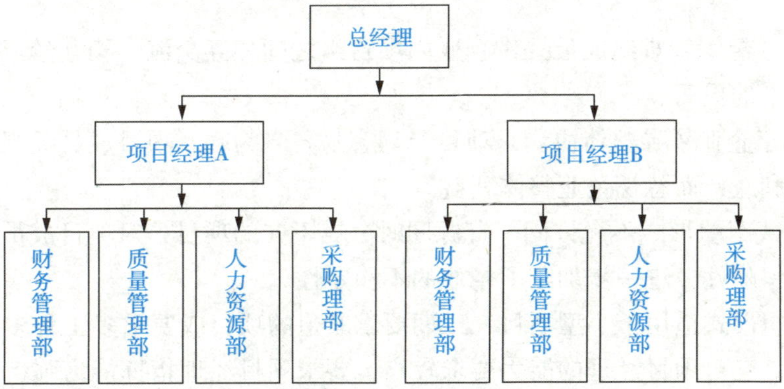

图 2-3 项目式组织形式

1. 项目式组织形式的优点

（1）权利集中。项目经理在项目范围内具有绝对的控制权，决策迅速，指挥方便，命令一致，避免多重领导，有利于提高工作效率。权力的集中使项目组织能够对业主的需求和高层管理的意图做出更快的响应。

（2）以项目为中心，目标明确。项目式组织是基于项目而组建的，项目组成员的中心任务是按合同完成工程项目，目标明确单一，团队精神能得以充分发挥。所需资源也是依据项目划分的，便于协调。

（3）办事效率高，有利于培养一专多能的人才。项目经理从企业抽调或招聘的各种专业技术人员集中在一起，解决问题快，办事效率高，同时在项目管理中可以相互配合、学习、取长补短，有利于培养一专多能的人才并充分发挥其作用。

（4）结构简单，便于沟通。项目组织从职能部门分离出来，使得沟通变得更为简洁。从结构上来说，项目式组织简单灵活，易于操作。

另外，从项目角度讲，项目式组织形式有利于项目进度、成本、质量等方面的控制与协调，而不像职能式组织结构或下文中介绍的矩阵式组织结构那样，项目经理要通过职能经理的协调才能达到对项目的控制。

2. 项目式组织形式的缺点

（1）机构重复，资源闲置，浪费人力资源。项目式组织按项目设置机构、分配资源，每个项目都有自己的一套机构，这会造成人力、技术、设备等的重复配置。在工程项目进展同一时期，各类专业技术人员的工作量可能有很大的差别，因此很容易造成忙闲不均，从而导致人才的浪费，使企业难以进行调剂，导致企业的整体工作效率降低。

（2）专业技术人员离开他们所熟悉的工作环境，容易产生临时观念和不满情绪，影响积极性的发挥。同时，由于专业技术人员具有不同的专业背景，缺乏合作经验，难免配合不当。

（3）项目式组织较难给成员提供企业内项目组之间相互交流、相互学习的机会，不利于企业技术水平的提高。

（4）不利于企业领导整体协调。项目经理容易各自为政，项目成员无视企业领导，造成只重视项目利益，而忽视企业整体利益。

（5）项目式组织形式不允许同一资源同时分属不同的项目，对项目成员来说，缺乏工作的连续性和保障性，进一步加剧了企业的不稳定性。

项目式组织形式适用于小型项目、工期要求紧迫的项目或要求多工种多部门密切配合的项目。因此，它对项目经理的能力要求较高，要求项目经理指挥能力强，有快速组织队伍及善于指挥来自各方人员的能力。

（四）矩阵式

矩阵式组织形式是在同一组织机构中把按职能划分部门和按项目划分部门相结合而产生的一种组织形式，这种组织形式既最大限度地发挥了两种组织形式的优势，又在一定的程度上避免了两者的缺陷。矩阵式组织形式的特点是将按照职能划分的纵向部门与按照项目划分的横向部门结合起来，以构成类似矩阵的管理系统。矩阵式组织形式适应于多品种、结构工艺复杂、品种变换频繁的场合。

当很多项目对有限资源的竞争引起对职能部门的资源的广泛需求时，矩阵管理就是一个有效的组织形式。在矩阵组织中，每个项目经理要直接向最高管理层负责，并由最高管理层授权。而职能部门则从另一方面来控制，对各种资源做出合理的分配和有效的控制调度。职能部门负责人既要对他们的直线上司负责，也要对项目经理负责。矩阵式组织形式如图 2-4 所示。

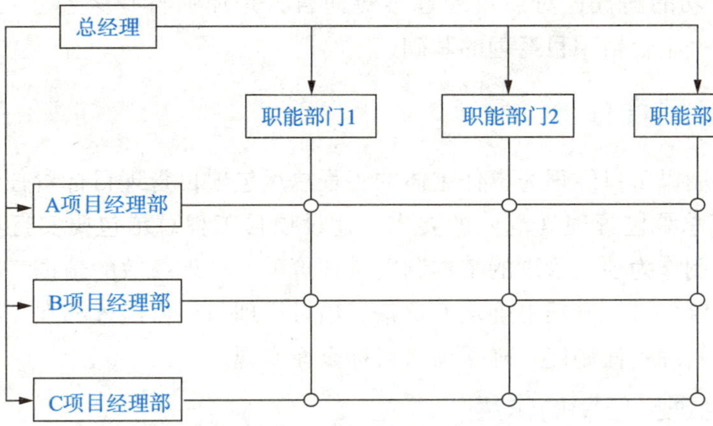

图 2-4 矩阵式组织结构示意图

1. 矩阵式项目组织形式的优点

（1）矩阵组织具有很大的弹性和适应性，可根据工作需要，集中各种专门的知识和技能，短期内迅速完成任务。

（2）可发挥项目部门的统筹协调及现场密切跟踪作用。

（3）上一级组织的负责人可以运用组合管理技能较为灵活地设置上述两种机构之间的分工组合。

2. 矩阵式项目组织形式的缺点

（1）职能部门与项目部门之间需要进行大量的协调。

（2）项目部成员根据工作需要临时从各职能部门抽调，其隶属关系不变。可能产生临时观念，影响工作责任心，且接受并不总是保持一致的双重领导，工作中有时会出现无所适从状况。

（3）项目管理业绩的考核较为困难。

矩阵式项目组织适用于同时承担多个项目的企业。大型、复杂的施工项目，需要多部门、多技术、多工种配合施工，在不同施工阶段，对不同人员有着不同的数量和搭配需求，宜采用矩阵式项目组织形式。

第二节　工程项目经理

项目经理在现代项目管理中起着关键的作用，是决定项目成败的关键角色。充分认识和理解项目经理这一角色的作用和地位、职责范围及其必须具备的素质和能力，对上级组织而言，是培养和选拔合适的项目经理，确保项目成功的前提；对项目经理本身而言，是加强自身修养、正确行使职责、做一个合格项目经理的基础。

工程项目管理与项目经理

一、项目经理责任制

项目经理责任制以项目经理为责任主体的工程总承包项目管理目标责任制度。根据我国《建设项目工程总承包管理规范》的要求，建设项目工程总承包要实行项目经理责任制。项目经理责任制作为项目管理的基本制度是评价项目经理绩效的依据，其核心是项目经理承担实现项目管理目标责任书确定的责任。项目经理与项目经理部在工程建设中应严格遵守和实行项目管理责任制度，确保项目目标全面实现。

（一）项目经理责任制的作用

（1）明确企业、项目经理、职员三者之间的责、权、利、效关系。

（2）促使项目经理采用经济手段，强化工程项目的法制管理。

（3）促使项目经理对工程项目规范化、科学化管理和提高产品质量。

（4）有利于提高企业项目管理的经济效益和社会效益。

建立项目经理责任制，全面组织生产优化配置的责任、权力、利益和风险机制。更有利于对施工项目、工期、质量、成本、安全等各项目标实施强有力的管理，使项目经理有动力和压力，也有法律依据。

（二）项目经理责任制的特点

（1）全面负责制。全面负责制是以项目为对象，实行建筑产品形成过程的实行的一次性、全过程的管理。

（2）经理负责制。经理负责到是实行经理负责、全员管理、指标考核、标价分离、项目核算，强调了项目经理个人的主要责任。

（3）目标责任制。目标责任制是以保证工程质量、缩短工期、降低成本、保证安全和文明施工等各项目标为内容的全过程的目标责任制。

（4）风险责任制。项目经理责任制充分体现“指标突出、责任明确、利益直接、考核严格”的基础要求，其最终结果与项目经理、成员等个人利益直接挂钩，经济利益与责任风险同在。

（三）项目管理目标责任书

项目管理目标责任书是在项目实施之前，由法定代表人或其授权人依据项目的合同、项目管理制度、项目管理规划大纲、组织的经营方针和目标要求等与项目经理签订的，明确项目经理部应达到的成本、质量、工期、安全和环境等管理目标及其承担的责任，并作为项目完成后考核评价依据的文件。它是只有企业法规性的文件，也是项目经理的任职目标，具有很强的约束性。

1. 项目管理目标责任书的编制依据

项目管理目标责任书的编制依据主要包括：项目合同文件、组织的管理制度、项目管理规划大纲以及组织的经营方针和目标。

2. 项目管理目标责任书的内容

（1）项目管理实施目标。

（2）组织与项目经理之间的责任、权限和利益分配。

（3）项目设计、采购、施工、试运行等管理的内容和要求。

（4）项目需用资源的提供方式和核算方法。

（5）法定代表人向项目经理委托的特殊事项。

（6）项目管理目标评价的原则、内容和方法。

（7）项目经理部应承担的风险。

（8）对项目经理部进行奖惩的依据、标准和办法。

（9）项目经理解职和项目经理部解体的条件和办法。

二、项目经理的作用

项目通常都是在一个比项目组织本身更高一级的组织背景下产生的，所以人们习惯于将项目管理定位为中层管理。由于项目管理及项目环境的特殊性，一方面，项目经理所行使的“中层管理”与职能主管所行使的“中层管理”在管理职能上有所不同，通常项目经理的决策职能有所增强而控制职能有所淡化，且行使控制职能的方式也有所不同；另一方面，在长期稳定的组织背景下，由于项目组织的临时性特点，项目经理通常是“责大权小”。因此，项目经理在整个项目实施过程中主要起到以下几个方面的作用。

（1）项目经理是企业法人代表在项目上的全权委托代理人，是项目管理的第一责任人。从企业内部看，项目经理是项目实施过程中所有工作的总负责人；从对外方面看，项目经理是履行合同义务、执行合同条款、承担合同责任、处理合同变更、行使合同权利的最高合法人。项目经理是项目目标的全面实现者，既要对建设单位的成果性目标负责，也要对企业效益性目标负责。

（2）项目经理是协调各方关系，使之相互紧密协作配合的桥梁和纽带。其对项目管理目标的实现承担全部责任，在工程项目实施过程中要组织和协调各方关系，共同承担履行合同的责任。

（3）项目经理对项目实施进行控制，对各种信息进行管理、运用，使项目取得成功。

（4）项目经理是项目实施阶段的责任主体、项目权力的主体、项目利益的主体，也是项目目标的最高责任者。

三、项目经理的能力

对于一个成功的项目，项目经理是不可或缺的主要因素。除了在项目的计划、组织、领导、协调、控制等方面发挥领导作用外，项目经理还应具备一系列技能，来激励员工取得成功，赢得客户的信赖。总体来说，项目经理的能力要求既包括“软”的方面——个性因素，也包括“硬”的方面——技术技能。

（一）个性因素

项目经理个性方面的素质常体现在他与组织中其他人的交往过程中所表现出来的理解力和行为方式上。素质优秀的项目经理能够有效理解项目部其他人的需求和动机并具有良好的沟通能力。个性因素又包括以下几个方面的内容。

（1）号召力。项目经理应具有足够的号召力，才能激发各种成员的工作积极性。

（2）交流能力。交流能力是有效倾听、劝告和理解他人行为的能力。项目经理只有具备足够的交流能力，才能与下级、上级进行平等的交流，特别是对下级的交流更显重要。

（3）应变能力。项目经理必须具有灵活应变的能力，才能对施工现场出现的各种不利的情况迅速做出反应，并着手解决。

（4）对政策高度敏感。每个项目的管理都与市场的变化和相关政策的变化息息相关，而每个市场信息和政策的变化，如材料价格调整都有可能导致项目的某个或全部目标的变化。因此项目经理必须对政策具有高度的敏感，才能适应现代项目管理的发展要求。

（5）处理压力的能力。项目经理必须保持冷静，不能急躁，使项目团队、客户和公司的上层管理者不因惊慌和挫折而陷入困境。在某些情况下，项目经理要在项目团队与客户，或团队与上层管理者之间起缓冲作用，甚至有时候要求项目经理要首先承担责任，以免使项目团队受到打击。同时，充分运用激励方式，鼓励团队成员迎接挑战。

（6）解决问题的能力。项目经理要及早发现问题甚至是潜在问题，这样对项目的不良影响就会减小。另外项目经理要鼓励项目团队成员及早发现问题并能够独立解决问题，同时项目经理要有洞察全局的能力，形成可行方案后，再将实施方案的权力委派出去。

（7）健康的身体。项目经理还必须具有健康的身体。由于工程繁忙，尤其是风险大或进展不顺利的项目，项目经理将肩负沉重压力，因此应具有健康的体魄。

（二）技术技能

技术技能是指理解并能熟练从事某项具体活动，特别是包含方法、过程、程序或技术的活动。优秀的项目经理应具有该项目所要求的相关技术经验或知识。技术技能包括在具体情况下运用管理工具和技巧的专门知识和分析能力。

（1）使用项目管理工具和技巧的特殊知识。每个项目管理都有其特定的管理程序和管理步骤，现代的建设项目大多是综合工程，项目经理必须掌握现代管理方法和技术手段综合运用，如决策技术、网络计划技术、系统工程、价值工程、目标管理和看板管理等，在施工管理过程中实施动态控制，才能使项目圆满的完成，并最终达到既定的项目目标。

（2）相关的专业知识。在项目实施过程中，项目经理只有掌握相关的专业知识后，遇到与相关专业有关的事件时才能得心应手，在处理经济问题时才能立于不败之地。

（3）相关的项目知识。项目经理应了解相关的项目知识，并理解项目的方法、过程和程序。只有具备了这些较为全面的知识后，才能在项目的管理过程中灵活应用各种管理技术。

（4）丰富的实践经验。项目经理是亲临第一线的指挥官，要随时处理项目运行中发生的各种问题，因此应具有丰富的项目实践经验，才能对施工现场出现的各种问题迅速做出处理决定。

总之，一个优秀的项目经理不但要自信、奋进、精力充沛和善于沟通，而且还要具备广泛的管理技能和本专业的专业技术与技能。只有全面发展了，才能顺利实现本项目的各种既定的目标。

四、项目经理的职责与权力

项门经理岗位是保证工程项目建设质量、安全，工期的重要岗位，在全面实施建造师执业资格制度后仍然要坚持落实项目经理岗位责任制。大中型工程项目的项目经理必须由取得建造师执业资格的建造师担任，注册建造师资格是项目经理担任大中型工程项目的必要条件。

（一）项目经理的职责

（1）组建项目经理部，确定项目管理组织机构并配备相应人员。

（2）制定岗位责任制等各项规章制度，以有序地组织项目、开展工作。

（3）制订项目管理总目标、阶段性目标及总体控制计划，并实施控制，保证项目管理目标的全面实现。

（4）及时准确地做出项目管理决策，严格管理，保证合同的顺利实施。

（5）协调项目组织内部及外部各方面关系，并代表企业法人在授权范围内进行有关签证。

（6）建立完善的内部和外部信息管理系统，确保信息畅通无阻、工作高效进行。

（二）项目经理的权力

为了确保项目经理完成所承担的任务，必须授予相应的权力。项目经理应当具有的权利主要有以下几个方面。

（1）合同签订权。参与企业进行施工项目投标和签订施工合同。

（2）财务管理权。在企业财政制度规定的范围内，根据企业法定代表人的授权和施工项目管理的需要，决定资金的投入和使用，决定项目经理部的计酬办法。

（3）用人管理权。项目经理应有权决定项目经理部的设置，选择、聘任成员，对任职情况进行考核监督、奖惩，乃至辞退。

（4）物资采购管理权。按照企业物资分类和分工，对采购方案、目标、到货要求，及对供货单位的选择、项目现场存放等进行决策和管理。

（5）进度计划控制权。根据项目进度总目标和阶段性目标的要求，对项目建设的进度进行检查、调整，并在资源上进行调配，从而对进度计划进行有效的控制。

（6）技术质量决策权。根据项目管理实施规划或施工组织设计，有权批准重大技术方案和重大技术措施，必要时召开技术方案论证会，把好技术决策关和质量关，防止技术上决策失误，主持处理重大质量事故。

（7）现场管理协调权。代表公司与施工项目协调有关的内、外部关系，有权处理现场突发事件，事后及时报公司主管部门。

第三节 工程项目经理部

项目经理部是由一个项目经理（项目法人）与技术、生产、材料、成本等管理人员组成的项目管理部门，是一次性的具有弹性的现场生产组织机构。项目经理部不具备法人资格，而是施工企业根据建设工程施工项目而组建的非常设的下属机构。

一、工程项目经理部的特征

（1）工程项目经理部具有明确的目的性。项目经理部是为实现具体工程项目目标而设立的专门组织，其任务就是实现项目目标。因此，项目经理部具有明确的目的性。

（2）工程项目经理部是非永久性组织。工程项目是一次性的任务，因而为完成工程项目组建的项目经理部也是一种非永久性的组织。当工程项目完成后，项目经理部的任务就完成了，即可解散。

（3）工程项目经理部具有团队精神。项目经理部成员之间的相互平等、相互信任、相互合作是高效完成项目目标的前提和基础；项目管理任务的多元性，要求项目经理部具有高度凝聚力和团队精神。

（4）工程项目经理部是动态的组织。这是指项目经理部成员的人数和人员结构是动态变化的，随着工程项目的进展和任务的展开，成员的人数及其专业结构也会做出相应的调整。

二、项目经理部的部门设置

项目经理部的部门及其人员配置应当满足施工项目管理工作中合同管理、采购管理、进度管理、质量管理、职业健康安全管理、环境管理、成本管理、资源管理、信息管理、风险管理，沟通管理、收尾管理等各项管理内容的需要。

（一）项目经理部的部门

（1）经营核算部门。经营核算部门主要负责预算、合同、索赔、资金收支、成本核算、劳动力的配置与分配等工作。

（2）工程技术部门。工程技术部门主要负责生产调度、文明施工、技术管理、计划统计等工作。

（3）物资设备部门。物资设备部门主要负责材料的询价、采购、计划供应、管理、运输、工具管理、机械设备的租赁配套使用等工作。

（4）监控管理部门。监控管理部门主要负责工程质量、职业健康安全管理、环境保护等工作。

（5）测试计量部门。测试计量部门主要负责计量、测量、试验等工作。项目经理部职能部门及管理岗位的设置必须贯彻因事设岗、有岗有责和目标管理的原则，明确各岗位的责、权、利和考核指标，并对管理人员的责任目标进行检查、考核与奖惩。

（二）项目经理部的设置原则

（1）目的性原则。从“一切为了确保工程项目目标实现”这一根本目的出发，因目标而设事，因事而设人、设机构、分层次，因事而定岗定责，因责而授权。如果离开项目目标，或者颠倒了这种客观规律，组织机构设置就会走偏方向。

（2）管理跨度原则。适当的管理跨度，加上适当的层次划分和适当的授权，是建立高效率组织的基本条件。因为领导是以良好的沟通为前提的，只有命令而没有良好的双向沟通便不可能实施有效的领导，而良好的双向沟通只能在有限的范围内运行。因此，对于项目经理部而言，不仅要限制管理跨度，还要适当划分层次，即限制纵向领导深度，这样使每一级领导都保持适当领导幅度，以便集中精力在职责范围内实施有效的领导。

（3）系统化管理原则。这是由项目自身的系统性所决定的。项目是由众多子系统组成的有机整体，这就要求项目经理部也必须是个完整的组织结构系统，否则就会使组织和项目之间不匹配，不协调。因此，项目经理部设置伊始，就应根据项目管理的需要把职责划分、授权范围、人员配备加以统筹考虑。

（4）类型适应原则。项目经理部有多种类型，分别适用于规模、地域、工艺技术等各不相同的工程项目，应当在正确分析工程特点的基础上选择适当的类型，设置相应的项目经理部组织形式。

（5）精简原则。项目经理部在保证履行必要职能的前提下，应尽量简化机构。“不用多余的人，一专多能”是项目经理部人员配备的原则，特别是要从严控制二、三线人员，以便提高效率、降低人工费用。

三、项目经理部的工作要求

项目经理部的工作要求如表 2-1 所示。

表 2-1　项目经理部的工作要求

项目经理部	工作要求
施工前工作	应在施工前先了解经过施工现场的地下管线，标出位置，并加以保护。施工时发现文物、古迹、爆炸物、电缆等，应当停止施工，保护现场，及时向有关部门报告，并按照规定进行处理
施工中需要停水、停电、封路而影响环境时	应经有关部门批准，事先告示。在行人、车辆通过的地方施工，应当设置沟、井、坎、洞覆盖物和标识

（续表）

项目经理部	工作要求
施工现场的环境因素	项目经理部应对施工现场的环境因素进行分析，对可能产生的污水、废气、噪声、固体废弃物等污染源采取措施，并进行控制
建筑垃圾和渣土	应堆放在指定地点，定期进行清理。装载建筑材料、垃圾或渣土的运输机械，应采取防止尘土飞扬、撒落或流溢等有效措施。施工现场应根据需要设置机动车辆冲洗设施，冲洗的污水应进行处理
施工现场	除有符合规定的装置外，不得在施工现场熔化沥青和焚烧油毡、油漆，亦不得焚烧其他会产生有毒、有害烟尘和恶臭气味的废弃物。项目经理部应按规定有效地处理有毒、有害物质。禁止将有毒、有害废弃物现场回填
施工平面图的规划、设计、布置、使用和管理	项目经理部应依据施工条件，按照施工总平面图、施工方案和施工进度计划的要求，认真进行所负责区域的施工平面图的规划、设计、布置、使用和管理

四、项目经理部的解体

项目经理部作为一次性组织机构，应随项目的完成而解体，在项目竣工验收后，即应对其职能进行弱化，并经经济审计后予以解体。

（一）项目经理部解体的条件

（1）工程已经竣工验收。

（2）与各分包单位已经结算完毕。

（3）已协助企业管理层与发包人签订了“工程质量保修书”。

（4）“项目管理目标责任书”已经履行完成，经企业管理层审核合格。

（5）已与企业管理层办理有关手续。这主要是向相关职能部门交接项目管理文件资料、核算账册、现场办公设备、公章保管、领借的工器具及劳保防用品、项目管理人员的业绩考核评价材料。

（6）现场清理完毕。

（二）项目经理部解体的程序

（1）企业工程管理部门是项目经理部组建和解体善后工作的主管部门，主要负责项目部的组建及解体后工程项目在保修期间的善后问题处理，包括因质量问题造成的返（维）修、工程剩余价款的结算及回收等。

（2）在施工项目全部竣工并交付验收签字之日起 15 天内，项目经理部要根据工作需要向企业工程管理部写出项目经理部解体申请报告，同时向各业务系统提出本部善后留用和解体合同人员名单及时间，经有关部门审核批准后执行。

（3）项目经理部解聘工作人员时，为使其有一定的求职时间，应提前发给解聘人员 2 个月的岗位效益工资。

(4) 项目经理部解体前，应成立以项目经理为首的善后工作小组，其留守人员由主任工程师、技术、预算、财务、材料各一人组成，主要负责剩余材料的处理、工程价款的回收、财务账目的结算移交，以及解决与甲方有关的遗留事宜。善后工作一般规定为 3 个月（从工程管理部门批准项目经理部解体之日起计算）。

(5) 施工项目完成后，还要考虑项目的保修问题，因此在项目经理部解体与工程结算前，要由经营和工程部门根据竣工时间和质量等级确定工程保修费的预留比例。

第四节 工程项目管理模式

目前工程项目管理模式主要有 DBB 模式、EPC 模式、CM 模式和 PMC 模式。

一、DBB 模式

设计—招标—建造（design-bid-build，DBB）模式，这是最传统的一种工程项目管理模式。该管理模式在国际上最为通用，世界银行、亚洲开发银行贷款项目及以国际咨询工程师联合会（FIDIC）合同条件为依据的项目多采用这种模式。其最突出的特点是强调工程项目的实施必须按照设计—招标—建造的顺序方式进行，只有一个阶段结束后另一个阶段才能开始。我国第一个利用世界银行贷款项目——鲁布革水电站工程实行的就是这种模式。DBB 模式合同结构示意图如图 2-5 所示。

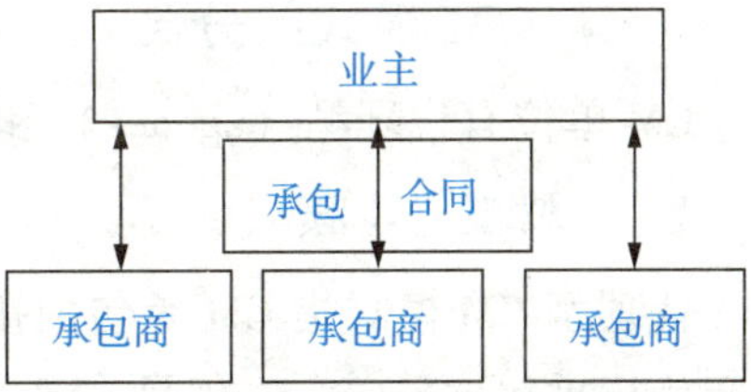

图 2-5 DBB 模式合同结构示意图

该模式的优点是通用性强，可自由选择咨询、设计、监理方，各方均熟悉使用标准的合同文本，有利于合同管理、风险管理和减少投资。其缺点是工程项目要经过规划、设计、施工三个环节之后才移交给业主，项目周期长；业主管理费用较高，前期投入大；变更时容易引起较多索赔。

二、EPC 模式

设计—采购—建造（engineering-procurement-construction，EPC）模式，又称之为“工程总承包”模式。在 EPC 模式中，设计不仅包括具体的设计工作，还可能包括整个建设工程内容的总体策划以及整个建设工程实施组织管理的策划和具体工作。在该模式下，业主只要大致说明一下投资意图和要求，其余工作均由 EPC 承包单位来完成；业主不聘请监理工程师来管理工程，而是自己或委派业主代表来管理工程；承包商承担设计风险、自然力风险、不可预见的困难等大部分风

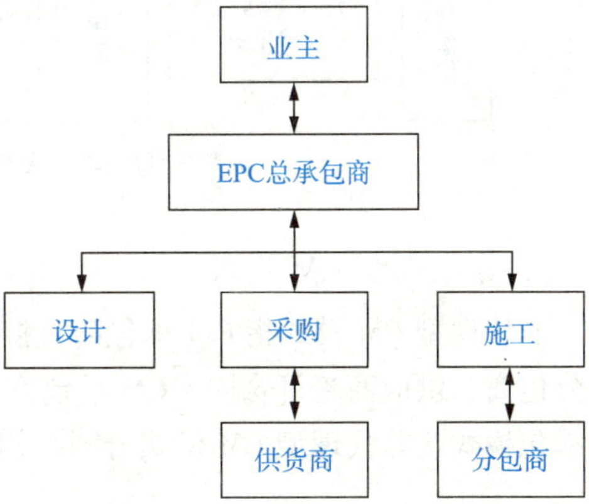

图 2-6 EPC 模式合同结构示意图

险；一般采用总价合同。EPC 模式合同结构示意图如图 2-6 所示。

传统承包模式中，材料与工程设备通常是由项目总承包单位采购，但业主可保留对部分重要工程设备和特殊材料的采购在工程实施过程中的风险。在 EPC 标准合同条件中规定由承包商负责全部设计，并承担工程全部责任，故业主不能过多地干预承包商的工作。EPC 合同条件的基本出发点是业主参与工程管理工作很少，因承包商已承担了工程建设的大部分风险，业主重点进行竣工验收。

三、CM 模式

建设—管理（construction-management，CM）模式，又称阶段发包方式，是在采用快速路径法进行施工时，从开始阶段就雇用具有施工经验的 CM 单位参与到建设工程实施过程中，以便为设计人员提供施工方面的建议且随后负责管理施工过程。这种模式改变了过去设计完成后才进行招标的传统模式，采取分阶段发包，由业主、CM 单位和设计单位组成一个联合小组，共同负责组织和管理工程的规划、设计和施工，CM 单位负责工程的监督、协调及管理工作，在施工阶段定期与承包商会晤，对成本、质量和进度进行监督，并预测和监控成本和进度的变化。

（一）CM 模式的分类

CM 单位有代理型（agency）和非代理型（non-agency）两种。

1. 代理型 CM 模式

代理型 CM 模式指 CM 承包商接受业主的委托进行整个工程的施工管理，协调设计单位与施工承包商的关系，保证在工程中设计和施工过程的搭接。业主直接与工程承包商和供应商签订合同，CM 单位主要从事管理工作，与设计、施工、供应单位没有合同关系，这种形式在性质上属于管理工作承包。代理型 CM 模式合同结构如图 2-7 所示。

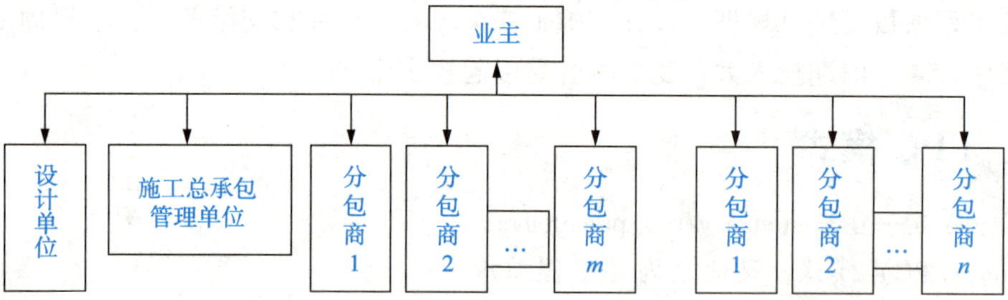

图 2-7　代理型 CM 模式合同结构

2. 非代理型 CM 模式

非代理型 CM 模式指 CM 承包商直接与业主签订合同，接受整个工程施工的委托，再与分包商、供应商签订合同，CM 承包商承担相应的施工和供应风险，可认为它是一种工程承包模式。非代理型 CM 模式合同结构如图 2-8 所示。

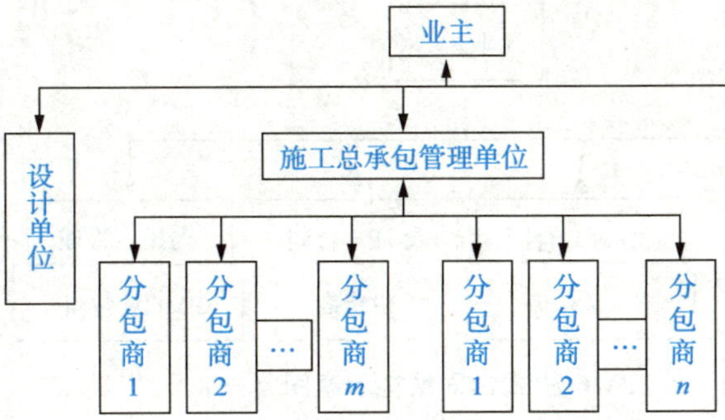

图 2-8　非代理型 CM 模式合同结构

（二）CM 模式的特点

CM 模式主要具有以下几个特点。

（1）采用快速路径法施工。即在工程设计尚未结束之前，当工程某些部分的施工图设计已经完成时，就开始进行该部分工程的施工招标，从而使这部分工程的施工提前到工程项目的设计阶段。

（2）CM 合同采用成本加酬金方式。代理型和非代理型的 CM 合同是有区别的。由于代理型合同是业主与分包商直接签订，所以采用简单的成本加酬金合同形式。而非代理型合同则采用保证最大工程费用（GMP）加酬金的合同形式。这是因为 CM 合同总价是在 CM 合同签订之后，随着 CM 单位与各分包商签约而逐步形成的。只有采用保证最大工程费用，业主才能控制工程总费用。

（3）CM 承包模式在工程造价控制力面的价值。CM 承包模式特别适用于实施周期长，工期要求紧迫的大型复杂建设工程，它在工程造价控制方面的价值体现在以下几个方面：①与施工总承包模式相比，采用 CM 承包模式的合同价更具合理性。②CM 单位不赚取总包与分包之间的差价。③应用价值工程方法挖掘节约投资的潜力。④GMP 大大减少了业主在了程造价控制方面的风险。

四、PMC 模式

项目承包（project-management-contractor，PMC）模式，就是业主聘请专业的项目管理公司，代表业主对工程项目的组织实施进行全过程或若干阶段的管理和服务。由于 PMC 承包商在项目的设计、采购、施工、调试等阶段的参与程度和职责范围不同，因此 PMC 模式具有较大的灵活性。总体而言，PMC 有三种基本应用模式。

（1）业主选择设计单位、施工承包商、供货商，并与之签订设计合同、施工合同和供货合同，委托 PMC 承包商进行工程项目管理（图 2-9）。

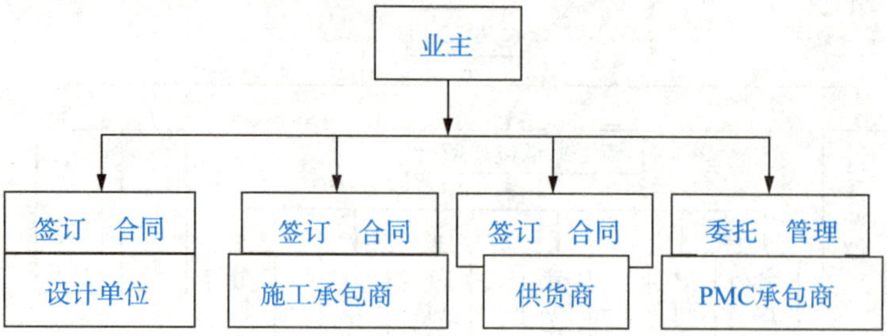

图 2-9　PMC 模式合同结构示意图（一）

（2）业主与 PMC 承包商签订项目管理合同，业主通过指定或招标方式选择设计单位、施工承包商、供货商（或其中的部分），但不签合同，由 PMC 承包商与之分别签订设计合同、施工合同和供货合同（图 2-10）。

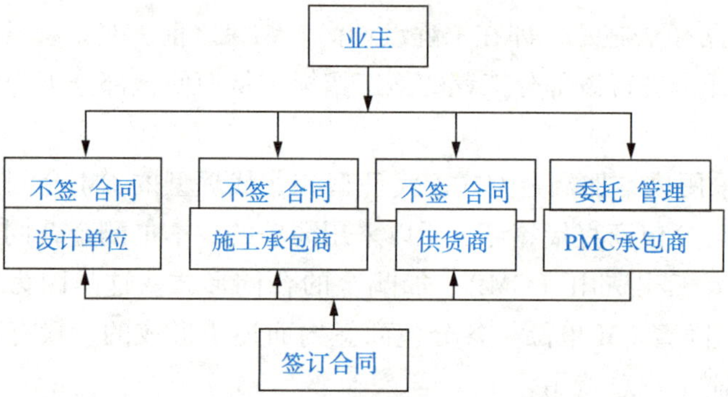

图 2-10　PMC 模式合同结构示意图（二）

（3）业主与 PMC 承包商签订项目管理合同，由 PMC 承包商自主选择施工承包商和供货商并签订施工合同和供货合同，但不负责设计工作（图 2-11）。

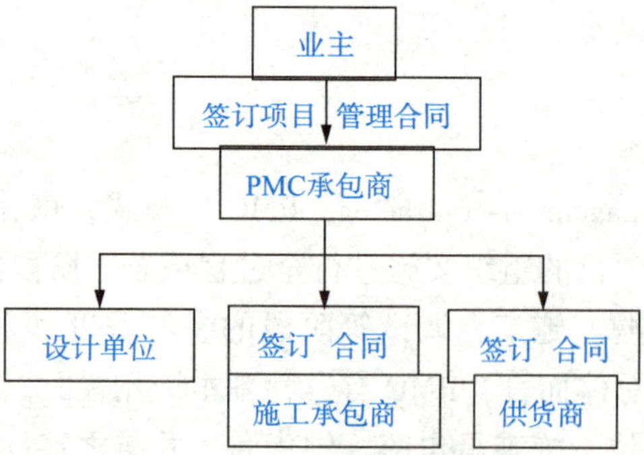

图 2-11　PMC 模式合同结构示意图（三）

本章小结

本章主要介绍了工程项目组织、工程项目经理、工程项目经理部和工程项目管理模式。通过本章的学习，读者可以了解工程项目组织的建立、特点和形式；掌握项目经理责任制的内容，以及项目经理的作用、能力及其责任与权力；熟悉项目经理部的特征、部门设置工作要求、项目经理部的解体；了解 DBB 模式、EPC 模式、CM 模式和 PMC 模式。

习题二

一、判断题

1. 在职能式项目组织中，团队成员往往优先考虑项目的利益。(　　)
2. 项目式与职能式的组织结构类似，其资源可实现共享。(　　)
3. 在项目式组织结构的公司中，其部门是按项目进行设置的。(　　)
4. 项目经理是项目的核心人物。(　　)
5. 选择项目经理的时候，必须考虑候选人的素质和能力。(　　)

二、单项选择题

1. 在以下组织结构形式中，最为机动灵活的是（　　）。

A. 项目式　　B. 职能式　　C. 矩阵式　　D. 混合式

2. 跨专业的风险较大、技术较为复杂的大型项目应采用何种组织结构来管理（　　）。

A. 矩阵式　　B. 职能式

C. 项目式　　D. 混合式

3. 矩阵式组织结构的最大优点是（　　）。

A. 改进了项目经理对资源的控制

B. 团队成员有一个以上的领导

C. 沟通更加容易

D. 报告更加简单

4. 下列有关矩阵式组织结构情况的描述中错误的是（　　）。

A. 矩阵式组织结构能充分利用人力资源

B. 项目经理和职能部门经理必须就谁占主导地位达成共识

C. 项目经理必须是职能部门领导，这样才能取得公司总经理对项目经理的信任

D. 矩阵式组织结构能对客户的要求做出快速的响应

5. 项目经理在哪种组织形式中权力最大（　　）。

A. 职能式组织　　B. 项目式组织

C. 矩阵式组织　　D. 协调式组织

6. 项目经理在哪种组织结构中的角色是兼职的？(　　)

A. 职能式　　B. 项目式　　C. 强矩阵式　　D. 弱矩阵式

三、简答题

1. 工程项目管理组织的特点有哪些？形式有哪些？
2. 作为一个合格的项目经理必须具备哪些能力？
3. 项目经理部设置的原则有哪些？工作内容是什么？
4. 项目经理部解体的条件有哪些？
5. 工程项目管理有哪些模式？

第三章

工程项目进度管理

本章导读

工程项目进度管理的目标是确保项目按时完成，并达到质量要求。主要措施包括确定项目关键路径、制订详细的项目计划、合理分配资源、监督施工进度、及时调整和优化进度计划等。通过科学、系统的进度管理，可以提高工程项目的整体效率和质量，实现项目的顺利进行。本章主要介绍工程项目进度计划、网络计划技术、工程项目进度控制措施等内容。

学习目标

- 了解工程项目进度管理的基本知识。
- 熟悉工程项目进度管理工作程序。
- 熟悉工程项目进度计划的编制方法。
- 掌握网络计划技术。
- 掌握工程项目实际进度与计划进度的比较方法。
- 掌握工程项目进度计划的实施、检查与调整。
- 熟悉工程项目进度控制措施。

素质目标

- 培养学生运用数学、科学、工程及管理知识解决工程管理问题的能力。
- 培养学生具备分析与解释数据的能力，帮助项目团队更好地理解当前的进度情况，及时做出决策和调整。

本章结构图

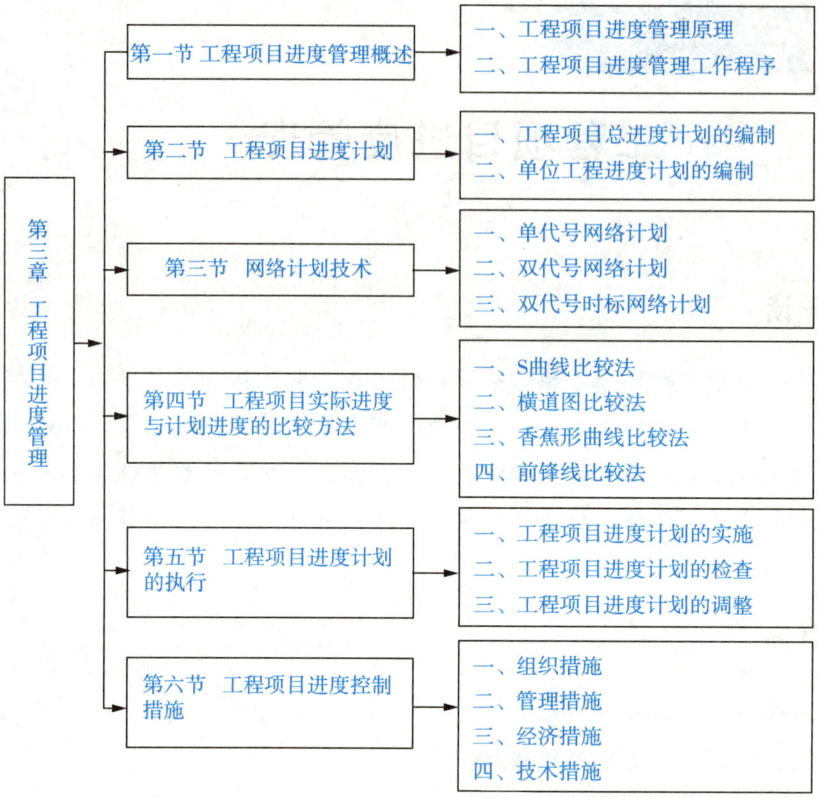

第一节 工程项目进度管理概述

工程项目进度管理是指在实现工程项目总目标的过程中，为使工程建设的实际进度符合项目进度计划的要求，使项目按计划要求的时间动用而开展的有关监督管理活动。工程项目进度管理的总目标就是项目最终动用的计划时间，也就是工业项目负荷联动试车成功、民用项目交付使用的计划时间。

项目进度计划和项目进度管理

一、工程项目进度管理原理

通常，工程项目进度管理主要遵循以下几个原理。

（1）动态控制原理。工程项目进度管理是一个不断进行的动态控制，也是一个循环进行的过程，在进度计划执行中，由于各种干扰因素的影响，实际进度与计划进度可能会产生偏差。应分析偏差产生的原因，采取相应的措施，调整原来的计划，继续按新计划进行施工活动，并且尽量发挥组织管理的作用，使实际工作按计划进行。但是在新的干扰因素作用下，又会产生新的偏差，施工进度计划控制就是采用这种循环的动态控制方法。

（2）系统控制原理。该原理认为，工程项目施工进度管理本身是一个系统工程，施工项目计划系统包括项目施工进度计划系统和项目施工进度实施组织系统两部分内容。

（3）弹性原理。在编制施工项目进度计划时需要留有余地，这样就使施工进度计划具有弹性。在进行施工项目进度控制时，便可以利用这些弹性。如检查之前拖延了工期，通过缩短剩余计划工期的方法，或者改变它们之间的逻辑关系，仍然达到预期的计划目标，这就是施工项目进度控制中对弹性原理的应用。

（4）信息反馈原理。信息反馈是施工项目进度管理的主要环节。工程项目进度管理就是对有关施工活动和进度的信息不断收集、加工、汇总、反馈的过程。施工项目信息管理中心要对收集的施工进度和相关影响因素的资料进行加工分析，由领导做出决策后向下级发出指令，指导施工或对原计划做出新的调整、部署；基层作业组织根据计划和指令安排施工活动，并将实际进度和遇到的问题随时上报。每天都有大量的内外部信息、纵横向信息流进流出，若不应用信息反馈原理，不断地进行息反馈，则无法进行进度管理。

（5）封闭循环原理。项目的进度计划管理的全过程是计划、实施、检查、比较分析、确定调整措施、再计划。从编制项目施工进度计划开始，经过实施过程中的跟踪检查，收集有关实际进度的信息，比较和分析实际进度与施工计划进度之间的偏差，找出产生的原因和解决的办法，确定调整措施，再修改原进度计划，形成一个封闭的循环系统。

二、工程项目进度管理工作程序

工程项目进度管理工作程序可以概括为计划、实施、检查、调整四个基本过程。该过程的基本原理是按 PDCA 循环理论来展开的，它是一个动态持续改进的过程，如图 3-1 所示。其中，P（Plan）是指根据施工合同确定的开工日期、总工期和竣工日期等资确定工程项目总进度目标和分进度目标，并编制进度计划；D（Do）是指按进度计划实施项目；C（Check）是指监督检查实施情况，进行实际施工进度与计划施工进度的比较；A（Action）是指出现进度偏差（不必要的提前或延误）时，应采取相应的措施及时进行调整，并应不断地预测进度状况。每进行完一个控制循环，进度控制的水平就提高一步，在改进的基础上展开下一个阶段的控制。

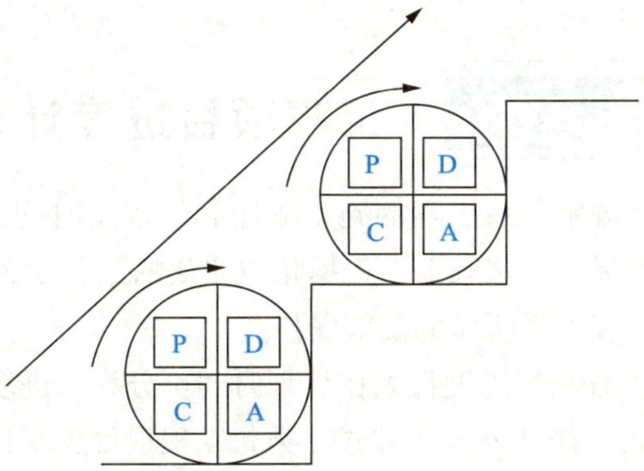

图 3-1 PDCA 循环理示意图

（一）制订进度计划

由于施工项目受诸多因素的影响，项目管理者需要收集施工合同、施工方案、有关技术经济资料等，对影响进度的各种因素进行调查、分析，预测它们对进度可能产生的影响，确定科学、合理的进度总目标。根据进度总目标和资源的优化配置原则，编制可行的进度计划。该进度计划应包括各种不同层次的进度计划，如从项目进程角度，需要有项目整体性计划及各种不同阶段的进度计划。在此基础上制定进度保证措施，最后还需要对这些计划进行优化，以提高进度计划的合理性。

（二）实施进度计划

应建立以项目负责人为首的进度计划管理组织机构，将项目进度目标落实到人；同时，要建立完善的进度考核管理制度。由于现实工程项目实施环境中会存在大量的干扰因素，因而在实施阶段要对可能影响进度的风险事件进行识别，制定和采取必要的预控措施，这样才能减少实际与计划的偏差，把控制重点放在事前和事中。

（三）检查进度计划

定期对项目进度计划在实施过程中的状况进行检查和测量，将得到的资料数据进行归类、汇总和分析，将其与计划进度进行比较，并及时进行趋势预测。项目进度管理，在项目进度监测阶段的主要工作为：①收集进度情况数据、资料；②将实际进度与计划进度比较，进行偏差分析；③进行趋势分析及预测。只有对偏差的及时识别、对发展趋势的有效预测，才能为后续的进度调整提供可靠的依据。

（四）调整进度计划

在项目实施过程中，由于众多外界因素的干扰，产生偏差是很自然的事情，因而调整才显得更加重要。有时需要采取一定的措施，而这个过程有时是个非常复杂的过程。项目进度管理进度分析、处理阶段的主要工作为：①偏差分析，分析产生进度偏差的前因后果；②动态调整，寻求进度调整的约束条件和可行方案；③优化控制，对调整措施和新计划进行优化并做出评审。偏差分析、动态调整和优化控制是项目进度管理过程中最困难、最关键的环节。

第二节 工程项目进度计划

工程项目进度计划是规定各项工程的施工顺序和开竣工时间及相互衔接关系的计划，是在确定工程施工项目目标工期基础上，根据相应完成的工程量，对各项施工过程的施工顺序、起止时间和相互衔接关系所做的统筹安排。

（1）按计划时间。工程项目进度计划按计划时间可分为总进度计划和阶段性计划。

（2）按计划表达方式。按计划表达方式分类，工程项目进度计划可分为文字说明计划与图表形式计划。

（3）按计划对象。工程项目进度计划按计划对象分类，可分为施工总进度计划、单位工程施工进度计划和分项工程进度计划。

（4）按计划作用。工程项目进度计划按计划作用分类，可分为控制性进度计划和指导性进度计划两类。

一、工程项目总进度计划的编制

工程项目总进度计划一般是建设工程项目的施工进度计划，它是用来确定建设工程项目中所包含的各单位工程的施工顺序、施工时间及相互衔接关系的计划。

（一）工程项目总进度计划的编制步骤

工程项目总进度计划编制的主要步骤如下。

（1）计算工程量。根据批准的工程项目一览表，按单位工程分别计算其主要实物工程量，工程量只需粗略地计算即可。工程量的计算可按初步设计（或扩大初步设计）图纸和有关定额手册或资料进行。

（2）确定各单位工程的施工期限。各单位工程的施工期限应根据合同工期确定，同时还要考虑建筑类型、结构特征、施工方法、施工管理水平、施工机械化程度及施工现场条件等因素。

（3）确定各单位工程的开竣工时间和相互搭接关系。确定各单位工程的开竣工时间和相互搭接关系主要应考虑以下几点。

① 同一时期施工的项目不宜过多，以避免人力、物力过于分散。

② 尽量做到均衡施工，以使劳动力、施工机械和主要材料的供应在整个工期范围内达到均衡。

③ 尽量提前建设可供工程施工使用的永久性工程，以节省临时工程费用。

④ 急需和关键的工程先施工，以保证工程项目如期交工。对于某些技术复杂、施工周期较长、施工困难较多的工程，亦应安排提前施工，以利于整个工程项目按期交付使用。

⑤ 施工顺序必须与主要生产系统投入生产的先后次序相吻合。同时还要安排好配套工程的施工时间，以保证建成的工程能迅速投入生产或交付使用。

⑥ 应注意季节对施工顺序的影响，使施工不因季节的原因导致工期拖延，不影响工程质量。

⑦ 安排一部分附属工程或零星项目作为后备项目，用以调整主要项目的施工进度。

（4）编制初步施工总进度计划。施工总进度计划应安排全工地性的流水作业。全工地性的流水作业安排应以工程量大、工期长的单位工程为主导，组织若干条流水线，并以此带动其他工程。施工总进度计划既可以用横道图表示，也可以用网络图表示。

（5）编制正式施工总进度计划。初步施工总进度计划编制完成后，要对其进行检查。主要是检查总工期是否符合要求，资源使用是否均衡及其供应能否得到保证。

（二）工程项目总进度计划的编制依据

（1）工程项目合同的工期目标。每一个工程项目，在承包方和发包方签署的《工程施工合同》和承包方的有效投标文件中，必有承包方承诺的工程施工的工期目标。工程项目合同包括合同工期、分期分批工期的开竣工日期，有关工期提前延误调整的约定等。

（2）工程项目的进度目标。除合同约定的施工进度目标外，承包商可能有自己的施工进度目标，用以指导施工进度计划的编制。

（3）工期定额。工期定额是在过去工程资料统计的基础上形成的行业标准。

（4）有关技术经济资料。有关技术经济资料包括施工环境资料、道路交通、建筑物的施工质量、空间特点等资料。

（5）工程项目施工部署与主要工程施工方案。工程项目进度计划在施工方案确定后编制。

（6）国家现行的建筑施工技术、质量、安全规范、操作规程和技术经济指标、项目施工方案及措施、施工顺序等必须符合国家行政主管部门对施工的要求。

二、单位工程进度计划的编制

单位工程进度计划是在既定施工方案、工期与各种资源供应条件的基础上，遵循合理的施工顺序对于单位工程内部各个施工过程做出的时间、空间方面的安排。而且，借助它可以确定施工作业所必需的劳动力、施工机具与材料供应计划。其编制程序如图 3-2 所示。

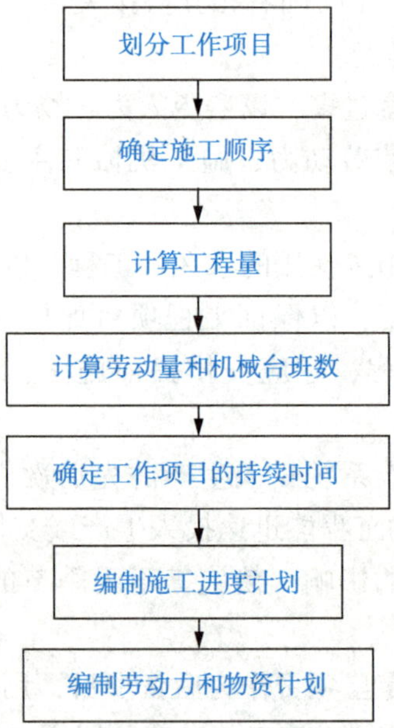

图 3-2　单位工程施工进度计划编制程序

（一）划分工作项目

工作项目包括一定工作内容的施工过程，是施工进度计划的基本组成单元。工作项目内容的多少，划分的粗细程度，应该根据计划的需要来决定，对于大型建设工程，经常需要编制控制性施工进度计划，此时工作项目可以划分得粗一些，一般只明确到分部工程即可。如果编制实施性施工进度计划，工作项目就应划分得细一些。在一般情况下，单位工程施工进度计划中的工作项目应明确到分项工程或更具体，以满足指导施工作业、控制施工进度的要求。

由于单位工程中的工作项目较多，应在熟悉施工图纸的基础上，根据建筑结构特点及已确定的施工方案，按施工顺序逐项列出．以防止漏项或重项。凡是与工程对象施工直接有关的内容均应列入计划，而不属于直接施工的辅助性项目和服务性项目则不必列入。

（二）确定施工顺序

确定施工顺序是为了按照施工的技术规律和合理的组织关系，解决各工作项目之间在时间上的先后顺序和搭接问题，以达到保证质量、安全施工、充分利用空间、争取时间、实现合理安排工期的目的。

（三）计算工程量

工程量的计算应根据施工图和工程量计算规则，针对所划分的每一个工作项目进行。计算工程量时应注意以下问题。

（1）工程量的计算单位应与现行定额手册中所规定的计量单位相一致，以便计算劳动力、材料和机械数量时直接套用定额，而不必进行换算。

（2）要结合具体的施工方法和安全技术要求计算工程量。

（3）应结合施工组织的要求，按已划分的施工段分层分段进行计算。

（四）计算劳动量和机械台班数

根据工作项目的工程量和所采用的定额，即可按式（3-1）计算各工作项目所需要的劳动量和机械台班数，即

$$P = QH = \frac{Q}{S} \tag{3-1}$$

式中 P——某施工过程所需的劳动量或者机械台数（工日或台班）；

Q——该施工过程的工程量（m^3，m^2，m，t）；

H——该施工过程所采用的人工或机械时间定额［工日（台班）/m^3，工日（台班）/m^2，工日（台班）/m，工日（台班）/t］；

S——该施工过程所采用的人工或机械产量定额［m^3/工日（台班）］。

（五）确定工作项目的持续时间

根据工作项目所需要的劳动量或机械台班数，以及该工作项目每天安排的工人数或配备的机械台数，即可按式（3-2）计算出各工作项目的持续时间

$$D = \frac{P}{NR} \tag{3-2}$$

式中 D——该项目施工过程的持续时间（d）；

P——该项目施工过程所需的劳动量或机械台班量（工日或台班）；

R——该项目施工过程所配备的施工班组人数或机械台数（人或台）；

N——每天采用的工作班制（班）。

在安排每班工人数和机械台数时，应综合考虑以下几个问题。

（1）要使各个工作项目上的工人数量不低于正常施工时所必需的最低限度（最小劳动组合），以达到最高的劳动生产率。

（2）要保证各个工作项目上工人班组中每一个工人拥有足够的工作面，以发挥高效率并保证施工安全。

由此可见，最小工作面限定了每班安排人数的上限，而最小劳动组合限定了每班安排人数的下限。对于施工机械台数的确定也是如此。每天的工作班数应根据工作项目施工的技术要求和组织要求来确定。

（六）编排施工进度计划

施工进度计划，首先应选择施工进度计划的表达形式。目前，常用来表达工程施工进度计划的方法有横道图和网络图两种形式。

横道图比较简单，而且非常直观，多年来被广泛地用于表达施工进度计划，并以此作为控制过程进度的主要依据。但是，采用横道图控制过程进度具有一定的局限性。随着计算机的广泛应用，网络计划技术日益受到人们的青睐。

（七）编制劳动力和物资计划

有了施工进度计划以后，还需要编制劳动力和物资需要量计划，附于施工进度计划之后。这样，就更具体、更明确地反映出完成该进度计划所必须具备的基本条件，便于领导掌握情况，统一平衡、保证及时调配，以满足施工任务的实际需要。

第三节 网络计划技术

网络计划技术是利用网络计划进行中产管理的一种方法。它利用网络图全面反映出整个计划中各工作的先后顺序和逻辑关系，通过计算时间参数，求出过程工期并找出和关键线路，通过不断改善网络计划，选择最优的方案付诸实施，并在执行过程中进行有效的控制和调整，以达到缩短工期、提高工效、降低成本、增加经济效益的目的。我国《工程网络计划技术》推荐的常用工程网络计划主要有单代号网络计划、双代号网络计划和双代号时标网络计划。

一、单代号网络计划

单代号网络图是以节点及其编号表示工作，以箭线表示工作之间的逻辑关系的网络图。在单代号网络图中加注工作的持续时间就形成单代号网络计划。单代号网络计划与双代号网络计划相比，特点如下。

（1）单代号网络图是以节点及其编号表示工作，以箭线表示工作之间的逻辑关系，故逻辑关系容易表达。

（2）单代号网络图中没有虚箭线，故编制单代号网络计划产生逻辑错误的概率较小，绘图较简单。

（3）由于工作的持续时间表示在节点之中，没有长度，故不够形象，也不便于绘制时标网络计划，更不能据图优化。

（4）便于网络图的检查和修改。

（5）表示工作之间逻辑关系的箭线可能产生较多的纵横交叉现象。

（一）单代号网络计划的组成

单代号网络计划也是由箭线、节点和线路三个要素组成的，如图 3-3 所示。

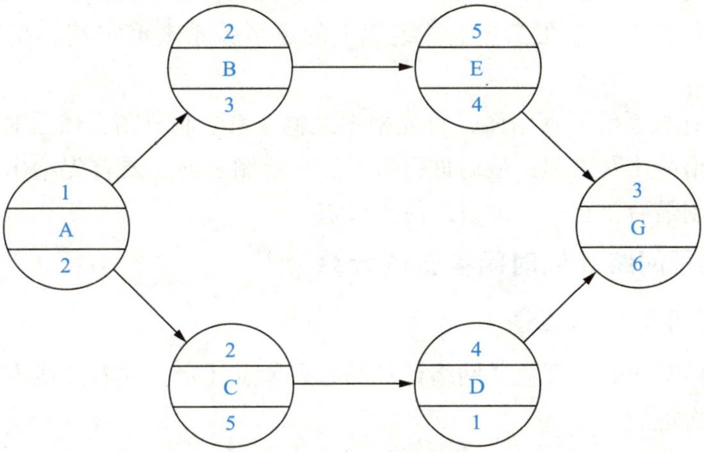

图 3-3　单代号网络图

（1）节点。单代号网络计划中一个节点表示一项工作，宜用圆圈或矩形表示。节点所表示的工作名称、持续时间和工作代号均标注在节点内，如图 3-4 所示。

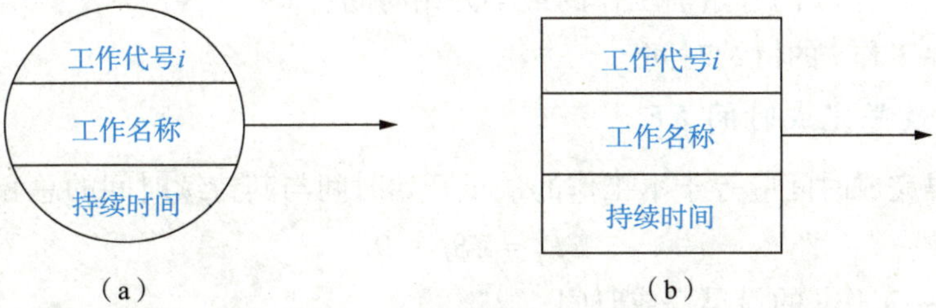

图 3-4　单代号网络图表示方式

（2）箭线。在单代号网络计划中，只有实箭线，没有虚箭线。箭线仅用来表示工作之间的逻辑关系；既不消耗时间，也不消耗资源，其含义同双代号网络计划中的虚箭线。

（3）线路。单代号网络计划线路、关键线路的含义以及确定方法同双代号网络计划。

（二）单代号网络图的绘制

同双代号网络图的绘制一样，绘制单代号网络图也必须遵循一定的逻辑规则。这些基本规则主要有以下几方面。

（1）在单代号网络图中不允许出现循环回路。

（2）为了保证单代号网络计划有唯一的起点和终点，在网络图的开始和结束增加虚拟的起点节点和终点节点，这是单代号网络图所特有的。

（3）单代号网络图中不允许出现有重复编号的工作，一个编号只能代表一项工作。

（4）在网络图中除起点节点和终点节点外，不允许出现其他没有内向箭线的工作节点和没有外向箭线的工作节点，严禁出现双向箭头或无箭头的连线。

（5）节点编号为了计算方便，网络图的编号应是后继节点编号大于前导节点编号。

单代号网络图的绘制步骤与双代网络图的绘制步骤基本相同，主要包括以下两部分。

（1）首先计算各工作的持续时间，列出工作一览表及各工作的直接紧前、紧后工作名称，根据工程计划中各工作在工艺上、组织上的逻辑关系来确定其直接紧前、紧后工作名称。

（2）根据上述关系绘制网络图，首先根据逻辑关系绘制草图，然后对一些不必要的交叉进行整理，绘出简化网络图，最后进行编号。在绘制之前，要首先给出一个虚设的起点节点，网络图绘制最后要有一个虚设的终点节点。

（三）单代号网络计划时间参数的计算

1. 工作最早开始时间 ES_i

工作最早开始时间的计算应从网络计划的起点节点开始，顺着箭线方向按节点编号从小到大的顺序依次进行。

（1）起点节点所代表的工作的最早开始时间未规定时，其值应为零。

（2）其他工作的最早开始时间应按式（3-3）计算

$$ES_i = \max\{ES_h + D_h\} \tag{3-3}$$

式中 ES_i——工作 i 的最早开始时间；

ES_h——工作 i 的各紧前工作的最早开始时间；

D_h——工作 i 的持续时间。

2. 工作的最早完成时间 EF_i

工作的最早完成时间应等于本工作的最早开始时间与其持续时间的总和，即

$$EF_i = ES_i + D_i \tag{3-4}$$

式中 EF_i——工作 i 的最早完成时间；

ES_i——工作 i 的最早开始时间；

D_i——工作 i 的各紧前工作好的持续时间。

3. 相邻两项工作之间的时间间隔 $LAG_{i,j}$

相邻两项工作之间存在着时间间隔，工作 i 与 j 的时间间隔记为 $LAG_{i,j}$。时间间隔是指相邻两项工作之间，后项工作的最早开始时间与前项工作的最早完成时间之差，即

$$LAG_{i,j} = ES_j - EF_i \tag{3-5}$$

式中 $LAG_{i,j}$——工作 i 与其紧后工作 j 之间的时间间隔；

ES_j——工作 i 的紧后工作 j 的最早开始时间；

EF_i——工作 i 的最早完成时间。

4. 计算工作的总时差

工作总时差的计算应从网络计划的终点节点开始，逆着箭线方向按节点编号从大到小的顺序依次进行。

（1）终点节点 n 所代表的工作的总时差应为

$$TF_n = LF_n - EF_n \tag{3-6}$$

（2）其他工作的总时差应等于本工作与其紧后工作之间的时间间隔加该紧后工作的总时差所得之和的最小值，即

$$TF_i = \min \{TF_j + LAG_{i,j}\} \tag{3-7}$$

式中　TF_i——工作 i 的总时差；

TF_j——工作 i 的紧后工作 j 的总时差；

$LAG_{i,j}$——工作 i 与其紧后工作 j 的时间间隔。

5. 工作的自由时差

终点节点 n 所代表的工作的自由时差应为

$$FF_n = T_\mathrm{p} - EF_n \tag{3-8}$$

其他工作的自由时差为

$$FF_i = \min \{LAG_{i,j}\} \tag{3-9}$$

6. 工作的最迟完成时间 LF_i

工作最迟完成时间的计算应从网络计划的终点节点开始，逆着箭线方向按节点编号从大到小的顺序依次进行。

（1）终点节点 n 所代表的工作的最迟完成时间等于该网络计划的计划工期，即

$$LF_n = T_\mathrm{p} \tag{3-10}$$

（2）其他工作的最迟完成时间等于本工作的最早完成时间与其总时差之和，即

$$LF_i = EF_i + TF_i \tag{3-11}$$

7. 工作的最迟开始时间 LS_i

工作的最迟开始时间应按公式（3-12）或（3-13）计算

$$LS_i = ES_i + TF_i \tag{3-12}$$

或

$$LS_i = LF_i - D_i \tag{3-13}$$

二、双代号网络计划

双代号网络计划是用双代号网络图表达任务构成、工作顺序并加注工作时间参数的进度计划。双代号网络图是以箭线从其两端节点的编号来表示工作的网络图。在双代号网络图中，每项工作需用一条箭线和其箭尾与箭头处两个圆圈中的号码来表示，如图 3-5 所示。

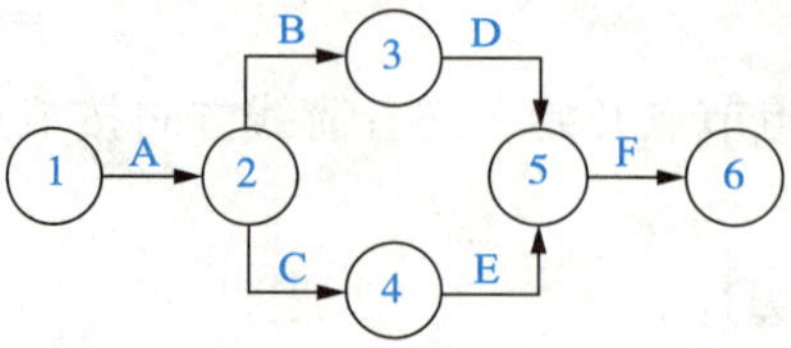

（a）双代号网络图

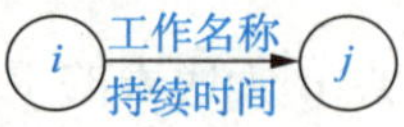

（b）双代号表达方式

图 3-5　双代号网络图计其表达方式

（一）双代号网络计划的组成

双代号网络计划由箭线、节点、线路三个基本要素组成的。

1. 箭线

（1）在双代号网络图中，箭线表示一项工作；在工程网络计划的网络图中，一项工作包含的范围大小视具体情况而定，小则表示一个工序、一个分项工程、一个分部工程（一幢建筑的主体结构或装修工程）；大则表示某一建筑物施工的全部施工过程。

（2）每一项工作都要占用一定时间（称作工作持续时间），一般也要消耗一定量资源，花费一定成本。凡是占用一定时间的施工过程都应作为一项工作来看待，用箭线表示出来，如墙体砌筑、浇筑混凝土等。至于类似浇筑混凝土后的养护时间，抹灰的干燥时间或已确认的等待材料或设备到达施工现场的时间等，虽然这些工作可能并不消耗资源和花费成本，但均应视为一项工作。

（3）箭线的指向表示工作进行的方向，水平直线投影的方向应自左至右。箭尾表示工作的开始，箭头表示工作的结束。

（4）在非时标网络图中，箭线本身并不是矢量，它的长短不能反映工作持续时间的长短。在时标网络图中，箭线的长度必须根据完成该工作所需持续时间的长短按比例绘制。

（5）箭线的形状可画成直线或折线，并应以水平线为主，斜线和竖线为辅。

（6）虚箭线表示一项虚拟的工作，不占用时间，不消耗资源。其作用是使有关工作的逻辑关系得到正确表达。虚箭线一般起着工作之间的区分、联系和断路三个作用。

① 区分作用是指双代号网络图中每一项工作都必须用一条箭线和两个代号表示，若两项工作的代号相同时，应使用虚工作加以区分，如图 3-6 所示。

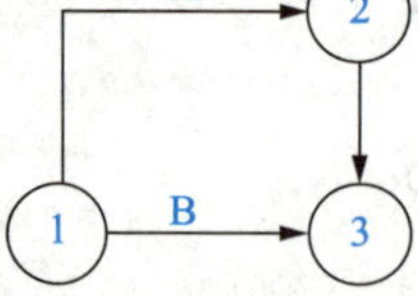

（a）正确

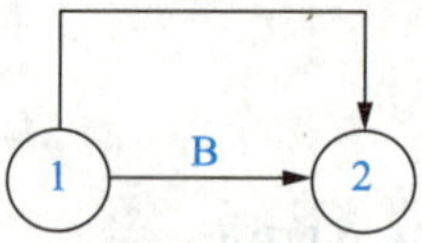

（b）错误

图 3-6　虚线的区分作用

② 联系作用是指应用虚箭线正确表达工作之间相互依存的关系。

③ 断路作用是用虚箭线断掉多余联系，即在网络图中把无联系的工作连接上时，应加上虚工作将其断开。

（7）一般工作的名称标注在箭线的上方或左方，工作的持续时间标注在箭线的下方或右方，虚箭线的上下方不做标注。

2. 节点

（1）双代号网络图节点宜用圆圈表示，节点表示两项（或两项以上）工作交接之点，既不占用时间，也不消耗资源，表示的是工作开始或完成的“瞬间”。

（2）一项工作中箭线尾部的节点称为箭尾节点，又叫开始节点，箭线头部的节点称为箭头节点，又叫结束节点。

（3）对一个节点来说，可能有许多箭线指向该节点，这些箭线称为该节点的内向箭线，如图 3-7（a）所示；同样，可能有许多箭线由该节点发出，这些箭线称为该节点的外向箭线，如图 3-7（b）所示。

（4）网络图中第一个节点叫起点节点，它意味着一项计划或工程的开始，起点节点无内向箭线。网络图中最后一个节点叫终点节点，它意味着一项计划或工程的结束，终点节点无外向箭线。

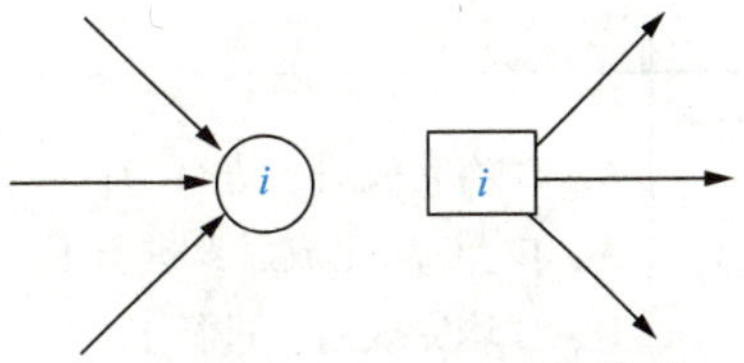

（a）内向箭线　（b）外向箭线

图 3-7　内向箭线和外向箭线

3. 线路

在网络图中，从起点节点开始，沿着箭线方向依次通过一系列节点和箭线，最后到达终点节点的若干条通路，称为线路。线路可依次用该线路上的节点编号来表示，也可依次用该线路上的工作名称来表示。通常情况下，一个网络图有多条线路，线路上各工作的持续时间之和为该线路的总持续时间。各条线路总持续时间往往各不相等，其中所花时间最长的线路称为关键线路，其余的线路称为非关键线路。位于关键线路上的工作称为关键工作。关键工作通常用粗箭线、双箭线或彩色箭线表示。在网络图中，至少存在一条关键线路。关键线路不是一成不变的，在一定条件下，关键线路和非关键线路是可以互相转换的。

（二）双代号网络图的绘制

双代号网络图必须正确表达已定的逻辑关系。网络图中常见的各种工作逻辑关系的表达方法如表 3-1 所示。

表 3-1　网络图中常见的各种工作逻辑关系的表示方法

序号	工作之间的逻辑关系	用双代号网络图的表达方式
1	A 完成后，进行 B 和 C	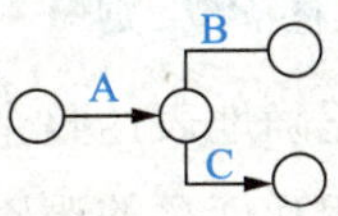
2	A、B 完成后，进行 C	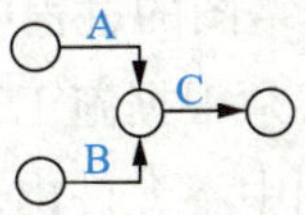

（续表）

序号	工作之间的逻辑关系	用双代号网络图的表达方式
3	A、B 均完成后，进行 C 和 D	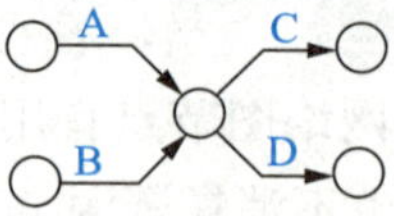
4	A 完成后，进行 C； A、B 完成后进行 D	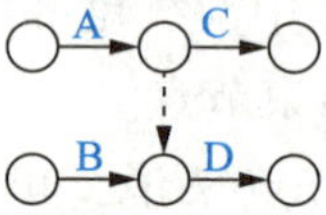
5	A、B 均完成后，进行 D； A、B、C 均完成后，进行 E； D、E 均完成后，进行 F	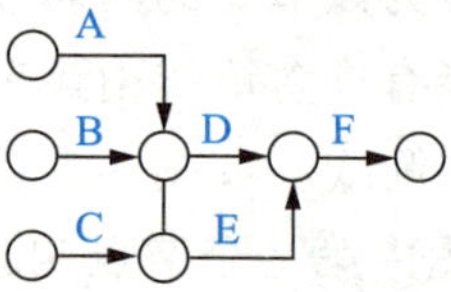
6	A、B 均完成后，进行 C； B、D 均完成后，进行 E	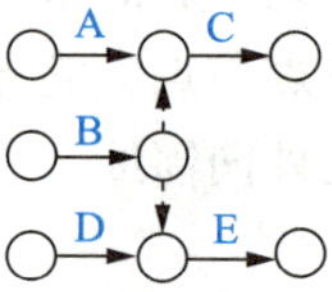
7	A、B、C 均完成后，进行 D； B、C 均完成后，进行 E	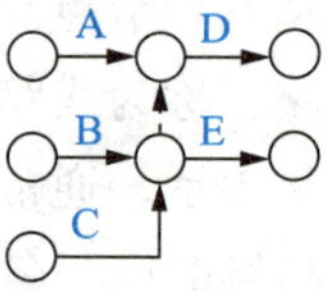
8	A 完成后，进行 B； B、C 均完成后，进行 D	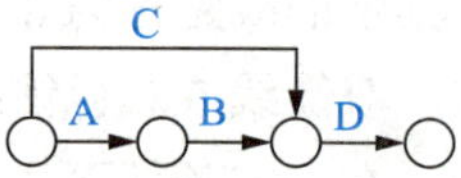
9	A、B 分成三个施工段； A_1 完成后，进行 A_2、B_1； A_2 完成后，进行 A_3； A_2 及 B_1 完成后，进行 B_2； A_3 及 B_2 完成后，进行 B_3	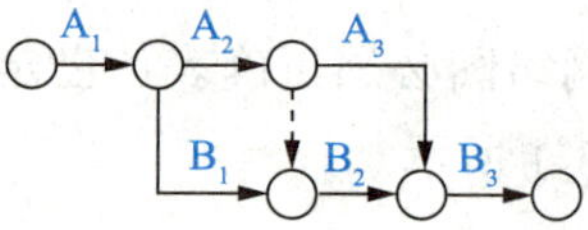

1. 绘制网络图的原则

网络图必须正确地表达整个工程或任务的工艺流程，各工作开展的先后顺序及它们之间的相互制约、相互依存的逻辑关系。要使网络图达到图面布置合理、条理清楚、突出重点的目的，绘制网络图的过程中必须遵守以下规则。

（1）网络图必须根据施工工艺或组织关系正确表达已定的逻辑关系。

（2）在网络图中不允许出现循环回路。

（3）网络图中在节点之间禁止出现双向箭头或无向箭头的连线。

（4）网络图中严禁出现没有箭头或箭尾节点的箭线。

（5）在双代号网络图中，同一项工作只能有唯一的一条箭线和相应的一对节点编号。

（6）双代号网络图的某些节点有多条外向箭线或多条内向箭线时，为使图面清楚，工作布置合理。允许使用多条箭线经一条共用母线段引入或引出节点。

（7）绘制网络图时，尽量避免箭线交叉。当交叉不可避免时应采用过桥法或指向法。

（8）肯定型的关键线路法双代号网络图中只允许有一个起始节点和一个终点节点。

（9）在网络图中，为了表达分段流水作业的情况，每个工作只能反映每一施工段的工作。

2. 绘制网络图的步骤

当已知每一项工作的紧前工作时，可按下述步骤绘制双代号网络图。

（1）绘制没有紧前工作的工作箭线，使它们具有相同的开始节点，以保证网络图只有一个起点节点。

（2）依次绘制其他工作箭线。这些工作箭线的绘制条件是其所有紧前工作箭线都已经绘制出来。在绘制这些工作箭线时，应按以下原则进行。

① 当所要绘制的工作只有一项紧前工作时，则将该工作箭线直接画在其紧前工作箭线之后即可。

② 当所要绘制的工作有多项紧前工作时，如果在其紧前工作之中存在一项只作为本工作紧前工作的工作（即在紧前工作栏目中，该紧前工作只出现一次），则应将本工作箭线直接画在该紧前工作箭线之后，然后用虚箭线将其他紧前工作箭线的箭头节点与本工作箭线的箭尾节点分别相连，以表达它们之间的逻辑关系。

③ 当所要绘制的工作有多项紧前工作时，如果在其紧前工作之中存在多项只作为本工作紧前工作的工作，应先将这些紧前工作箭线的箭头节点合并，再从合并后的节点开始，画出本工作箭线，最后用虚箭线将其他紧前工作箭线的箭头节点与本工作箭线的箭尾节点分别相连，以表达它们之间的逻辑关系。

④ 当所要绘制的工作有多项紧前工作时，如果不存在情况②和情况③时，应判断本工作的所有紧前工作是否都同时作为其他工作的紧前工作（即在紧前工作项目中，这几项紧前工作是否均同时出现若干次）。如果上述条件成立，应先将这些紧前工作箭线的箭头节点合并后，再从合并后的节点开始画出本工作箭线。

（3）当各项工作箭线都绘制出来之后，应合并那些没有紧后工作的工作箭线的箭头节点，以保证网络图只有一个终点节点（多目标网络计划除外）。

（4）当确认所绘制的网络图正确后，即可进行节点编号。网络图的节点编号在满足前述要求的前提下，既可采用连续的编号方法，也可采用不连续的编号方法，如 1，3，5，……或 5，10，15，……，以避免以后增加工作时而改动整个网络图的节点编号。

（三）双代号网络计划的时间参数

双代号网络计划的时间参数的表达符号及定义如表 3-2 所示。

表 3-2 双代号网络计划时间参数的表达符号及定义

参数名称	表达符号	定义
计划工期	T_c	根据网络计划时间参数计算出来的工期
要求工期	T_r	任务委托人所要求的工期
计划工期	T_p	在要求工期和计算工期的基础上综合考虑需要和可能而确定的工期
工作持续时间	D_{i-j}	对一项工作规定的从开始到完成的时间
工作的最早开始时间	ES_{i-j}、ES_i	在紧前工作和有关时限约束下，工作有可能开始的最早时刻
工作的最早完成时间	E_{Fi-j}、EF_i	在紧前工作和有关时限约束下，工作有可能完成的最早时刻
工作的最迟开始时间	LS_{i-j}、LS_i	在不影响任务按期完成和有关时限约束的条件下，工作最迟必须开始的时刻
工作的最迟完成时间	LF_{i-j}、LF_i	在不影响任务按期完成和有关时限约束的条件下，工作最迟必须完成的时刻
节点最早时间	ET_i	双代号网络计划中，该节点后各工作的最早开始时刻
节点最迟时间	LT_i	双代号网络计划中，该节点前各工作的最迟完成时刻
工作的总时差	TF_{i-j}、TF_i	在不影响工期和有关时限的前提下，一项工作可以利用的机动时间
工作的自由时差	FF_{i-j}、FF_i	在不影响其紧后工作最早开始时间和有关时限的前提下，一项工作可以利用的机动时间
相关时差	DF_{i-j}、DF_i	与紧后工作共同利用的机动时间

1. 双代号网络计划时间参数的标注方式

（1）按工作计算法的时间参数的标注形式如图 3-8 所示。

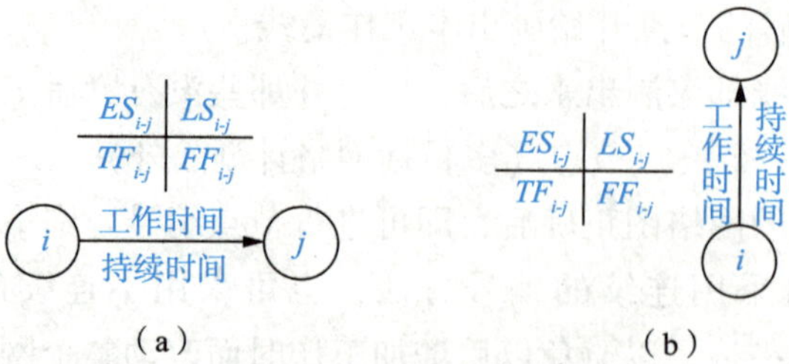

图 3-8 按工作计算法的时间参数的标注形式

（2）按节点计算法的时间参数的标注形式，如图 3-9 所示。

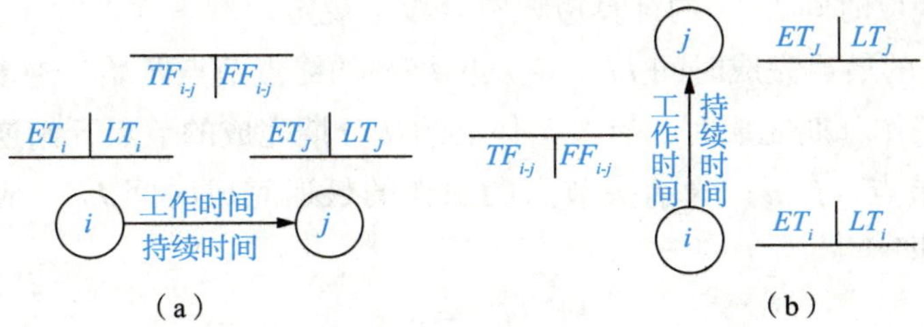

图 3-9　按节点计算法的时间参数的标注形式

2. 双代号网络计划时间参数的计算

在网络计划时间参数的计算中，首先应根据有关理论确定各项工作的持续时间，然后根据各参数的计算方法计算参数。按工作计算法的时间参数计算顺序如下。

（1）计算 ES_{i-j} 和 EF_{i-j}。

（2）确定 T_c。

（3）计算 LF_{i-j} 和 LS_{i-j}。

（4）计算 TF_{i-j}。

（5）计算 FF_{i-j}。

工作的最早开始时间的计算应符合以下规定。

（1）工作 $i-j$ 的最早开始时间 ES_{i-j} 应从网络图的起点节点开始，顺着箭线方面依次逐项计算。

（2）以起点节点 i 为箭尾节点的工作 $i-j$，如未规定其最早开始时间 ES_{i-j} 时其价值为零，即

$$ES_{i-j}=0 \tag{3-14}$$

（3）其他工作 i-j 的最早开始时间 ES_{i-j} 应为其诸紧前工作最早开始时间与该紧前工作的持续时间之和的最大值，其表达式为

$$ES_{i-j}=\max\{ES_{h-i}+D_{h-i}\} \tag{3-15}$$

式中　ES_{h-i}——工作 $i-j$ 的紧前工作 $h-i$ 的最早开始时间；

D_{h-i}——工作 $i-j$ 的紧前工作 $h-i$ 的持续时间。

工作 $i-j$ 的最早完成时间 EF_{i-j} 的计算应符合下式规定

$$EF_{i-j}=ES_{i-j}+D_{i-j} \tag{3-16}$$

网络计划计算工期 T_c 的计算应符合下式规定：

$$T_c=\max\{EF_{i-n}\} \tag{3-17}$$

式中　EF_{i-n}——以终点节点（$j=n$）为箭头节点的工作 $i-n$ 的最早完成时间。

网络计划的计划工期 T_p 应按以下情况分别确定。

（1）当已规定了要求工期 T_r 时

$$T_p\leqslant T_r \tag{3-18}$$

（2）当未规定要求工期时

$$T_p\leqslant T_c \tag{3-19}$$

工作的最迟完成时间 LF_{i-j} 的计算应该符合以下规定。

（1）工作 i–j 的最迟完成时间 LF_{i-j} 应从网络图的终点节点开始，逆着箭线方向依次逐项计算。当部分工作分期完成时，有关工作必须从分期完成的节点开始逆向逐项计算。

（2）以终点节点（$j=n$）为箭头节点的工作的最迟完成时间 LF_{i-j} 应按网络计划的计划工期 T_p 确定，即

$$LF_{i-j}=T_p \tag{3-20}$$

以分期完成的节点为剪头节点的工作的最迟完成时间应等于分期完成的时刻。

（3）其他工作 i–j 的最迟完成时间 LF_{i-j} 应为其所有紧后工作最迟完成时间与该紧后工作的持续时间之差的最小值，其计算公式为

$$LF_{i-j}=\min\{LF_{j-k}-D_{j-k}\} \tag{3-21}$$

式中　LF_{j-k}——工作 i–j 的紧后工作 j–k 的最迟完成时间；

D_{j-k}——工作 i–j 的的紧后工作 j–k 的持续时间。

工作 i–j 的最迟开始时间 LS_{i-j} 的计算应符合以下规定

$$LS_{i-j}=LF_{i-j}-D_{i-j} \tag{3-22}$$

工作 i–j 的总时差 TF_{i-j} 是在不影响工期的前提下，工作所具有的机动时间，其计算公式为

$$TF_{i-j}=LS_{i-j}-ES_{i-j} \tag{3-23}$$

$$LS_{i-j}=LF_{i-j}-EF_{i-j} \tag{3-24}$$

工作 i–j 的自由时差 FF_{i-j} 是在不影响其紧后工作最早开始时间的前提下，工作所具有的机动时间，其计算公式为

$$FF_{i-j}=ES_{j-k}-ES_{i-j}-D_{i-j} \tag{3-25}$$

$$FF_{i-j}=ES_{j-k}-EF_{i-j} \tag{3-26}$$

式中　ES_{j-k}——工作 i–j 的紧后工作 j–k 的最早开始时间。

三、双代号时标网络计划

双代号时标网络计划是以时间坐标为尺度表示工作时间，箭线的长度和所在位置表示工作的时间进程的一种网络计划。时标的时间单位可为时、天、周、旬、月或季等。在时标网络计划中以实箭线表示实工作，以虚箭线表示虚工作，以波形线表示工作的自由时差。

（一）双代号时标网络计划的特点

时标网络计划形同水平进度计划，它是网络图与横道图的结合，它表达清晰醒目，编制方便，前后各工作的逻辑关系清晰。双代号时标网络计划是以水平时间坐标为尺度编制的双代号网络计划，具有以下几个特点。

（1）时标网络计划既是一个网络计划，又是一个水平进度计划，它能标明计划的时间进程，便于网络计划的使用，兼有网络计划与横道计划的优点。

（2）时标网络计划便于在图上计算劳动力、材料等资源需用量，并能在图上调整时

差，进行网络计划的时间和资源的优化和调整。

(3) 时标网络计划能在图上直观显示各项工作的开始与完成时间、自由时差和关键线路。

(4) 调整时标网络计划的工作较繁琐。对一般的网络计划，若改变某一工作的持续时间，只需变动箭线上所标注的时间数字就行，十分简便。但是，时标网络计划是用箭线或线段的长短来表示每一工作的持续时间的，若改变时间就需改变箭线的长度和位置，这样往往会引起整个网络图的变动。

（二）双代号时标网络计划的绘制

时标网络计划宜按工作的最早开始时间绘制；箭线的长短代表了时间的长短，箭线宜用水平箭线或由水平段和垂直段组成的箭线，不宜用斜箭线；节点的中心必须对准相应的时标位置；虚工作用垂直虚线表示，如有水平段应绘制成波形线；在绘制时标网络计划之前，应先绘制无时标网络计划草图，并按已经确定的时间单位绘制时间坐标，然后按间接绘制法或直接绘制法绘制时标网络计划。

1. 间接绘制法

间接绘制法是先计算网络计划的时间参数，再根据时间参数在时间坐标上进行绘制的方法。其具体的绘制步骤和方法如下。

(1) 绘制无时标网络计划，宜用标号法确定关键线路和计算工期。

(2) 绘制时间坐标，并将所有节点按其最早时间定位在时间坐标的相应位置。

(3) 依次在各节点之间用规定线型绘出各工作和自由时差。当某些工作实线不足以到达该工作的完成节点时，用波形线补足，该波形线表示该工作的自由时差。

2. 直接绘制法

直接绘制法是指不计算时间参数而直接按无时标网络计划草图绘制时标网络计划的方法，其具体的绘制步骤和方法如下。

(1) 将起点节点定位在时间坐标的起始刻度线上。

(2) 按工作的持续时间绘制起点节点的外向箭线。

(3) 除起点节点外，其他节点必须在其所有内向箭线绘出后，定位在这些箭线中最迟的箭线末端。其他内向箭线的长度不足以到达该节点时，须用波形线补足，箭头画在与该节点的连接处。

(4) 用上述方法从左至右依次确定其他各个节点的位置，直至绘出终点节点。

第四节　工程项目实际进度与计划进度的比较方法

工程项目实际进度与计划进度的比较方法主要有横道图比较法、S 曲线比较法、香蕉型曲线比较法和前锋线比较法。

一、S 曲线比较法

S 曲线比较法是以横坐标表示时间，以纵坐标表示累计完成任务量，绘制一条按计划时间累计完成任务量的 S 曲线；然后将工程项目实施过程中各检查时间实际累计完成任务量的 S 曲线也绘制在同一坐标系中，进行实际进度与计划进度比较的一种方法。

从整个工程项目实际进展全过程看，单位时间投入的资源量一般是开始和结束时较少，中间阶段较多，如图 3-10（a）所示。

与其相对应，单位时间完成的任务量也呈同样的变化规律。而随工程进展累计完成的任务量则应呈 S 形变化，如图 3-10（b）所示。由于其形似英文字母“S”，因此而得名 S 曲线。

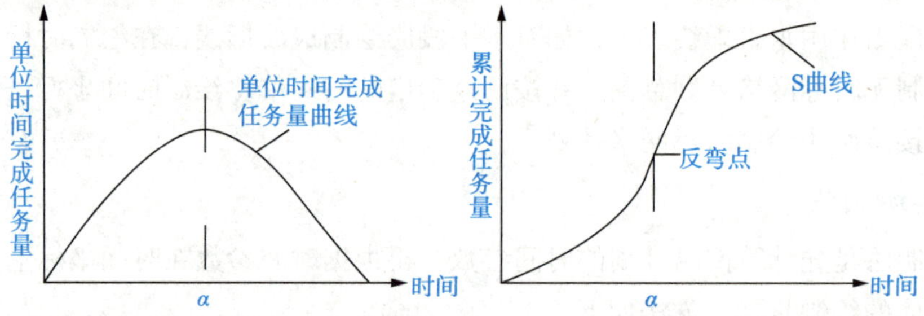

（a）单位时间完成任务量　　（b）累计完成任务量

图 3-10　时间与完成任务量关系曲线

在工程项目实施过程中，按照规定时间将检查收集到的实际累计完成任务量绘制在原计划 S 曲线图上，即可得到实际进度 S 曲线，如图 3-11 所示。

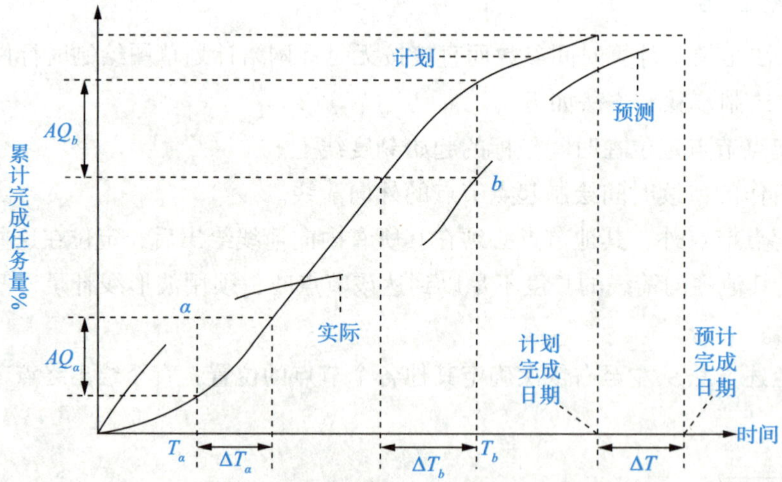

图 3-11　S 曲线比较图

通过比较实际进度 S 曲线和计划进度 S 曲线，可以获得以下信息。

（1）工程项目实际进展状况。如果工程实际进展点落在计划 S 曲线左侧，表明此时实际进度比计划进度超前，如图 3-11 中的 a 点；如果工程实际进展点落在 S 计划曲线右侧，表明此时实际进度拖后，如图 3-11 中的 b 点；如果工程实际进展点正好落在计划 S 曲线上，则表示此时实际进度与计划进度一致。

（2）工程项目实际进度超前或拖后的时间。在 S 曲线比较图中可以直接读出实际进度比计划进度超前或拖后的时间。如图 3-11 所示，ΔT_a 表示 T_a 时刻实际进度超前的时间，ΔT_b 表示 T_b 时刻实际进度拖后的时间。

（3）工程项目实际超额或拖欠的任务量。在 S 曲线比较图中也可直接读出实际进度比计划进度超额或拖欠的任务量。如图 3-11 所示，ΔQ_a 表示 T_a 时刻超额完成的任务量，ΔQ_b 表示 T_b 时刻拖欠的任务量。

（4）后期工程进度预测。如果后期工程按原计划速度进行，则可做出后期工程计划 S 曲线，如图 3-11 中虚线所示，从而可以确定工期拖延预测值 ΔT。

二、横道图比较法

横道图比较法是指将项目实施过程中检查实际进度收集到的数据，经加工整理后直接用横道线平行绘于原计划的横道线处，进行实际进度与计划进度比较的方法。采用横道图比较法，可以形象、直观地反映实际进度与计划进度的比较情况，横道图比较法包括匀速进展横道图比较法和双比例横道图比较法。

（一）匀速进展横道图比较法

匀速进展是指在工程项目中，每项工作在单位时间内完成的任务量都是相等的，即工作的进展速度是均匀的。此时，每项工作累计完成的任务量与时间呈线性关系，如图 3-12 所示。

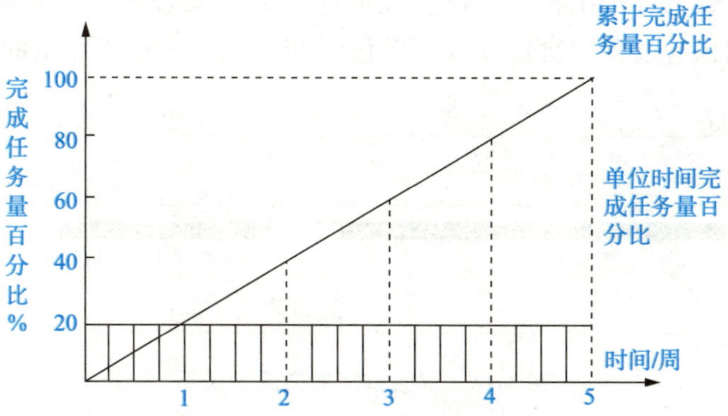

图 3-12 工作匀速进展时任务量与时间关系曲线

完成的任务量可以用实物工程量、劳动消耗量或费用支出表示。为了便于比较，通常用上述物理量的百分比表示。采用匀速进展横道图比较法时，其步骤如下。

（1）编制横道图进度计划。

（2）在进度计划上标出检查日期。

（3）将检查收集到的实际进度数据经加工整理后按比例用涂黑的粗线标于计划进度的

下方，如图 3-13 所示。

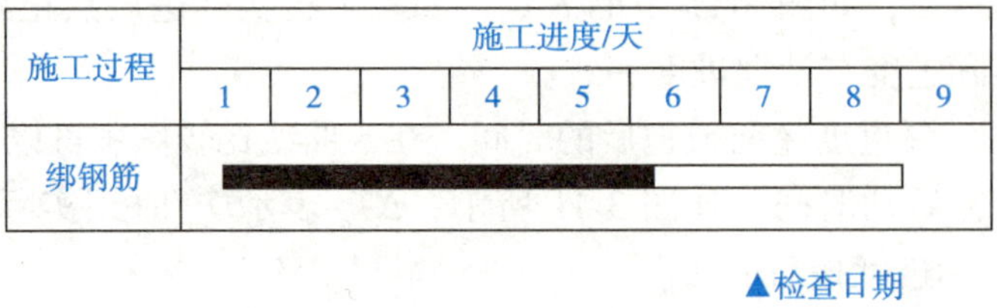

图 3-13　匀速进展横道图比较图

（4）对比分析实际进度与计划进度。如果涂黑的粗线右端落在检查日期左侧，表明实际进度拖后；如果涂黑的粗线右端落在检查日期右侧，表明实际进度超前；如果涂黑的粗线右端与检查日期重合，表明实际进度与计划进度一致。

必须指出，该方法仅适用于工作从开始到结束的整个过程中，其进展速度均为固定不变的情况。如果工作的进展速度是变化的，则不能采用这种方法进行实际进度与计划进度的比较；否则，会得出错误的结论。

（二）双比例横道比较法

横道图比较法还可以用双比例单侧横道图比较法和双比例双侧横道图比较法两种形式，如图 3-14 和图 3-15 所示。两种方法的相同之处是在工作计划横道线上下两侧做两条时间坐标线，并在两坐标线内侧逐日（或每隔一个单位时间）分别书写与记载相应工作的计划与实际累计完成比例，即形成所谓的“双比例”；其不同之处是，前一方法用单侧附着于计划横道线的涂黑粗线表示相应工作的实际起止时间与持续天数，后一方法则是以计划横道线总长表示计划工作量的 100%，再将每日（或每单位时间）实际完成的工作量占计划工作总量的百分比逐一用相应比例长度的涂黑粗线交替画在计划横道线的上下两侧，借以直观反映计划执行过程中每日（或每单位时间）实际完成工作量的数量比例。

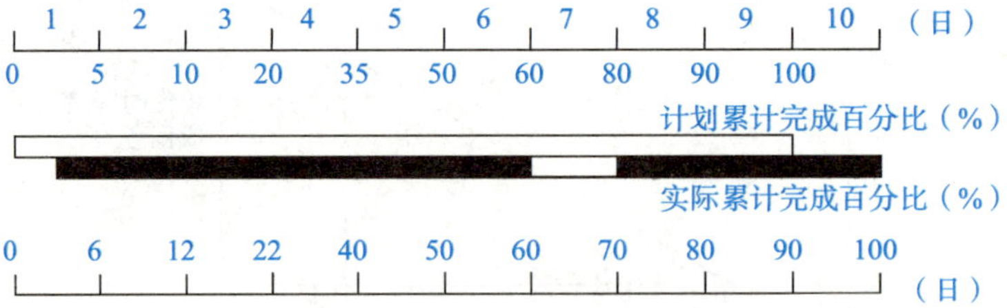

图 3-14　双比单侧横道图比较图

由图 3-14 可知，原计划用 9 日完成的一项工作，其实际完成时间为 10 日，实际与计划相比拖延一天，工作实际开始时间比计划推迟半天，且在第 7 日停工一天；而图 3-15 则表示计划用 9 日完成的一项工作其实际完成时间为 10 日，实际与计划相比拖延一天（计划横道线延长部分表示实际完成这项工作尚需的作业天数），同时通过该图计划横道线两侧涂黑粗线长度的相互比较还可一目了然地观察每天实际完成工作量的多少。最后，通过以上两图中两条时间坐标线上计划与实际累计完成百分比数的比较，还可直观反映计划执行中的每一天实际进度较计划进度的超前或滞后幅度。

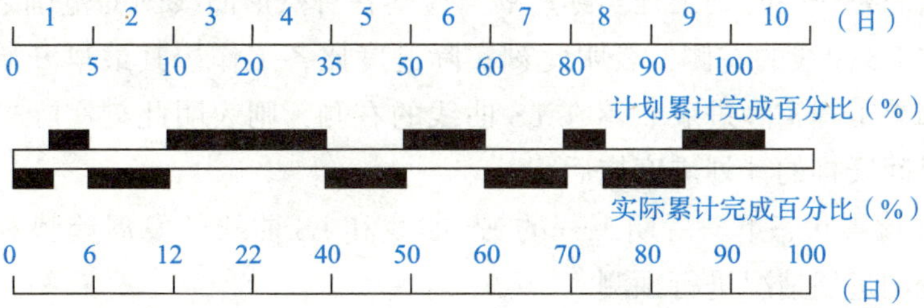

图 3-15 双比双侧横道图比较图

三、香蕉形曲线比较法

香蕉形曲线是两条 S 曲线组合成的闭合曲线。对于一个施工项目的网络计划，在理论上总是分为最早和最迟两种开始与完成时间的。因此，一般情况下，任何一个施工项目的网络计划，都可以绘制出两条 S 曲线。其一是计划以各项工作的最早开始时间安排进度而绘制的 S 曲线，称为 ES 曲线；其二是计划以各项工作的最迟开始时间安排进度，而绘制的 S 曲线，称为 LS 曲线。两条 S 曲线都是从计划的开始时刻开始和完成时刻结束，因此两条曲线是闭合的。一般情况下，其余时刻 ES 曲线上的各点均落在 LS 曲线相应点的左侧，形成一个形如香蕉的曲线，故此称为香蕉形曲线，如图 3-16 所示。

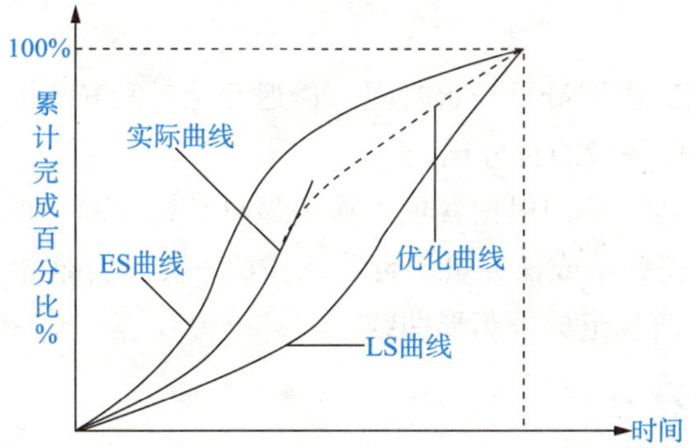

图 3-16 香蕉曲线控制方法示意图

（一）香蕉形曲线比较法的作用

香蕉形曲线比较法能直观地反映工程项目的实际进度情况，并可以获得比 S 曲线更多的作用。其主要作用有以下几方面。

（1）利用香蕉形曲线进行进度的合理安排。如果工程项目中的各项工作均按其最早开始时间安排进度，将导致项目的投资加大；而如果各项工作均按其最迟开始时间安排进度，则一旦受到进度影响因素的干扰，又将导致工期拖延，使工程进度风险加大。因此，一个科学合理的进度计划优化曲线应处于香蕉形曲线所包络的区域之内。

（2）进行施工实际进度与计划进度比较。在工程项目实施过程中，根据每次检查收集到的实际完成任务量，绘制出实际进度 S 曲线，便可以与计划进度进行比较。工程项目实施进度的理想状态是任一时刻工程实际进展点应落在香蕉形曲线图的范围之内。如果工程实际进展点落在 ES 曲线的左侧，表明此刻实际进度比各工作按其最早开始时间安排的计划进度超前；如果工程实际进展点落在 LS 曲线的右侧，则表明此刻实际进度比各项工作按其最迟开始时间安排的计划进度拖后。

（3）确定在检查状态下，后期工程的 ES 曲线和 LS 曲线的发展趋势利用香蕉形曲线可以对后期工程的进展情况进行预测。

（二）香蕉形曲线的绘制

香蕉形曲线的做图方法与 S 形曲线的做图方法基本一致，不同之处在于它是分别以工作的最早开始时间和最迟开始时间而绘制的两条 S 形曲线的结合。其具体步骤如下。

（1）以施工项目的网络计划为基础，确定该施工项目的工作数目 n 和计划检查的次数 m，并计算各项工作的最早开始时间和最迟开始时间。

（2）确定各项工作在各单位时间的计划完成任务量。根据各项工作按最早开始时间安排的进度计划，确定各项工作在各单位时间的计划完成任务量；根据各项工作按最迟开始时间安排的进度计划，确定各项工作在各单位时间的计划完成任务量。

（3）计算工程总任务量，即对所有工作在各单位时间计划完成的任务量累加求和。

（4）分别根据各项工作按最早开始时间、最迟开始时间安排的进度计划，确定施工项目在各单位时间计划完成的任务量，将各项工作在某一单位时间内计划完成的任务量求和。

（5）分别根据各项工作按最早开始时间、最迟开始时间安排的进度计划，确定不同时间累计完成的任务量或任务量的百分比。

（6）绘制香蕉形曲线。分别根据各项工作按最早开始时间、最迟开始时间安排的进度计划而确定的累计完成任务量或任务量的百分比描绘各点，并连接各点得到 ES 曲线和 LS 曲线，由 ES 曲线和 LS 曲线组成香蕉形曲线。

四、前锋线比较法

前锋线是指在原时标网络计划上，从检查时刻的时标点出发，用点画线依此将各项工作实际进展位置点连接而成的折线。前锋线比较法就是在时标网络计划中通过绘制某检查时刻工程项目实际进度前锋线，并与原进度计划中各工作箭线交点的位置来判断工作实际进度与计划进度的偏差，进而判定该偏差对后续工作及总工期影响程度的一种方法。采用前锋线比较法进行实际进度与计划进度的比较，其步骤如下。

（1）绘制时标网络计划图。实际进度前锋线是在时标网络计划图上标示，为清楚起见，可在时标网络计划图的上方和下方各设一时间坐标。

（2）绘制实际进度前锋线。实际进度前锋线是在原时标网络计划上，自上而下地从计划检查时刻的时标点出发，用点画线依次将各项工作实际进度达到的前锋点连接而成的折线。一般从时标网络计划图上方时间坐标的检查日期开始绘制，依次连接相邻工作的实际进展位置点，最后与时标网络计划图下方坐标的检查日期相连接。工作实际进展位置点的标定方法有按该工作已完任务量比例进行标定和按尚需作业时间进行标定两种。通过实际进度前锋线与原进度计划中各工作箭线交点的位置，就可以判断实际进度与计划进度的偏差。

（3）进行实际进度与计划进度的比较前锋线可以直观地反映出与检查日期有关的工作实际进度与计划进度之间的关系。对某项工作来说，其实际进度与计划进度之间的关系可能存在三种情况：①工作实际进展位置点落在检查日期的左侧，表明该工作实际进度拖后，拖后时间为两者之差。②工作实际进展位置点与检查日期重合，表明该工作实际进度与计划进度相等。③工作实际进展位置点落在检查日期的右侧，表明该工作实际进度超前，超前时间为两者之差。

（4）预测进度偏差对后续工作及总工期的影响通过实际进度与计划进度的比较确定进度偏差后，还可根据工作的自由时差和总时差预测该进度偏差对后续工作及项目总工期的影响。

第五节　工程项目进度计划的执行

工程项目进度计划的执行主要包括工程项目进度计划的实施、检查与调整三个阶段。

一、工程项目进度计划的实施

工程项目进度计划实施的流程图如图 3-17 所示。

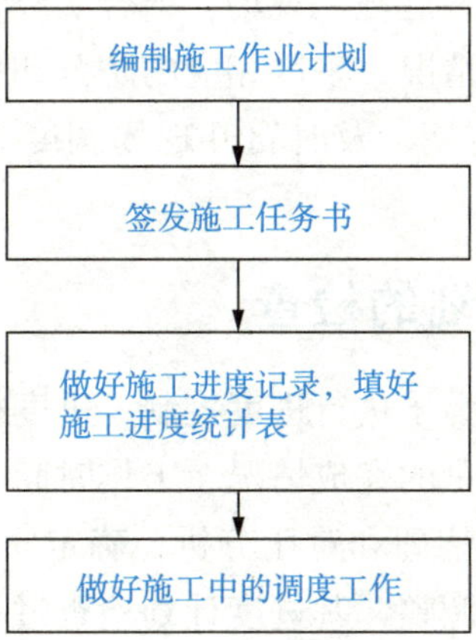

图 3-17　工程项目进度计划实施流程图

（1）编制施工作业计划。由于施工活动的复杂性，在编制施工进度计划时，不可能考虑到施工过程中的一切变化情况，也就不可能一次安排好未来施工活动中的全部细节工作，因此施工进度计划很难作为直接下达施工任务的依据。另外，还必须有更为符合当时情况、更为细致具体、短时间的计划，这就是施工作业计划。

施工作业计划一般可分为月、旬作业计划。月、旬作业计划应保证年、季度计划指标的完成。

（2）签发施工任务书。编制好月（旬）作业计划以后，将每项具体任务通过签发施工任务书的方式使其进一步落实。施工任务书是向班组下达任务、实行责任承包、全面管理和原始记录的综合性文件。施工班组必须保证指令任务的完成，这是计划和实施的纽带。

施工任务书应由工程编制并下达。它包括施工任务单、限额领料单和考勤表。施工任务单主要包括：分项工程施工任务、工程量，劳动量、开工日期、完工日期、工艺、质量、安全要求。限额领料单是根据施工任务书编制的控制班组领用材料的依据，应具体规定材料名称、规格、型号、单位、数量和领用记录、退料记录等。考勤表可以附在施工任务书背面，按班组人名排列，以供考勤时填写。

（3）做好施工进度记录，填好施工进度统计表。在计划任务完成的过程中，各级施工进度计划的执行者都要跟踪做好施工记录，记载计划中的每项工作开始日期、工作进度和完成日期，为施工项目进度检查分析提供信息，并填好相关图表。

（4）做好施工中的调度工作。施工中的调度是组织施工中各阶段、环节、专业和工种的互相配合、进度协调的指挥核心，调度工作是使施工进度计划实施顺利进行的重要手段。其主要任务是掌握计划实施情况，协调各方面关系，采取措施，排除各种矛盾，加强各薄弱环节，实现动态平衡，保证完成作业计划和实现进度目标。调度工作内容主要有以下几个：①监督作业计划的实施，协调各方面的进度关系；②监督检查施工准备工作；③督促资源供应单位按计划供应劳动力、施工机具、运输车辆、材料构配件等，并对临时出现的问题采取调配措施；④由于工程变更引起资源需求的数量变更和品种变化时，应及时调整供应计划；⑤按施工平面图管理施工现场，结合实际情况进行必要调整，保证文明施工；⑥了解气候，水、电、气的情况，采取相应的防范和保证措施；⑦及时发现和处理施工中各种事故和意外事件；⑧ 定期、及时召开现场调度会议，贯彻施工项目主管人员的决策，发布调度令。

二、工程项目进度计划的检查

在工程项目的实施进程中，为了进行进度控制，进度控制人员应经常、定期地跟踪检查实际进度情况。主要检查工作量的完成情况、工作时间的执行情况、资源使用及与进度的互相合情况等。进行进度统计整理和对比分析，确定实际进度与计划进度之间的关系，并根据实际情况对进度计划进行调整，其进度计划检查过程如图 3-18 所示。

工程项目进度计划检查的主要工作包括以下几方面。

（1）跟踪检查施工实际进度。跟踪检查施工实际进度是项目施工进度控制的关键措施。其目的是收集实际施工进度的有关数据。跟踪检查的时间和收集数据的质量直接影响控制工作的质量和效果。

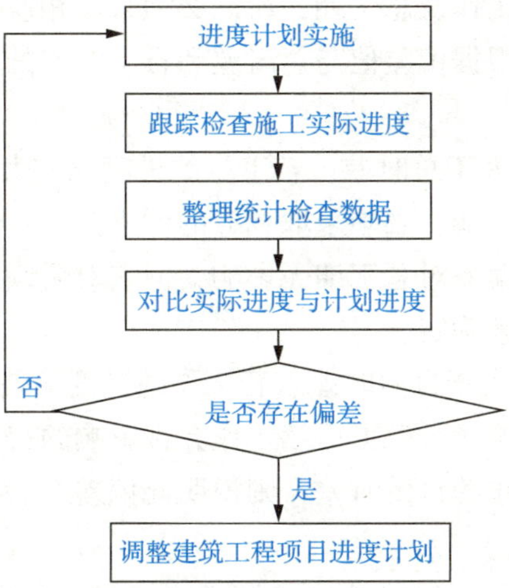

图 3-18　工程项目进度计划检查流程

一般检查的时间间隔与施工项目的类型、规模、施工条件和对进度执行的要求程度有关。通常可以确定每月、每半月、每旬或每周进行一次。若在施工中遇到天气、资源供应等不利因素的严重影响，检查的时间间隔可临时缩短，次数应随之增加，甚至可以每日进行检查，或派人员驻现场督阵。检查和收集资料的方式一般采用进度报表方式或定期召开进度工作汇报会。为了保证汇报资料的准确性，进度控制的工作人员要经常到现场察看施工项目的实际进度情况，从而保证经常、定期地准确掌握施工项目的实际进度。

检查的内容主要包括：在检查时间段内任务的开始时间、结束时间、已进行的时间，完成的实物工程量、资源消耗情况等。

（2）整理统计检查数据。收集到的施工项目实际进度数据，要进行必要的整理，按计划控制的工作项目进行统计，形成与计划进度具有可比性的数据、相同的量纲和形象进度。一般可以按实物工程量、工作量和劳动消耗量以及累计百分比整理和统计实际检查的数据，以便与相应的计划完成量相对比。

（3）对比实际进度与计划进度。将收集的资料整理和统计成具有与计划进度可比性的数据后，用施工项目实际进度与计划进度的比较方法进行比较。通常用的比较方法有：横道图比较法、S 形曲线比较法、香蕉形曲线比较法、前锋线比较法等。

（4）调整工程项目进度计划。施工进度计划在执行过程中呈现出波动性、多变性和不均衡性的特点，所以在施工项目进度计划执行中，要经常检查进度计划的执行情况，及时发现问题，当实际进度与计划进度存在差异时，必须对进度计划进行调整，以实现进度目标。

三、工程项目进度计划的调整

在工程实际进度控制中，通过进度比较分析方法，当发现实际进度与计划进度出现偏差时，应分析该偏差对后续工作和总工期的影响。

（1）分析出现进度偏差的工作是否为关键工作。若出现偏差的工作为关键工作，则无论偏差大小，都会影响后续工作及总工期，所以必须采取相应的调整措施；若出现偏差的工作是非关键工作，则需要根据偏差值与总时差和自由时差的大小关系，确定对后续工作和总工期的影响程度。

（2）分析进度偏差是否大于总时差。若工作的进度偏差大于该工作的总时差，说明此偏差必将影响后续工作和总工期，必须采取相应的调整措施；若工作的进度偏差小于或等于该工作的总时差，说明此偏差对总工期无影响，但它对后续工作的影响程度，需要根据比较偏差与自由时差的情况来确定。

（3）分析进度偏差是否大于自由时差。若工作的进度偏差大于该工作的自由时差，说明此偏差对后续工作产生影响，可根据后续工作允许影响的程度而决定如何调整；若工作的进度偏差小于或等于该工作的自由时差，则说明此偏差对后续工作无影响，原计划可以不做调整。

综上分析，进度控制人员可以确认应该调整产生进度偏差的工作和调整偏差值的大小，以便确定采取调整措施，获得新的符合实际进度情况和计划目标的进度计划。

在对实施的进度计划进行分析的基础上，应确定调整原计划的方法，通常有以下两种方法。

（1）改变某些工作间的逻辑关系。当工程项目实施中产生的进度偏差影响到总工期，且有关工作的逻辑关系允许改变时，可以通过改变关键线路和超过计划工期的非关键线路上的有关工作之间的逻辑关系，达到缩短工期的目的。用这种方法调整的效果较明显，其特点是不改变工作的持续时间，只改变工作的开始时间和结束时间。

（2）缩短某些工作的持续时间。这种方法是不改变工作之间的逻辑关系，而缩短某些工作的持续时间，从而使施工进度加快，并保证实现计划工期的方法。这些被压缩持续时间的工作，应是位于由于实际施工进度的拖延而引起总工期延长的关键线路和某些非关键线路上的工作。同时，这些工作又是持续时间可被压缩的工作。这种方法实际上就是网络优化中的工期优化和工期与成本优化的方法。

第六节 工程项目进度控制措施

为了实施进度控制，进度控制人员必须根据工程项目的具体情况，认真制定进度管理措施，以确保进度管理目标的实现。进度控制的措施应包括组织措施、管理措施、经济措施及技术措施。

一、组织措施

工程项目进度控制组织措施主要包括以下几个方面。

（1）建立进度管理目标体系，明确工程项目现场组织机构中进度管理人员及其职责。

（2）建立工程进度报告制度及进度信息沟通网络。

（3）建立进度计划审核制度和进度计划实施中的检查分析制度。

(4) 建立进度协调会议制度。

(5) 建立施工图审查、工程变更和设计变更管理制度。

二、管理措施

管理措施涉及管理的思想、管理的方法、管理的手段、承发包模式、合同管理和风险管理等。在理顺组织的前提下，科学和严谨的管理十分重要。进度控制的管理措施包括以下几个方面。

(1) 科学地使用工程网络计划对进度计划进行分析。通过工程网络的计算可以发现关键工作和关键线路，也可以知道非关键工作可使用的时差，工程网络计划有利于实现进度控制的科学化。

(2) 选择合理的承发包模式。建设项目的承发包模直接关系到工程实施的组织和协调，为实现进度目标，应选择合理的合同结构包括：EPC 模式、DBB 模式、施工联合体模式等，均可有效地减少合同界面。

(3) 加强风险管理。为实现进度目标，不但应进行进度控制，还应分析影响工程进度的风险，对工程项目风险进行全面的识别、分析和量化，在此基础上采取风险管理措施，以减少进度失控的风险量。

(4) 重视信息技术在进度控制中的应用。信息技术包括相应的软件、局域网、互联网以及数据处理设备，信息技术的应用有利于提高进度信息处理的效率、提高进度信息的透明度，而且还可以促进进度信息的交流和项目各参加方的协同工作。

三、经济措施

工程项目进度控制的经济措施涉及资金需求计划、资金供应的条件和经济激励措施等。进度控制的经济措施包括以下几个方面。

(1) 资源需求计划。为确保进度目标的实现，应编制与进度计划相适应的资源需求计划（资源进度计划），包括资金需求计划和其他资源（人力、材料和机械等资源）需求计划，以反映工程实施的各时段所需要的资源。

(2) 落实实现进度目标的保证资金。在工程预算中应考虑加快工程进度所需要的资金，其中包括为实现进度目标将要采取的经济激励措施所需要的费用。

(3) 签订并实施关于工期和进度的经济承包责任制。

(4) 调动积极性，建立并实施关于工期和进度的奖罚制度。

四、技术措施

建设工程项目进度控制的技术措施涉及对实现进度目标有利的设计技术和施工技术的选用。不同的设计理念、设计技术路线、设计方案会对工程进度产生不同的影响，在设计工作的前期，特别是在对设计方案评审和选用时，应对设计技术与工程进度的关系做分析比较。在工程进度受阻时，应分析是否存在设计技术的影响因素，为实现进度目标有无设计变更的可能性。

施工方案对工程进度有直接的影响，在决策其选用时，不仅应分析技术的先进性和经济合理性，还应考虑其对进度的影响。在工程进度受阻时，应分析是否存在施工技术的影响因素，为实现进度目标有无改变施工技术、施工方法和施工机械的可能性。

本 章 小 结

本章主要介绍了工程项目进度管理基本知识、工程项目进度计划、网络计划技术、工程项目实际进度与计划进度的比较方法、工程项目进度计划的执行、工程项目进度控制措施。通过学习本章内容，读者可以了解工程项目管理的原理和工作程序，掌握施工总进度计划的编制、单位工程进度计划的编制，掌握网络计划技术，熟悉工程项目实际进度与计划进度的比较方法，掌握工程项目进度计划的执行，了解工程项目进度控制措施。

习 题 三

一、选择题

1. 为了有效地控制建设工程进度，必须事先对影响进度的各种因素进行全面分析和预测。其主要目的是实现建设工程进度的（　　）。

A. 动态控制　　B. 主动控制　　C. 事中控制　　D. 纠偏控制

2. 用横道图表示建设工程进度计划的优点是（　　）。

A. 有利于动态控制　　B. 明确反映关键工作

C. 明确反映工作机动时间　　D. 明确反映计算工期

3. 下列施工组织方式中，不能实现工作队专业化施工的组织方式是（　　）。

A. 依次施工和流水施工　　B. 平行施工和流水施工

C. 依次施工和平行施工　　D. 平行施工和搭接施工

4. 建设工程组织流水施工时，其特点之一是（　　）。

A. 由一个专业队在各施工段上依次施工

B. 同一时间段只能有一个专业队投入流水施工

C. 各专业队按施工顺序应连续、均衡地组织施工

D. 施工现场的组织管理简单，工期最短

5. 固定节拍流水施工的特点是（　　）。

A. 所有专业队只在第一段采用固定节拍

B. 所有施工过程在各个施工段的流水节拍均相等

C. 专业队数等于施工段数

D. 各个专业队在各施工段可间歇作业

6. 双代号网络计划中的节点表示（　　）。

A. 工作的连接状态　　B. 工作的开始

C. 工作的结束　　D. 工作的开始或结束

7. 在双代号时标网络计划中，当某项工作有紧后工作时，则该工作箭线上的波形线表示（　　）。

A. 工作的总时差　　B. 工作之间的时距

C. 工作的自由时差　　D. 工作之间的逻辑关系

二、简答题

1. 工程项目进度控制的程序有哪些？
2. 简述施工总进度计划的编制步骤。
3. 单代号网络计划的组成有哪些？
4. 双代号网络计划的组成要素有哪些？
5. 双代号时标网络计划的特点是什么？

第四章

工程项目质量管理

本章导读

工程项目质量管理是全方位、较为复杂的管理，主要包括对工程项目的质量、安全、成本等进行科学、标准、正规的管理。工程项目质量管理是工程项目管理的重要组成部分，对于保障工程项目的顺利进行和提高产品质量起到了至关重要的作用。本章主要介绍工程项目质量管理体系、质量管理数理统计方法等内容。

学习目标

- 了解工程项目质量的特点和影响因素。
- 熟悉工程项目质量管理的原则及工作内容。
- 掌握工程项目质量控制的阶段。
- 掌握施工项目质量控制的方法。
- 熟悉质量管理的八项原则。
- 掌握质量控制数理统计方法。
- 了解工程质量验收。

素质目标

- 引导学生树立正确的工程质量观念，强化责任意识，提高服务意识，做到公正、公平、公开，确保工程项目质量管理工作的科学性和规范性。
- 培养学生提高工程质量和管理水平，推动工程技术的进步和发展。

本章结构图

- 第四章 工程项目质量管理
  - 第一节 工程项目质量管理概述
    - 一、工程项目质量管理的内容
    - 二、工程项目质量管理的方法
    - 三、工程项目质量管理的特点
    - 四、工程项目质量管理的原则
    - 五、工程项目质量管理的影响因素
    - 六、工程项目质量管理的阶段
  - 第二节 工程项目质量管理体系
    - 一、工程质量管理的原则
    - 二、工程项目质量管理体系的建立
    - 三、工程项目质量管理体系的运行
  - 第三节 质量管理数理统计方法
    - 一、因果分析图法
    - 二、排列图法
    - 三、频数直方图法
    - 四、分层法
  - 第四节 工程质量的验收
    - 一、工程质量验收的划分
    - 二、质量验收的程序

第一节 工程项目质量管理概述

项目质量管理是指为达到项目质量要求采取的作业技术和活动。工程项目质量要求则主要表现为工程合同、设计文件、技术规范规定的质量标准。

工程质量监测与工程建设标准

一、工程项目质量管理的内容

工程项目质量管理工作的内容包括质量教育、质量管理的标准化、质量信息管理和建立健全质量责任制。

（一）质量教育

为了保证和提高工程项目质量，必须加强全体职工的质量教育：质量意识教育，使全体职工认识到保证和提高工程项目质量对国家、企业和个人的重要意义，树立“质量第一”和“为用户服务”的思想；普及宣传教育质量管理知识，使企业全体职工，了解质量管理知识的基本思想、基本内容。掌握常用的数理统计方法和质量标准，懂得质量管理小组的性质，任务和工作方法等；进行技术培训，让工人熟练掌握本人的“应知应会”技术和操作规程等。技术和管理人员要熟悉施工验收规范、质量评定标准、原材料、构配件和设备的技术要求及质量标准，以及质量管理的方法等。专职质量检验人员能正确掌握检验、测量和试验方法，熟练使用仪器、仪表和设备。

（二）质量管理的标准化

质量管理的标准化包括技术工作和管理工作的标准化。技术工作标准有产品质量标准、操作标准、各种技术定额等，管理工作标准有各种管理业务标准、工作标准等，即管理工作的内容、方法、程序和职责权限。不断提高标准化程度，各种标准要齐全、配套和完整，并在贯彻执行中及时总结、修订和改进；加强标准化的严肃性，认真严格执行，使各种标准真正起到法规作用。

质量管理的计量工作包括生产时的投料计量，生产过程中的监测计量和对原材料、半成品、成品的试验、检测、分析计量等。搞好质量管理计量工作，要求合理配备计量器具和仪表设备且妥善保管；制定有关测试规程和制度，合理使用计量器具；改革计量器具和测试方法，实现检测手段现代化。

（三）质量信息管理

质量信息是反映产品质量、工作质量的有关信息。其来源一是通过对工程项目使用情况的回访调查或收集用户的意见；二是从企业内部收集到的基本数据、原始记录等信息；三是从国内外同行业收集的反映质量发展的新水平、新技术的有关信息等。做好质量信息工作是有效实现“预防为主”方针的重要手段。其基本要求是准确、及时、全面、系统。

（四）建立健全质量责任制

建立健全质量责任制使企业每一个部门、每一个岗位都有明确的责任，形成一个严密的质量管理工作体系。包括各级行政领导和技术负责人的责任制、管理部门和管理人员的责任制和工人岗位责任制。其主要内容有以下几点。

（1）建立质量管理体系，开展全面质量管理工作。

（2）建立健全保证质量的管理制度，做好各项基础工作。

（3）组织各种形式的质量检查，经常开展质量动态分析，针对质量通病和薄弱环节，制定措施加以防治。

（4）认真执行奖惩制度，奖励表彰先进单位或个人，积极发动和组织各种质量竞赛活动。

（5）组织对重大质量事故的调查、分析和处理。

二、工程项目质量管理的方法

项目质量管理的方法主要是审核有关技术文件、报告和直接进行现场检查或必要的试验等。

（一）审核有关技术文件、报告或报表

对技术文件、报告、报表的审核是项目经理对工程质量进行全面控制的重要手段，其具体内容有以下几个方面。

（1）审核有关技术资质证明文件。

(2) 审核开工报告并经现场核实。

(3) 审核施工方案、施工组织设计和技术措施。

(4) 审核有关材料、半成品的质量检验报告。

(5) 审核反映工序质量动态的统计资料或控制图表。

(6) 审核设计变更、修改图纸和技术核定书。

(7) 审核有关质量问题的处理报告。

(8) 审核有关应用新工艺、新材料、新技术、新结构的技术鉴定书。

(9) 审核有关工序交接检查、分项、分部工程质量检查报告。

(10) 审核并签署现场有关技术签证、文件等。

(二) 现场质量检查

1. 现场质量检查的内容

现场质量检查的内容主要包括以下几个方面。

(1) 开工前检查。其目的是检查是否具备开工条件，开工后能否连续正常施工，能否保证工程质量。

(2) 工序交接检查。对于重要的工序或对工程质量有重大影响的工序，在自检、互检的基础上，还要组织专职人员进行工序交接检查。

(3) 隐蔽工程检查。凡是隐蔽工程均应检查认证后方能掩盖。

(4) 停工后复工前的检查。因处理质量问题或某种原因停工后需复工时，亦应经检查认可后方能复工。

(5) 分项、分部工程完工后，应经检查认可，签署验收记录后，才许进行下一工程项目施工。

(6) 成品保护检查。检查成品有无保护措施，或保护措施是否可靠。

此外，还应经常深入现场，对施工操作质量进行巡视检查；必要时，还应进行跟班或追踪检查。

2. 现场质量检查的方法

现场进行质量检查的方法有目测法、实测法和试验法三种。

(1) 目测法。其手段可归纳为看、摸、敲、照四个字。

① 看。看就是根据质量标准进行外观目测。如墙纸裱糊质量应是：纸面无斑痕、空鼓、气泡、折皱；每一墙面纸的颜色、花纹一致；斜视无胶痕，纹理无压平、起光现象；对缝无离缝、搭缝、张嘴；对缝处图案、花纹完整；裁纸的一边不能对缝，只能搭接；墙纸只能在阴角处搭接，阳角应采用包角等。

② 摸。摸就是手感检查，主要用于装饰工程的某些检查项目，如水刷石、干粘石粘结牢固程度，油漆的光滑度，浆活是否掉粉，地面有无起砂等，均可通过手摸加以鉴别。

③ 敲。敲是运用工具进行音感检查。对地面工程、装饰工程中的水磨石、面砖、锦砖和大理石贴面等，均应进行敲击检查，通过声音的虚实确定有无空鼓，还可根据声音的清脆和沉闷，判定属于面层空鼓或底层空鼓。此外，用手敲玻璃，如发出颤动音响，一般

是底灰不满或压条不实。

④ 照。照就是通过人工光源或反射光照射，检查难以看到或光线较暗的部位，例如，管道井、电梯井等内部管线、设备安装质量，装饰吊顶内连接及设备安装质量等。

（2）实测法。实测法是通过实测数据与施工规范及质量标准所规定的允许偏差对照，来判别质量是否合格。实测检查法的手段，也可归纳为靠、吊、量、套四个字。

① 靠。靠是用直尺、塞尺检查墙面、地面、屋面的平整度。

② 吊。吊是用托线板以线锤吊线检查垂直度。

③ 量。量是用测量工具和计量仪表检查断面尺寸、轴线、标高、湿度、温度等的偏差。

④ 套。套是以方尺套方，辅以塞尺检查。如对阴阳角的方正、地脚线的垂直度、预制构件的方正等项目的检查。对门窗口及构配件的对角线检查，也是套方的特殊手段。

（3）试验检查。试验检查是指必须通过试验手段，对质量进行判断的检查方法。如对桩或地基的静载试验，确定其承载力；对钢结构进行稳定性试验，确定是否产生失稳现象；对钢筋对焊接头进行拉力试验，检验焊接的质量等。于原计划的横道线处，进行实际进度与计划进度比较的方法。

三、工程项目质量管理的特点

施工是形成工程项目实体的过程，也是形成最终产品质量的重要阶段。因此，施工阶段的质量管理是工程项目质量管理的重点。

由于项目施工涉及面广，是一个极其复杂的综合过程，再加上项目位置固定、生产流动、结构类型不一、质量要求不一、施工方法不一、体积大、整体性强、建设周期长、受自然条件影响大等特点，因此，施工项目的质量比一般工业产品的质量更难以管理，主要表现在以下几方面。

（1）影响质量的因素较多。如设计、材料、机械、地形、地质、水文、气象、施工工艺、操作方法、技术措施、管理制度等，均直接影响施工项目的质量。

（2）容易产生质量变异。项目施工不像工业产品生产，有固定的自动性和流水线，有规范化的生产工艺和完善的检测技术，有成套的生产设备和稳定的生产环境，有相同系列规格和相同功能的产品；同时，由于影响施工项目质量的偶然性因素和系统性因素都较多，因此很容易产生质量变异。如材料性能微小的差异、机械设备正常的磨损、操作微小的变化、环境微小的波动等，均会引起偶然性因素的质量变异；当使用材料的规格、品种有误，施工方法不妥，操作不按规程，机械故障，仪表失灵，设计计算错误等，则会引起系统性因素的质量变异，造成工程质量事故。因此，在施工中要严防出现系统性因素的质量变异，要把质量变异控制在偶然性因素范围内。

（3）容易产生第一、二判断错误。施工项目由于工序交接多，中间产品多，隐蔽工程多，若不及时检查实质，事后再看表面，就容易产生第二判断错误。也就是说，容易将不合格的产品，认为是合格的产品。反之，若检查不认真，测量仪表不准，读数有误，则就会产生第一判断错误，也就是说容易将合格产品，认为是不合格的产品。这点，在进行质量检查验收时，应特别注意。

（4）质量控制具有阶段性。工程项目的建设需要经过不同的阶段，各个阶段的工作内容和工作结果都不相同，所参与的人员不同，如设计、勘察、施工等，在每个阶段针对不同的参与者和参与对象的控制重点都会不同。

（5）工程产品不能解体、拆卸，质量终检局限大。工程项目建成后，不可能像某些工业产品那样，再拆卸或解体检查其内在、隐蔽的质量，即使发现有质量问题，也不可能采取更换零件、“包换”或“退款”方式解决与处理有关质量问题，因此工程项目质量管理应特别注重质量的事前、事中控制，以防患于未然，力争将质量问题消灭于萌芽状态。

（6）质量受投资、进度要求的影响。一般情况下，投资大、进度慢，工程质量就好；反之则工程质量差。项目实施过程中，质量水平的确定尤其要考虑成本控制目标的要求。由于质量问题，预防成本和质量鉴定成本所组成的质量保证费用就会随着质量水平的提高而上升，产生质量问题后所引起的质量损失费用则随着质量水平的提高而下降。这样，由保证和提高产品质量而支出的质量保证费用，及由于未达到相应质量标准而产生的质量损失费用两者相加，所得的工程质量成本必然存在一个最小取值，这就是最佳质量成本。在工程项目质量管理实践中，最佳质量成本通常是项目管理者订立质量目标的重要依据。

四、工程项目质量管理的原则

（1）“质量第一”是根本出发点。在质量与进度、质量与成本的关系中，要认真贯彻保证质量的方针，做到好中求快，好中求省，而不能以牺牲工程项目质量为代价，盲目追求速度与效益。

（2）以预防为主的思想。好的工程项目产品是由好的决策、好的规划、好的设计、好的施工所产生的，而不是检查出来的，必须在工程项目质量形成的过程中，事先采取各种措施，消除种种不符合质量要求的因素，使工程项目质量处于相对稳定的状态之中。

（3）为用户服务的思想。真正好的质量是用户完全满意的质量，要把一切为了用户的思想作为一切工作的出发点，贯穿到工程项目质量形成的各项工作中，在内部树立“下道工序就是用户”的思想，要求每道工序和每个岗位都要立足于本职工作的质量管理，不给下道工序遗留问题，以保证工程项目质量和最终质量能使用户满意。

（4）一切用数据说话。依靠确切的数据和资料，应用数理统计方法，对工作对象和工程项目实体进行科学的分析和整理，研究工程项目质量的波动情况，寻求影响工程项目质量的主次原因，采取有效的改进措施，掌握保证和提高工程项目质量的客观规律。

五、工程项目质量管理的影响因素

影响施工项目质量管理的因素主要有五大方面，即 4MIE，指：人（man）、材料（material）、机械（machine）、方法（method）和环境（environment）。事前对这五方面的因素严加控制，是保证施工项目质量的关键。

（一）人的控制

人是指直接参与施工的组织者、指挥者和操作者。人做为控制的对象，是要避免产生失误；做为控制的动力，是要充分调动人的积极性，发挥人的主导作用。除了加强政治思想教育、劳动纪律教育、职业道德教育、专业技术培训，健全岗位责任制，改善劳动条件，公平合理地激励劳动热情以外，还需根据工程特点，从确保质量出发，在人的技术水平、人的生理缺陷、人的心理行为、人的错误行为等方面来控制人的使用。如对技术复杂、难度大、精度高的工序或操作，应由技术熟练、经验丰富的工人来完成；反应迟钝、应变能力差的人，不能操作快速运行、动作复杂的机械设备；对某些要求万无一失的工序和操作，一定要分析人的心理行为，控制人的思想活动，稳定人的情绪；对具有危险源的现场作业，应控制人的错误行为，严禁吸烟、打赌、嬉戏、误判断、误动作等。

此外，应严格禁止无技术资质的人员上岗操作；对图省事、碰运气、有意违章的行为，必须及时制止。总之，在使用人的问题上，应从政治素质、思想素质、业务素质和身体素质等方面综合考虑，全面控制。

（二）材料控制

材料控制包括原材料、成品、半成品、构配件等的控制，主要是严格检查验收，正确合理地使用，建立管理台帐，进行收、发、储、运等各环节的技术管理，避免混科和将不合格的原材料使用到工程上。

（三）机械控制

机械控制包括施工机械设备、工具等控制。要根据不同工艺特点和技术要求，选用合适的机械设备；正确使用、管理和保养好机械设备。为此要健全“人机固定”制度、“操作证”制度、岗位责任制度、交接班制度、“技术保养”制度、“安全使用”制度、机械设备检查制度等，确保机械设备处于最佳使用状态。

（四）方法控制

方法控制包含施工方案、施工工艺、施工组织设计、施工技术措施等的控制，主要应切合工程实际、能解决施工难题、技术可行、经济合理，有利于保证质量、加快进度、降低成本。

（五）环境控制

影响工程质量管理的环境因素较多，有工程技术环境，如工程地质、水文、气象等；工程管理环境，如质量保证体系、质量管理制度等；劳动环境，如劳动组合、作业场所、工作面等。环境因素对工程质量的影响，具有复杂而多变的特点，如气象条件，像温度、湿度、大风、暴雨、酷暑、严寒都直接影响工程质量。又如前一工序往往就是后一工序的环境，前一分项、分部工程也就是后一分项、分部工程的环境。因此，根据工程特点和具体条件，应对影响质量的环境因素，采取有效的措施严加控制。尤其是施工现场，应建立文明施工和文明生产的环境，保持材料工件堆放有序，道路畅通，工作场所清洁整齐，施工程序井井有条，为确保质量、安全创造良好条件。

六、工程项目质量管理的阶段

为了加强对施工项目的质量管理，明确各施工阶段质量管理的重点，可把施工项目质量分为事前控制、事中控制和事后控制三个阶段。

（一）事前质量控制

事前质量控制指在正式施工前进行的质量控制，其控制重点是做好施工准备工作，且施工准备工作要贯穿于施工全过程中。

1. 施工准备的范围

（1）全场性施工准备。全场性施工准备是以整个项目施工现场为对象而进行的各项施工准备。

（2）单位工程施工准备。单位工程施工准备是以一个建筑物或构筑物为对象而进行的施工准备。

（3）分项（部）工程施工准备。分项（部）工程施工准备是以单位工程中的一个分项（部）工程或冬、雨期施工为对象而进行的施工准备。

（4）项目开工前的施工准备。项目开工前的施工准备是在拟建项目正式开工前所进行的一切施工准备。

（5）项目开工后的施工准备。项目开工后的施工准备是在拟建项目开工后，每个施工阶段正式开工前所进行的施工准备，如混合结构住宅施工，通常分为基础工程、主体工程和装饰工程等施工阶段，每个阶段的施工内容不同，其所需的物质技术条件、组织要求和现场布置也不同，因此，必须做好相应的施工准备。

2. 施工准备的内容

（1）技术准备。技术准备包括：①项目扩大初步设计方案的审查；②熟悉和审查项目的施工图纸；③项目建设地点的自然条件、技术经济条件调查分析；④编制项目施工图预算和施工预算；⑤编制项目施工组织设计等。

（2）物质准备。物质准备包括：①建筑材料准备；②构配件和制品加工准备；③施工机具准备；④生产工艺设备的准备等。

（3）组织准备。组织准备包括：①建立项目组织机构；②集结施工队伍；③对施工队伍进行入场培训等。

（4）施工现场准备。施工现场准备包括：①控制网、水准点、标桩的测量；②“五通一平”，生产、生活临时设施等的准备；③组织机具、材料进场；④拟定有关试验、试制和技术进步项目计划；⑤编制季节性施工措施；⑥制定施工现场管理制度等。

（二）事中质量控制

事中质量控制指在施工过程中进行的质量控制。事中质量控制的策略是全面控制施工过程，重点控制工序质量。

事中质量控制的具体措施是：工序交接有检查；质量预控有对策；施工项目有方案；技术措施有交底；图纸会审有记录；配制材料有试验；隐蔽工程有验收；计量器具校正有复核；设计变更有手续；质量处理有复查；成品保护有措施；行使质控有否决（如发现质量异常、隐蔽未经验收、质量问题未处理、擅自变更设计图纸或使用不合格材料、无证上岗未经资质审查的操作人员等，均应对质量予以否决）；质量文件有档案（凡是与质量有关的技术文件，如水准、坐标位置、测量、放线记录，沉降、变形观测记录，图纸会审记录，材料合格证明、试验报告，施工记录，隐蔽工程记录，设计变更记录，调试、试压运行记录，试车运转记录，竣工图等都要编目建档）。

（三）事后质量控制

事后质量控制指在完成施工过程形成产品的质量控制，其具体工作内容主要有以下几个方面。

（1）组织联动试车。

（2）准备竣工验收资料，组织自检和初步验收。

（3）按规定的质量评定标准和办法，对完成的分项、分部工程，单位工程进行质量评定。

（4）组织竣工验收标准是：①按设计文件规定的内容和合同规定的内容完成施工，质量达到国家质量标准，能满足生产和使用的要求；②主要生产工艺设备已安装配套，联动负荷试车合格，形成设计生产能力；③交工验收的建筑物要窗明、地净、水通、灯亮、气来、采暖通风设备运转正常；④交工验收的工程内净外洁，施工中的残余物料运离现场，灰坑填平，临时建（构）筑物拆除，2 m 以内地坪整洁；⑤技术档案资料齐全。

第二节　工程项目质量管理体系

质量管理体系是指实施质量控制所需的组织结构、程序、过程和资源。

一、工程质量管理的原则

《质量管理体系标准》（GB/T 19000）是我国按等同原则，从 2008 版 ISO 9000 国际标准转化而成的质量管理体系标准，八项质量管理原则是 2008 版 ISO 9000 标准的编制基础，也是世界各国质量管理成功经验的科学总汇。它的贯彻执行能促进企业管理水平的提高，并提高顾客对其产品或服务的满意程度，帮助企业达到持续成功的目的。

八项质量管理原则具体指以顾客为关注焦点、领导作用、全员参与、过程方法、管理的系统方法、持续改进、基于事实的决策方法、与供方互利的关系。

（一）以顾客为关注焦点

组织（从事一定范围生产经营活动的企业）依存于顾客，并理解顾客当前的和未来的需求，满足顾客要求，以争取超越顾客的期望。

一个组织在经营上取得成功的关键是生产和提供的产品能够持续地符合顾客的要求，并得到顾客的满意和信赖。这就需要通过满足顾客的需要和期望来实现。因此，一个组织应始终密切地关注顾客的需求和期望，通过各种途径准确地了解和掌握顾客一般和特定的要求，包括顾客当前和未来发展的需要和期望。这样才能瞄准顾客的全部要求，并将其要求正确、完整地转化为产品规范和实施规范，确保产品的适用性质量和符合性质量。另外，必须注意：顾客的要求并非是一成不变的，而是随着时间的迁移，特别是技术的发展，顾客的要求也会发生相应的变化。因此，组织必须动态地聚焦于顾客，及时掌握变化着的顾客要求，进行质量改进，力求同步地满足顾客要求并使顾客满意。

（二）领导作用

领导必须将本组织的宗旨、方向和内部环境统一起来，并创造使员工能够充分参与实现组织目标的环境。领导的作用，即最高管理者具有决策和领导一个组织的关键作用。为了营造一个良好的环境，最高管理者应建立质量方针和质量目标，确保关注顾客要求，确保建立和实施一个有效的质量管理体系，确保应有的资源，并随时将组织运行的结果与目标比较，根据情况决定实现质量方针、目标的措施，以及持续改进的措施。在领导作风上还要做到透明、务实和以身作则。

（三）全员参与

各级成员都是组织之本，只有全员充分参与，才能使他们的才干为组织带来收益。产品质量是产品形成过程中全体人员共同努力的结果，其中也包含着为他们提供支持的管理、检查和行政人员的贡献。企业领导应对员工进行质量意识等各方面的教育，激发他们的积极性和责任感，为其能力、知识、经验的提高提供机会，发挥创造精神，鼓励持续改进，给予必要的物质和精神鼓励，使全员积极参与，为达到让顾客满意的目标而奋斗。

（四）过程方法

将相关的资源和活动作为过程进行管理，可以更高效地得到期望的结果。任何使用资源生产活动和将输入转化为输出的一组相关联的活动都可视为过程。2008 版 ISO 9000 标准是建立在过程控制的基础上。一般在过程的输入端、过程的不同位置及输出端都存在着可以进行测量、检查的机会和控制点，对这些控制点实行测量、检测和管理，便能控制过程的有效实施。

（五）管理的系统方法

系统管理是指将相互关联的过程作为系统加以识别、理解和管理，有助于组织提高实现目标的有效性和效率。系统方法的特点在于识别这些活动所构成的过程，分析这些过程之间的相互作用和相互影响的关系，按照某种方法或规律将这些过程有机地组合成一个系统，管理由这些过程构筑的系统，使之能协调地运行。管理的系统方法是系统论在质量管理中的应用。

（六）持续改进

持续改进总体业绩是组织的一个永恒目标，其作用在于增强企业满足质量要求的能力，包括产品质量、过程及体系的有效性和效率的提高。持续改进是增强和满足质量要求能力的循环活动，使企业的质量管理走上了良性循环的轨道。

（七）基于事实的决策方法

有效的决策应建立在数据和信息分析的基础上，数据和信息分析是事实的高度提炼。

以事实为依据做出决策，可防止决策失误。为此企业领导应重视数据信息的收集、汇总和分析，以便为决策提供依据。

（八）与供方互利的关系

组织与供方是相互依存的，建立双方的互利关系可以增强双方创造价值的能力。供方提供的产品是企业提供产品的一个组成部分，处理好与供方的关系，涉及企业能否持续稳定地提供顾客满意产品的重要问题。

组织的市场扩大，则为供方或合作伙伴增加了更多合作的机会。所以，组织与供方或合作伙伴的合作与交流是非常重要的。合作与交流必须是坦诚和明确的。合作与交流的结果是最终促使组织与供方或合作伙伴均增强了创造价值的能力，使双方都获得效益。

二、工程项目质量管理体系的建立

项目组织建立质量管理体系一般是与项目部所在企业一起，建立建筑企业的质量管理体系。建立的程序可按以下步骤进行。

（一）领导决策

建立质量管理体系首先要领导做出决策，为此，领导应充分了解 GB/T 19000 族质量管理体系标准，认识到建立质量管理体系的必要性和重要性，能一如既往地领导和支持建立质量管理体系，并开展各项工作。管理团队要统一思想、提高认识，在此基础做出贯标的决策。

（二）组织落实

成立贯标领导小组，由企业总经理担任领导小组组长，主管企业质量工作的副总经理任副组长，具体负责贯标的实施工作。领导小组成员由各职能管理部门、计量监督部门、各项目部经理以及部分员工代表组成。一般在质量管理体系涉及的每个部门和不同专业施工的班组应有代表参加。

（三）制订工作计划

制订贯标工作计划是建立质量管理体系的保证。工作计划一般分为五个阶段，每个阶段持续时间的长短视企业规模而定。五个阶段的主要内容如下。

（1）建立质量管理体系的准备工作，如组织准备、动员宣传、骨干培训等。

（2）质量管理体系总体设计，包括制定质量方针和目标、实施过程、确定质量管理体系要素、组织结构、资源及配备方案等。

（3）质量管理体系文件编制，主要有质量手册、程序文件、质量记录以及内部与外部制度等。

（4）质量管理体系的运行和质量管理体系的认证。

（5）在质量管理体系建立后，经过试运行，要首先进行内部审核和评审，提出改进措施，验证合格后方可提出认证申请，请第三方进行质量管理体系认证。

（四）组织宣传和培训

首先由企业总经理宣讲质量管理体系标准的重要意义，宣读贯标领导小组名单，以表明组织领导者的高度重视。培训工作分三个层次展开：一是建立质量管理体系之前，企业要选派部分骨干进行内审员资格培训；二是中层以上干部和领导小组成员学习质量管理标准文件 GB/T 19000 族标准、技术规范、法规及其他非正式发布的标准；三是组织全体员工学习各种管理文件、项目质量计划、质量目标以及有关的质量标准，一般可聘请专业咨询师进行讲解，使全体员工能统一、正确地加以理解。

（五）质量管理体系设计

质量管理体系涉及的内容较多，应结合企业自身的特点，在现有的质量管理工作基础上，按照《质量管理体系要求》（GB/T 19001—2008），进行企业的质量管理体系设计。其主要内容包括确定企业生产活动过程、制定质量方针目标、确定企业质量管理体系要素、确定组织机构与相应职责、资源配置、质量管理体系的内审和第三方审核等。

（六）质量管理体系文件的编制

工程项目质量管理体系文件包括以下三个层次。

（1）层次 A 为质量手册，称为第一级文件，主要是企业组织结构、质量方针和目标、质量管理体系要素和过程描述等质量管理体系的整体描述。

（2）层次 B 为质量管理体系程序，称为第二级文件，主要是描述实施质量管理体系要素所涉及的各个过程以及各职能部门文件。

（3）层次 C 为质量文件，称为第三级文件，主要是部门工作手册，作为各部门运行质量管理体系的常用实施细则包括管理标准（各种管理制度等）、工作标准（岗位责任制和任职要求等）、技术标准（国家标准、行业标准、企业标准及作业指导书、检验规范等）和部门质量记录文件等。

质量管理体系文件结构如图 4-1 所示。

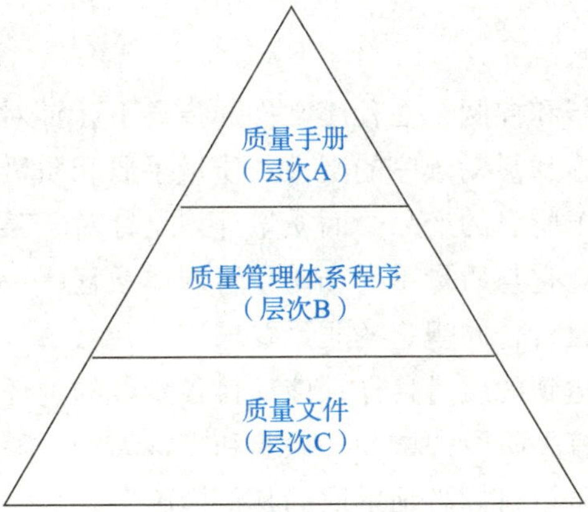

图 4-1　质量管理体系文件结构

1. 质量手册

质量手册是组织建立质量管理体系的纲领性文件，也是指导企业进行质量管理活动的核心文件。质量手册的内容包括企业的质量方针和质量目标；组织机构和质量职责；各项质量活动的基本控制程序或体系要素；质量评审、修改和控制的管理办法。编制质量手册的基本要求主要有以下几个。

（1）符合性。质量手册必须符合质量方针和目标，符合有关质量工作的各项法规、法律、条令和标准的规定。

（2）确定性。质量手册应能对所有影响质量的活动进行控制，重视并采取预防性措施以避免问题的发生，同时还要具备对发现的问题能做出反应并加以纠正的能力。

（3）系统性。质量体系文件应反映一个组织的系统特性，应对产品质量形成全过程中各阶段影响质量技术管理人员等因素进行控制，做出系统规定，做到层次清楚、结构合理、内容得当。

（4）协调性。质量手册所阐述的内容要与企业的管理标准、规章制度保持协调一致，使企业各部门对有关的质量工作有一个统一的认识，使各项质量活动的责任真正落到实处。

（5）可行性。质量手册既要有一定的先进性，又要结合企业的实际情况，充分考虑企业在管理、技术、人员等方面的实际水平，确保文件规定内容切实可行。

（6）可检查性。质量手册所确定的目标应是可测量的，必须对所涉及各部门和岗位的质量职责、质量活动等各项规定有明确的定量和定性的要求，以便监督和检查。

2. 质量管理体系程序文件

质量管理体系程序是对实施质量管理体系要素所涉及的各职能部门的各项活动所采取方法的具体描述，应具有可操作性和可检查性，程序文件通常包括活动的目的和范围以及具体实施的步骤。通常按 5W1H 原则来描述，即 Why（为什么做）、What（做什么）、Who（谁来做）、Where（在哪里做）、When（什么时候做）、How（怎么做、依据什么和用什么方法）。

3. 质量计划

为确保过程的有效运行和控制，在程序文件的指导下，针对特定的产品、过程、合同或项目规定专门的质量措施和活动顺序的文件。质量手册和质量管理体系程序所规定的是通用的要求和方法，适用于所有的产品。而质量计划是针对于某产品、项目或合同的特定要求编制的质量控制方案，它与质量手册和质量管理体系程序一起使用。顾客可以通过质量计划来评定组织是否能履行合同规定的质量要求。

质量计划中应包括应达到的质量目标；该项目各阶段的责任和权限；应采用的特定程序、方法、作业指导书；有关阶段的试验、检验和审核大纲；随项目的进展而修改和完善质量计划的方法；为达到质量目标必须采取的其他措施等。

4. 质量记录

质量记录是证明各阶段产品质量达到要求和质量体系运行有效性的证据，是产品质量水平和质量体系中各项质量活动进行及结果的客观反映。对质量体系程序文件所规定的运行过程及控制测量检查的内容如实加以记录，用以证明产品质量对合同中提出的质量保证的满足程度，验证质量体系的有效运行。

质量记录包括设计、检验、调研、审核和评审的质量记录。如果在控制体系中出偏差，则质量记录不仅须反映偏差情况，而且应反映出针对不足之处采取的纠正措施以及纠正效果。质量记录应完整地反映质量活动实施、验证和评审的情况，并记载关键活动的过程参数，一旦发生问题，应能通过记录找出原因并有针对性地采取有效措施。

三、工程项目质量管理体系的运行

质量管理体系文件编制完成以后，即进入质量管理体系的实施运行阶段，体系的运行一般可分为三个阶段：准备阶段、试运行阶段和正式运行阶段。

（一）准备阶段

在完成质量管理体系的有关组织结构、骨干培训、文件编制等工作之后，企业组织进入质量管理体系运行的准备阶段。这阶段包括的工作包括以下几个方面。

（1）选择试点项目，制订项目试运行计划。

（2）全员培训。对全体员工按照制定的质量管理体系标准进行系统培训，特别注重实践操作的培训。内审员及咨询师应给予积极的指导和帮助，使企业组织的全体人员从思想和行动上进入质量管理体系的运行状态。

（3）各种资料、文件、指示发放到位。

（4）有一定的专项经费支持。

（二）试运行阶段

工程项目质量管理体系试运行阶段的主要工作内容包括以下几个方面。

（1）对质量管理体系中的重点要素进行监控，观察程序执行情况，并与标准对比，找出偏差。

（2）针对找出的偏差，分析、验证产生偏差的原因。

（3）针对原因制定纠正措施。

（4）下达纠正措施的文件通知单，并在规定的期限内进行现场验证。

（5）通过征求企业组织各职能部门、各层次人员对质量管理体系运行的意见，仔细分析存在的问题，确定改进措施，并同时对质量管理体系文件按照文件修改程序进行及时修改。

（三）正式运行阶段

经过试运行阶段，并修改、完善质量管理体系之后，可进入质量管理体系的正式运行阶段，这一阶段的重点活动主要有以下几个方面。

（1）对过程、产品（或服务）进行测量和监督。在质量管理体系的运行中，需要对产品、项目实现中的各个过程进行控制和监督，根据质量管理体系程序的规定，对监控的信息进行对比分析，确定每一个过程是否达到质量管理体系程序的标准。经过对过程质量进行评价并制定出相应的纠正措施。

（2）质量管理体系的协调。质量管理体系的运行是整个组织及全体员工共同参与的，因此存在组织协调问题，以保证质量管理体系的运行效率和有效性。组织协调包括内部协调和外部协调两个方面。内部协调主要是依靠执行各项规章制度，提高人员基本素质，培养员工的整体观念和协作精神，各部门、人员的责任边界通过合理的制度来划清等；外部协调主要依靠严格遵纪守法，树立战略眼光和争取双赢的观念，同时要严格执行有关的法律、法规及合同。

（3）内部审核和外部审核。质量管理体系审核的目的是确定质量管理体系要素是否符合规定要求，能否实现组织的质量目标以及是否符合（GB/T 19001—2008）的各项标准，并根据审核结果为质量管理体系的改进和完善提供修正意见。内部审核时，参加内部审核的内审员与被审核部门应无利益、利害关系，以保证审核工作及结果的公正性；外部审核包括第二方和第三方审核两种，多数情况下都是第三方审核。一般要求第三方为独立的质量管理认证机构，审核的内容基本相同。

第三节 质量管理数理统计方法

数理统计分析法是通过统计的方法，通过收集、整理质量数据，分析发现质量问题，从而及时采取对策和措施，避免和预防质量事故。其主要有因果分析图法、排列图法、频数直方图法和分层法。

一、因果分析图法

因果分析图法是通过因果图表现出来，因果图又称特性要因图。因为这种图反映的因果关系直观、醒目、条例分明，用起来比较方便，效果好，所以得到了许多企业的重视。其运用于项目管理中，就是以结果作为特性，以原因作为因素，逐步深入研究和讨论项目目前存在问题的方法。

（一）因果分析图的绘制

不同类型的因果分析图的绘制步骤有所不同。以混凝土强度不足的质量问题为例，说明原因罗列型因果分析图的绘制步骤。

1. 决定特性

决定特性是需要解决的质量问题，放在主干箭头的前面。本例的特性是混凝土强度不足。

2. 确定影响质量特性的大原因

确定影响质量特性的大原因的主要工作内容如下。

（1）影响混凝土强度的大原因主要有人、材料、工艺、设备和环境五个方面。

（2）进一步确定中、小原因。围绕着大原因进行层层分析，确定影响混凝土强度的中、小原因（中、小、更小）

（3）补充遗漏的因素。发扬民主，反复讨论，补充遗漏的因素。

（4）制定对策。针对影像质量的因素，有针对性地制定对策，并落实解决问题的人和时间，通过对策计划表的形式加以表达，并限期改正。

混凝土强度不足因果分析图如图 4-2 所示。

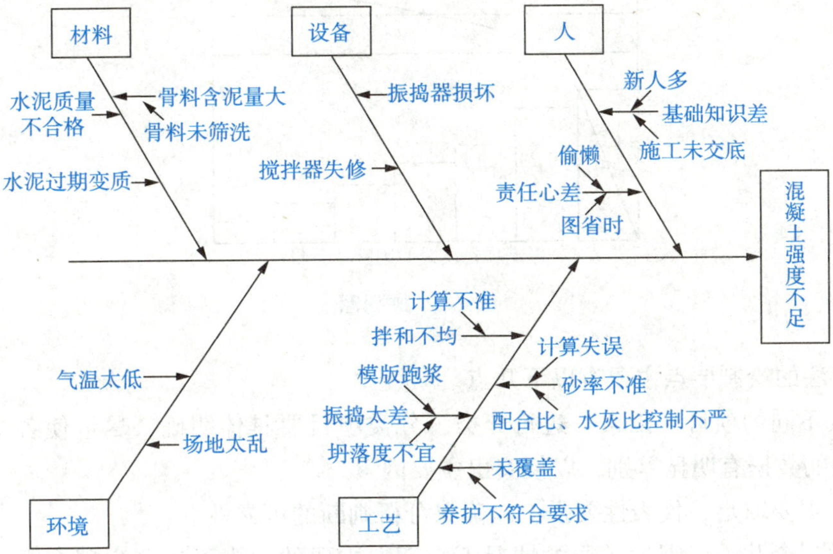

图 4-2 混凝土强度不足因果分析图

(二) 应用因果分析图法的注意事项

因果分析图法应用时主要注意事项有以下几个方面。

(1) 一个质量特性或质量问题用一张图纸分析。

(2) 一般采用质量控制小组活动的方式进行，集思广益，共同分析。

(3) 必要时可邀请小组之外的有关人员参与，广泛听取意见。

(4) 分析时要层层深入，排除所有可能因素。

(5) 在充分分析的基础上，由各参与人员采用投票或其他方式，从中选出多数人达成共识的最主要原因。

二、排列图法

排列图法也叫主次因素排列图，其原理就是按照出现的各种质量问题的频数，依照大小顺序排列，找出造成质量问题的主要因素和次要因素，以便抓住主要矛盾，采取措施把问题解决。

排列图有两个纵坐标，一个横坐标，如图 4-3 所示。左纵坐标表示频数，即某种因素发生的次数；右纵坐标表示频率，即某种因素发生的累计频率；横坐标表示影响项目质量的各个因素或项目，按影响质量程度的大小，从左到右依次排列。该图由若干个按频数大小依次排列的直方柱和一条累计频率曲线所组成。

在排列图中，通常将累计频率曲线的累计百分数分为三级，与此对应的因素分为三类：A 类因素对应于累计频率在 0～80%，是影响项目质量的主要因素；B 类因素对应于频率 80%～90%，是次要因素；C 类因素对应于频率 90%～100%，是影响项目质量的一般因素。

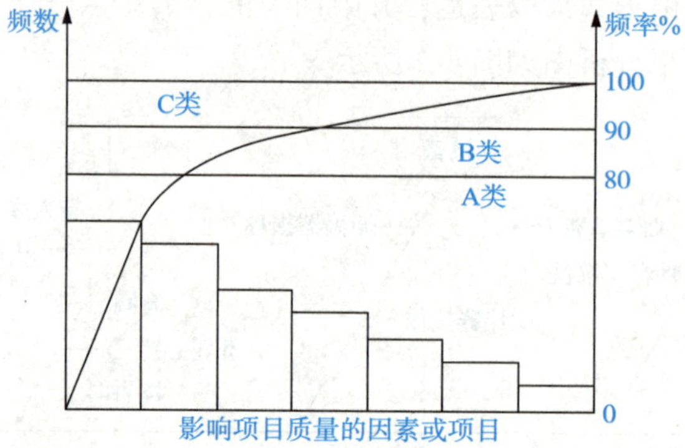

图 4-3　排列图

排列图法的绘制要点主要有以下几点。

（1）按不同的项目（因素）进行分类，分类项目要具体明确，尽量使各个影响质量的因素之间的数据有明显差别，以便突出主要因素。

（2）数据要取足，代表性要强，以确保分析判断的可靠性。

（3）适当合并一般因素。通常情况下，不太重要的因素可以列出很多项，为简化作图，常将这些因素合并为其他项，放在横坐标的末端。

（4）对影响因素进行层层分析。在合理分层的基础上，分别确定各层的主要因素及其相互关系。分层绘制排列图可以步步深入，最终确定影响质量的根本原因。

三、频数直方图法

为了能够比较准确地反映出质量数据的分布状况，可以用横坐标标注质量特性值，纵坐标标注频数或频率值，各组所包含数据的频数或频率的大小用直方柱的高度表示，这种图形称为直方图。以频数为纵坐标的直方图称为频数直方图，以频率为纵坐标的直方图称为频率直方图。

（一）频数直方图的绘制

频数直方图的具体绘制步骤如下。

（1）收集整理数据。用随机抽样的方法抽取数据，一般要求数据在 50 个以上，并按先后顺序排列。

（2）计算极差 R。极差是指一组数据中最大数据与最小数据的差，即

$$R=X_{max}-X_{min} \tag{4-1}$$

（3）确定组数和组距。把全体样本分成的组的个数称为组数；把所有数据分成若干个组，每个小组的两个端点的距离称为组距。

根据最大数据与最小数据的差值，决定组距的大小，组距和组数的确定没有固定的标准，一般数据越多，分成的组数就越多，当数据不超过 50 小时，可以分 5～7 组；当数据在 50～100 时，一般分 8～12 组。分组要恰当，如果分得太多．则画出的直方图呈“锯齿状”，从而看不出明显的规律；如分得太少，会掩盖组内数据变动的情况，组距可按式（4-2）

计算

$$h=\frac{R}{k} \tag{4-2}$$

式中，h 为组距；R 为极差；k 为组数。

（4）计算各组的界限位 r_i。各组的界限位可以从第一组开始依次计算，第一组的下界为最小值减去组距的一半，第一组的上界为其下界值加上组距。第二组的下界限位为第一组的上界限值，第二组的下界限值加上组距就是第二组的上界限位，依此类推。

（5）编制数据频数统计表。落在不同小组中的数据个数为该组的频数。各组的频数之和等于这组数据的综合，频数统计表（表 4-1）。

表 4-1　频数统计表

组号	组限	频数统计数

（6）绘制频数直方图。在频数直方图中，横坐标表示质量的特性值，标出各组的组限值。根据所统计的数据频数统计表画出一组距为底，频数为高的 k 各直方形，便得到所要的频数直方图，如图 4-4 所示。

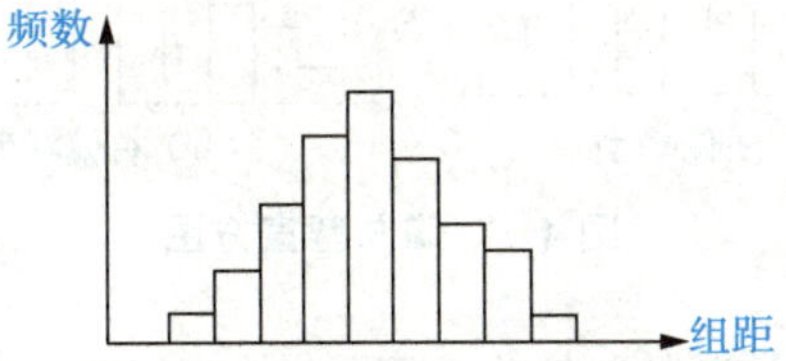

图 4-4　频数直方图

（二）频率直方的观察分析

从表面上看，直方图表现了所取数据的分布，但其实质反映了数据所代表的生产过程的分布，即生产过程的状态。直方图形象直观地反映了数据分布情况，通过对直方图的观察和分析，可以判断生产过程是否稳定，及其质量情况。直方图图形分为正常型和异常型。

1. 正常型

正常型直方图的图形为左右大体对称的山峰形状，图 4-5 所示为正常型直方图。图的中部有一峰值，两侧的分布大体对称，且越偏离峰值直方柱的高度越小，符合正态分布。表明这批数据所代表的工序处于稳定状态。

图 4-5　正常型直方图

2. 异常型

与正常型分布状态相比，带有某种缺陷的直方图为异常型直方图。表明这批数据所代表的工序处于不稳定状态。常见的异常型直方图有以下几种。

（1）锯齿型。直方图出现参差不齐的形状，即频数不是相邻区间减少，而是隔区间减少，形成了锯齿状。造成这种现象的原因不是质量数据本身的问题，而主要是绘制直方图时分组过多或测量仪器精度不够造成的，如图 4-6 所示。

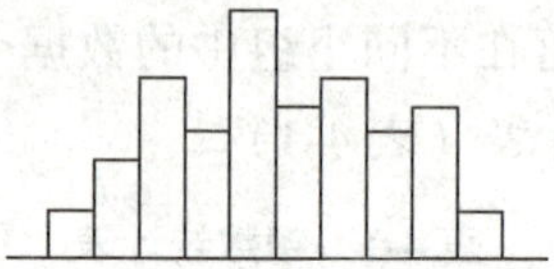

图 4-6　锯齿型直方图

（2）偏向型。直方的顶峰偏向一侧。这往往是由于只控制一侧界限，或一侧控制严格，另一侧控制宽松所造成的。根据直方的顶峰偏向的位置不同，有左偏峰型和右偏峰型分别如图 4-7（a）和图 4-7（b）所示。仅控制下限或下限控制严、上限控制宽时多呈现左偏峰型；仅控制上限或上限控制严、下限控制宽时多呈现右偏峰型。

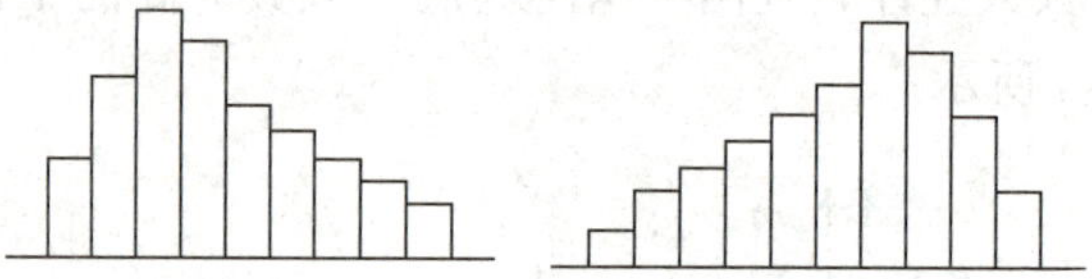

（a）左偏峰型　（b）右偏峰型

图 4-7　偏向型直方图

（3）孤岛型。在远离主分布中心处出现孤立的小直方，如图 4-8 所示。这表明项目在某一短时间内受到异常因素的影响，使生产条件突然发生较大变化，如短时间原材料发生变化或由技术不熟练的工人替班操作等。

（4）平峰型。在整个分布范围内，频数（频率）的大小差距不大，形成平峰型直方图，如图 4-9 所示。这往往是由于生产过程中有某种缓慢变化的因素起作用所造成的，如工具的磨损、操作者的疲劳等都有可能出现这种图形。

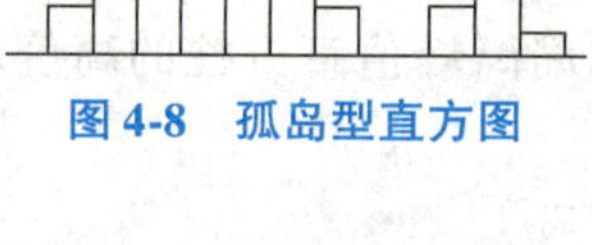

图 4-8　孤岛型直方图

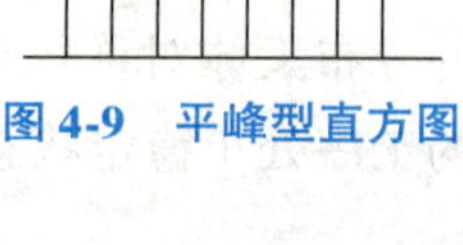

图 4-9　平峰型直方图

（5）双峰型。一个直方图出现两个顶峰，如图 4-10 所示。这种情况往往是由两种不同的分布混在一起所造成的，即虽然测试统计的是同一项目的数据，但数据来源条件差距较大，例如两班各人的操作水平相差较大，将其质量数据混在一起所做出的直方图；使用两种强度等级相差较大的水泥且未调整其他配合参数时，按混凝土强度数据所做出的直方图等。出现这种直方图时，应将数据进行分层，然后分步作图分析。

(6) 高端型。直方图的一侧出现陡峭绝壁状态，如图 4-11 所示。这是由于人为地剔除了一些数据，进行不真实的统计所造成的。

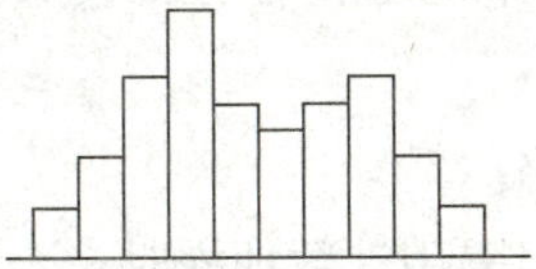

图 4-10 双峰型直方图

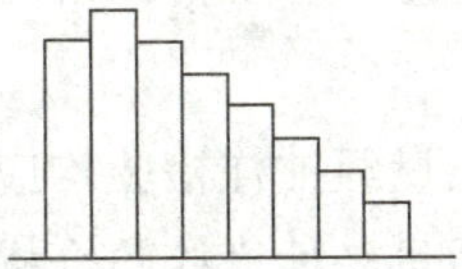

图 4-11 高端型直方图

四、分层法

分层法的关键是调查分析的类别和层次划分。根据管理需要和统计目的，通常可按以下分层方法取得原始数据。

(1) 按施工时间分，如月、日、上午、下午、白天、晚间、季节。

(2) 按地区部位分，如区域，城市、乡村、楼层、外墙、内墙。

(3) 按产品材料分，如产地、厂商、规格、品种。

(4) 按检测方法分，如方法、仪器、测定人、取样方式。

(5) 按作业组织分，如工法、班组、工长、工人、分包商。

(6) 按工程类型分，如住宅、办公楼、道路、桥梁、隧道。

(7) 按合同结构分，如总承包、专业分包、劳务分包。

经过第一次分层调查和分析，找出主要问题的症结所在之后，还可以针对这个问题再次分层进行调查分析，一直到分析结果满足管理需要为止。层次类别划分越明确、越细致，就越能够准确有效地找出问题及其原因所在。

第四节 工程质量的验收

工程项目的质量验收，主要是指工程施工质量的验收。“验收”是指工程质量在施工单位自行检查合格的基础上由工程质量验收责任方组织，工程建设相关单位参加，对检验批、分项、分部、单位工程及其隐蔽工程的质量进行抽样检验，对技术文件进行审核，并根据设计文件和相关标准以书面形式对工程质量是否达到合格做出确认。

质量验收主要工作内容

一、工程质量验收的划分

工程质量验收的划分可分为检验批质量验收、分项工程质量验收、分部工程质量验收和单位工程质量验收。

（一）检验批质量验收

检验批是工程验收的最小单位，是分项工程、分部工程、单位工程质量验收的基础。检验批验收包括资料检查、主控项目和一般项目检验。检验批质量验收合格应符合以下几个规定。

（1）主控项目的质量经抽样检验均应合格。

（2）一般项目的质量经抽样检验合格。当采用计数抽样时，合格点率应符合有关专业验收规范的规定，且不得存在严重缺陷。

（3）具有完整的施工操作依据、质量验收记录。

主控项目是指工程中对安全、节能、环境保护和主要使用功能起决定性作用的检验项目。除土控项目以外的检验项目称为一般项目。检验批的合格与否主要取决于对主控项目和一般项目的检验结果。

主控项目是对检验批的基本质量起决定性影响的检验项目，须从严要求，因此要求主控项目必须全部符合有关专业验收规范的规定，这意味着主控项目不允许有不符合要求的检验结果。对于一般项目，虽然允许存在一定数量的不合格点，但某些不合格点的指标与合格要求偏差较大或存在严重缺陷时，仍将影响使用功能或观感质量，对这些部位应进行维修处理。

（二）分项工程质量验收

分项工程质量验收合格应符合下列两项规定。

（1）所含检验批的质量均应验收合格。

（2）所含检验批的质量验收记录应完整。

分项工程的验收是以检验批为基础进行的。一般情况下，检验批和分项工程两者具有相同或相近的性质，只是批量的大小不同而已。分项工程质量合格的条件是构成分项工程的各检验批验收资料齐全完整，且各检验批均已验收合格。

（三）分部工程质量验收

分部工程质量验收合格应符合以下几个规定。

（1）所含分项工程的质量均应验收合格。

（2）质量控制资料应完整。

（3）有关安全、节能、环境保护和主要使用功能的抽样检验结果应符合相应规定。

（4）观感质量应符合要求。

分部工程的验收是以所含各分项工程验收为基础进行的。首先，组成分部工程的各分项工程已验收合格且相应的质量控制资料齐全、完整。其次，由于各分项工程的性质不尽相同，因此，作为分部工程不能简单地组合而加以验收，尚须进行以下两类检查项目。

（1）涉及安全、节能、环境保护和主要使用功能的地基与基础、主体结构和设备安装等分部工程应进行有关的见证检验或抽样检验。

（2）以观察、触摸或简单量测的方式进行观感质量验收，并结合验收人的主观判断，检查结果并不给出“合格”或“不合格”的结论，而是综合给出“好”“一般”“差”的质量评价结果。对于“差”的检查点应进行返修处理。

（四）单位工程质量验收

单位工程质量验收也称质量竣工验收，是工程投入使用前的最后一次验收，也是最重要的一次验收。单位工程质量验收合格应符合以下几个规定。

（1）所含分部工程的质量均应验收合格。

（2）质量控制资料应完整。

（3）所含分部工程中有关安全、节能、环境保护和主要使用功能的检验资料应完整。

（4）主要使用功能的抽查结果应符合相关专业验收规范的规定。

（5）观感质量应符合要求。

二、质量验收的程序

质量验收属于过程验收，其主要程序如下。

（1）施工过程中隐蔽工程在隐蔽前通知建设单位（或工程监理单位）进行验收，并形成验收文件。

（2）分部分项施工完工，应在施工单位自行验收合格后通知建设单位验收，重要的分部分项应请设计单位参加验收。

（3）单位工程完工，施工单位应自行组织检查、评定，符合验收标准后，向建设单位提交验收申请。

（4）建设单位收到验收申请后，应组织施工、勘察、设计、监理单位等方面人员进行单位工程验收，明确验收结果，并形成验收报告。

（5）按国家现行管理制度，房屋工程及市政基础设施工程验收合格后，还需在规定时间内，将验收文件报政府管理部门备案。

本 章 小 结

本章主要介绍了工程项目质量管理基本知识、工程项目质量管理体系、质量控制数理统计方法和工程质量验收。通过本章的学习，读者可以了解工程项目质量管理的内容、方法、特点、原则、影响因素及其阶段；掌握工程项目质量管理的原则、建立及其运行；熟悉因果分析图法、排列图法、频数直方图法、分层法等数理统计方法；了解工程质量的验收。

习　题　四

一、判断题

1. 项目管理的质量就是项目的交付结果符合客户的某种质量性能要求。（　　）
2. 项目管理的质量主要是靠项目经理来控制的。（　　）
3. 检查清单可以用来控制项目的质量。（　　）
4. 项目的质量方针是不可以调整的。（　　）
5. 项目质量计划的实际执行情况是项目质量控制的最基本依据。（　　）
6. 质量好并不代表质量高。（　　）

二、简答题

1. 工程项目质量的特点是什么？
2. 工程项目质量的影响因素有哪些？
3. 工程项目质量控制的原则有哪些？
4. 质量管理的八项原则是什么？
5. 质量控制有哪些方法？
6. 工程质量验收是如何划分的？

第五章

工程项目成本管理

本章导读

工程项目成本管理的内容很广泛，贯穿于项目管理活动的全过程和每个方面，从项目中标签约开始到施工准备、现场施工、直至竣工验收，每个环节都离不开成本管理工作。通过科学的预测制定项目成本计划，确定成本管理目标，要以尽量少的物化消耗和活劳动力消耗来降低项目成本。本章主要介绍工程项目成本管理、工程项目成本计划、工程项目成本控制、工程项目成本核算等内容。

学习目标

- 了解工程项目成本的组成。
- 掌握工程项目成本管理的内容及措施。
- 熟悉工程项目成本计划的编制。
- 掌握工程项目成本控制的方法。
- 掌握工程项目成本核算的方法。
- 熟悉工程项目成本分析的内容、原则及方法。
- 熟悉工程项目成本的考核。

素质目标

- 培养学生发掘、分析、应用工程项目管理专业知识，同时具有应对复杂跨领域问题的解决能力。
- 培养学生提高成本管理能力，通过合理的策划和实施，可以有效地控制成本。

本章结构图

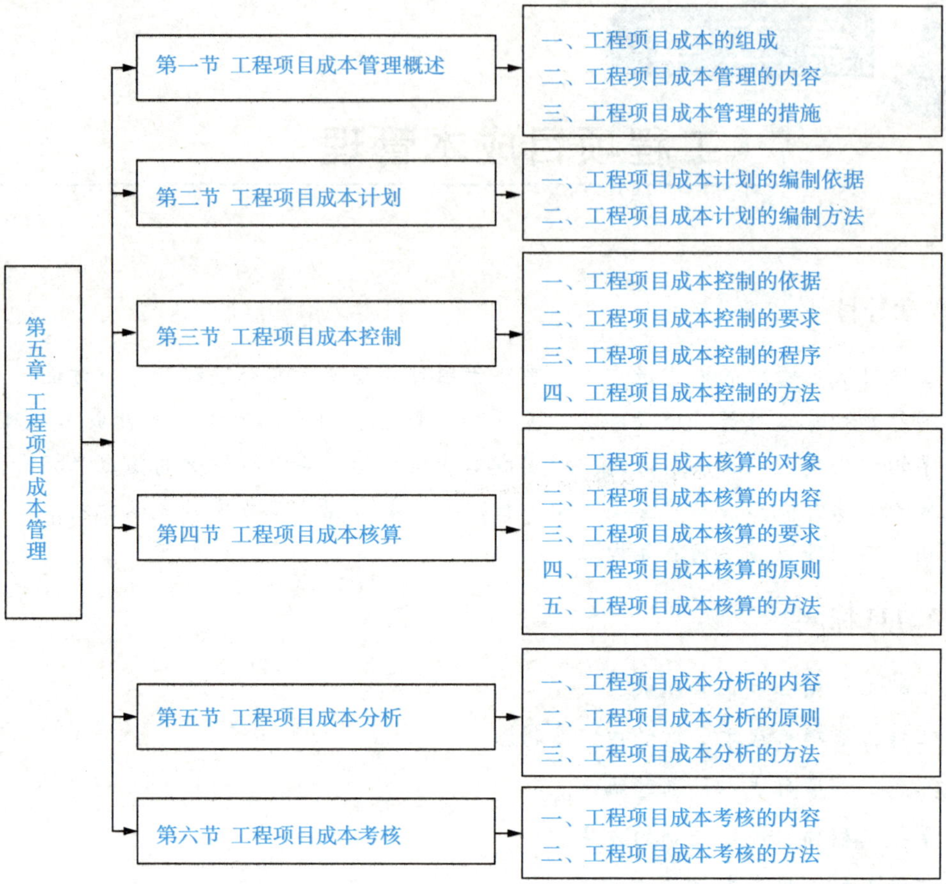

第一节　工程项目成本管理概述

工程成本是指承包人为实施合同工程并达到质量标准，在确保安全施工的前提下，必须消耗或使用的人工、材料、工程设备、施工机械台班及其管理等方面发生的费用和按规定缴纳的规费和税金。

一、工程项目成本的组成

（一）人工费

人工费是指按工资总额构成规定，支付给从事建筑安装工程施工的生产工人和附属生产单位工人的各项费用，目前我国工程项目成本的组成如图 5-1 所示。

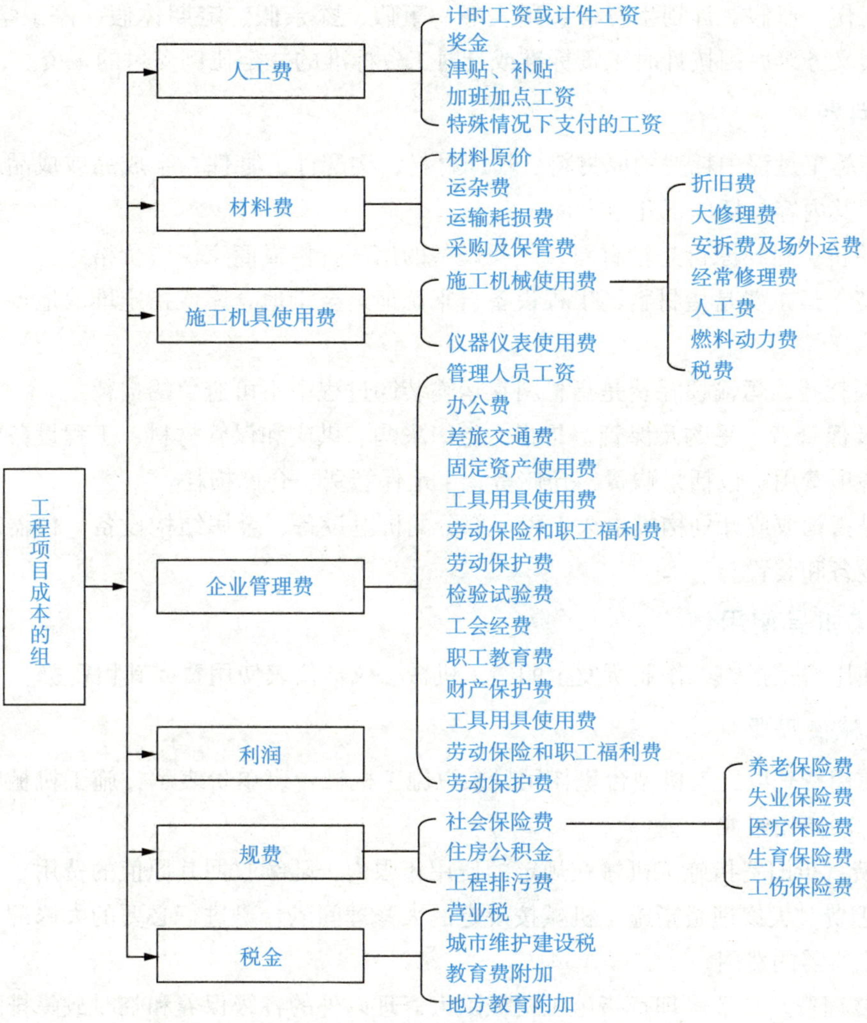

图 5-1　工程项目成本的组成

其内容主要包括以下几个方面。

（1）计时工资或计件工资。计时工资或计件工资是指按计时工资标准和工作时间或对已做工作按计件单价支付给个人的劳动报酬。

（2）奖金。奖金是指对超额劳动和增收节支支付给个人的劳动报酬。如节约奖、劳动竞赛奖等。

（3）津贴、补贴。津贴、补贴是指为了补偿职工特殊或额外的劳动消耗和因其他特殊原因支付给个人的津贴，以及为了保证职工工资水平不受物价影响支付给个人的物价补贴。如流动施工津贴、特殊地区施工津贴、高温（寒）作业临时津贴、高空津贴等。

（4）加班加点工资。加班加点工资是指按规定支付的在法定节假日工作的加班工资和在法定日工作时间外延时工作的加点工资。

（5）特殊情况下支付的工资。特殊情况下支付的工资是指根据国家法律、法规和政策规定，因病、工伤、产假、计划生育假、婚丧假、事假、探亲假、定期休假、停工学习、执行国家或社会义务等原因按计时工资标准或计时工资标准的一定比例支付的工资。

（二）材料费

材料费是指施工过程中耗费的原材料、辅助材料、构配件、零件、半成品或成品、工程设备的费用。其内容包括以下几个方面。

（1）材料原价。材料原价是指材料、工程设备的出厂价格或商家供应价格。

（2）运杂费。运杂费是指材料、工程设备自来源地运至工地仓库或指定堆放地点所发生的全部费用。

（3）运输损耗费。运输损耗费是指材料在运输装卸过程中不可避免的损耗。

（4）采购及保管费。采购及保管费是指为组织采购、供应和保管材料、工程设备的过程中所需要的各项费用。包括采购费、仓储费、工地保管费、仓储损耗。

工程设备是指构成或计划构成永久工程一部分的机电设备、金属结构设备、仪器装置及其他类似的设备和装置。

（三）施工机具使用费

施工机具使用费是指施工作业所发生的施工机械、仪器仪表使用费或其租赁费。

1. 施工机械使用费

施工机械使用费是以施工机械台班耗用量乘以施工机械台班单价表示，施工机械台班单价应由下列七项费用组成。

（1）折旧费。折旧费指施工机械在规定的使用年限内，陆续收回其原值的费用。

（2）大修理费。大修理费指施工机械按规定的大修理间隔台班进行必要的大修理，以恢复其正常功能所需的费用。

（3）经常修理费。经常修理费指施工机械除大修理以外的各级保养和临时故障排除所需的费用。包括为保障机械正常运转所需替换设备与随机配备工具附具的摊销和维护费用，机械运转中日常保养所需润滑与擦拭的材料费用及机械停滞期间的维护和保养费用等。

（4）安拆费及场外运费。安拆费指施工机械（大型机械除外）在现场进行安装与拆卸所需的人工、材料、机械和试运转费用以及机械辅助设施的折旧、搭设、拆除等费用；场外运费指施工机械整体或分体自停放地点运至施工现场或由一施工地点运至另一施工地点的运输、装卸、辅助材料及架线等费用。

（5）人工费。人工费指机上司机和其他操作人员的人工费。

（6）燃料动力费。燃料动力费是指施工机械在运转作业中所消耗的各种燃料及水、电等。

（7）税费。税费指施工机械按照国家规定应缴纳的车船使用税、保险费及年检费等。

2. 仪器仪表使用费

仪器仪表使用费是指工程施工所需使用的仪器仪表的摊销及维修费用。

（四）企业管理费

企业管理费是指建筑安装企业组织施工生产和经营管理所需的费用。其内容主要包括以下几个方面。

（1）管理人员工资。管理人员工资是指按规定支付给管理人员的计时工资、奖金、津贴补贴、加班加点工资及特殊情况下支付的工资等。

（2）办公费。办公费是指企业管理办公用的文具、纸张、帐表、印刷、邮电、书报、办公软件、现场监控、会议、水电、烧水和集体取暖降温（包括现场临时宿舍取暖降温）等费用。

（3）差旅交通费。差旅交通费是指职工因公出差、调动工作的差旅费、住勤补助费，市内交通费和误餐补助费，职工探亲路费，劳动力招募费，职工退休、退职一次性路费，工伤人员就医路费，工地转移费以及管理部门使用的交通工具的油料、燃料等费用。

（4）固定资产使用费。固定资产使用费是指管理和试验部门及附属生产单位使用的属于固定资产的房屋、设备、仪器等的折旧、大修、维修或租赁费。

（5）工具用具使用费。工具用具使用费是指企业施工生产和管理使用的不属于固定资产的工具、器具、家具、交通工具和检验、试验、测绘、消防用具等的购置、维修和摊销费。

（6）劳动保险和职工福利费。劳动保险和职工福利费是指由企业支付的职工退职金、按规定支付给离休干部的经费，集体福利费，夏季防暑降温、冬季取暖补贴，上下班交通补贴等。

（7）劳动保护费。劳动保护费是企业按规定发放的劳动保护用品的支出。如工作服、手套、防暑降温饮料以及在有碍身体健康的环境中施工的保健费用等。

（8）检验试验费。检验试验费是指施工企业按照有关标准规定，对建筑以及材料、构件和建筑安装物进行一般鉴定、检查所发生的费用，包括自设试验室进行试验所耗用的材料等费用。不包括新结构、新材料的试验费，对构件做破坏性试验及其他特殊要求检验试验的费用和建设单位委托检测机构进行检测的费用，对此类检测发生的费用，由建设单位在工程建设其他费用中列支。但对施工企业提供的具有合格证明的材料进行检测不合格的，该检测费用由施工企业支付。

（9）工会经费。工会经费是指企业按《中华人民共和国工会法》规定的全部职工工资总额比例计提的工会经费。

（10）职工教育经费。职工教育经费是指按职工工资总额的规定比例计提，企业为职工进行专业技术和职业技能培训，专业技术人员继续教育、职工职业技能鉴定、职业资格认定以及根据需要对职工进行各类文化教育所发生的费用。

（11）财产保险费。财产保险费是指施工管理用财产、车辆等的保险费用。

（12）财务费。财务费是指企业为施工生产筹集资金或提供预付款担保、履约担保、职工工资支付担保等所发生的各种费用。

（13）税金。税金是指企业按规定缴纳的房产税、土地使用税、车船使用税等。

(14）其他。包括技术转让费、技术开发费、投标费、业务招待费、绿化费、广告费、公证费、法律顾问费、审计费、咨询费、保险费等。

（五）利润

利润是指施工企业完成所承包工程获得的盈利。利润的计算规则如下。

(1）施工企业根据企业自身需求并结合建筑市场实际自主确定，列入报价中。

(2）工程造价管理机构在确定计价定额中利润时，应以定额人工费或定额人工费与定额机械之和作为计算基数，其费率根据历年工程造价积累资料，并结合建筑市场实际确定，以单位（单项）工程测算，利润在税前建筑安装工程费的比重可按不低于5%且不高于7%的费率计算，利润应列入分部分项工程和措施项目中。

（六）规费

规费是指按国家法律、法规规定，由省级政府和省级有关权力部门规定必须缴纳或计取的费用。其内容主要包括：社会保险费、住房公积金和工程排污费。

(1）社会保险费。其内容主要包括：①养老保险费，指企业按照规定标准为职工缴纳的基本养老保险费；②失业保险费，指企业按照规定标准为职工缴纳的失业保险费；③医疗保险费，指企业按照规定标准为职工缴纳的基本医疗保险费；④生育保险费，指企业按照规定标准为职工缴纳的生育保险费；⑤工伤保险费，指企业按照规定标准为职工缴纳的工伤保险费。

(2）住房公积金。住房公积金是指企业按规定标准为职工缴纳的住房公积金。

(3）工程排污费。工程排污费是指企业按规定缴纳的施工现场工程排污费。

（七）税金

税金是指国家税法规定的应计入建筑安装工程造价内的营业税、城市维护建设税、教育费附加以及地方教育费附加。

二、工程项目成本管理的内容

工程成本管理的主要内容包括工程成本预测、工程成本计划、工程成本控制、工程成本核算、工程成本分析和工程成本考核。项目经理部在项目施工过程中，对所发生的各种成本信息，通过有组织、有系统地进行预测、计划、控制、核算和分析等一系列工作，促使工程项目系统内各种要素，按照一定的目标运行，使施工项目的实际成本能够在预定的计划成本范围内。

(1）工程成本预测。项目成本预测是通过成本信息和项目的具体情况，并运用一定的专门方法，对未来的成本水平及其可能发展趋势做出科学的估计，其实质就是工程项目在施工以前对成本进行核算。通过成本预测，可以使项目经理部在满足业主和企业要求的前提下，选择成本低、效益好的最佳成本方案，并能够在工程成本形成过程中，针对薄弱环节，加强成本控制，克服盲目性，提高预见性。因此，工程成本预测是工程成本决策与计划的依据。

(2）工程成本计划。工程成本计划是项目经理部对进行工程成本管理的工具。是以货币形式编制工程项目在计划期内的生产费用、成本水平、成本降低率以及为降低成本所采取的主要措施和规划的书面方案，它是建立工程成本管理责任制、开展成本控制和核算的基础。一般来讲，一个工程成本计划应该包括从开工到竣工所必需的施工成本，是该工程项目降低成本的指导文件，是设立目标成本的依据。可以说，成本计划是目标成本的一种形式。

（3）工程成本控制。工程成本控制指项目在施工过程中，对影响工程成本的各种因素加强管理，并采取各种有效措施，将施工中实际发生的各种消耗和支出严格控制在成本计划范围内，随时揭示并及时反馈，严格审查各项费用是否符合标准，计算实际成本和计划成本之间的差异并进行分析，消除施工中的损失浪费现象，发现和总结先进经验。通过成本控制，使之最终实现甚至超过预期的成本目标。工程成本控制应贯穿在施工项目从招投标阶段开始直至项目竣工验收的全过程，它是企业工程成本管理的重要环节。因此，必须明确各级管理组织和各级人员的责任和权限，这是成本控制的基础之一，必须给以足够的重视。

（4）工程成本核算。工程成本核算是指工程项目施工过程中所发生的各种费用和形成工程成本的核算。它包括两个基本环节：一是按照规定的成本开支范围对工程施工费用进行归集，计算出工程项目施工费用的实际发生额；二是根据成本核算对象，采取适当的方法，计算出该工程项目的总成本和单位成本。工程成本核算所提供的各种成本信息，是成本预测、成本计划、成本控制、成本分析和考核等各个环节的依据。因此，加强工程成本核算工作，对降低工程成本、提高企业的经济效益有积极的作用。

（5）工程成本分析。工程成本分析是在成本形成过程中，对工程成本进行的对比评价和剖析总结工作，贯穿于工程成本管理的全过程，也就是说工程成本分析主要利用工程项目的成本核算资料（成本信息），与目标成本（计划成本）、预算成本以及类似的工程项目的实际成本等进行比较，了解成本的变动情况；同时，也要分析主要技术经济指标对成本的影响，系统地研究成本变动的因素，检查成本计划的合理性，并通过成本分析，深入揭示成本变动的规律，寻找降低工程成本的途径，以有效地进行成本控制，减少施工中的浪费，促使企业和项目经理部遵守成本开支范围和财务纪律，更好地调动广大职工的积极性，加强工程项目的全员成本管理。

（6）工程成本考核。成本考核是工程项目完成后，对工程成本形成中的各责任者，按工程成本责任制的有关规定，将成本的实际指标与计划、定额、预算进行对比和考核，评定工程成本计划的完成情况和各责任者的业绩，并以此给以相应的奖励和处罚。通过成本考核，做到有奖有罚，赏罚分明，才能有效地调动企业的每一个职工在各自的施工岗位上努力完成目标成本的积极性，为降低工程成本和增加企业的积累，做出自己的贡献。

三、工程项目成本管理的措施

（一）工程项目的成本核算形式

工程项目总承包部负责对工程的工期、质量、安全等进行全方面管理协调。在预算成本的基础上实行全额经济承包。项目总承包部负责项目的成本归集和核算、竣工决算和各项成本分析。

（二）工程项目成本管理的程序

工程项目的成本管理程序的主要内容包括预算成本、计划成本和成本控制。

（1）预算成本。预算成本是按照现行当地相关定额及分工工程类别取费，并结合具体情况编制，是考核工程成本的依据，但最终将合同价按费用分解后直接作为项目的预算成本。

（2）计划成本。计划成本是在预算成本的基础上，根据施工组织设计和历年来在单位过程上各项费用的开支水平，进一步挖掘的可能性及上级下达的成本降低指标，按照成本组织的内容经分解后组成。

（3）成本控制。成本控制判定的成本目标，执行成本管理程序，对成本形式的每项经营活动进行监督和调整，使成本始终控制在预算成本范围内。通过成本管理程序能够及时发现成本偏差，随即分析原因，采取措施及时纠正，达到降低成本的预期目的。在计划成本初步确定后，为了保证成本计划的实现，业务部门按各自职能范围具体落实。内业部门每月按照劳动力计划及其动态曲线，计算人工费，向项目经理提供人员使用情况报表。

材料费的控制主要从材料采购单价入手，在市场价格低落时购入或签订采购合同，将因材料市场价格波动引起费用增加，调整施工工艺。例如模版系统采用实用快捷的快拆系统，加速模版周转及施工进度，提高劳动效率；同时注意废旧回收；钢筋合理配料，并采用适宜的形式接长，节约钢筋量。

施工控制中的成本控制是通过经常及时的成本分析，检查各个时期各项成本的使用情况和成本计划的执行情况，分析节约和超支的原因，从而挖掘成本的潜力。

（三）成本降低措施

成本降低主要的措施包括管理节约措施、技术节约措施和材料节约措施。

1. 管理节约措施

（1）根据材料计划用量和用料时间，选择合格的材料供应方，确保材料质高价低；按用料时间进场，采用公司集中采购，降低材料采购成本。

（2）简历材料用量台账，施工管理中严格执行限额取料，把材料节约落实到一袋水泥，一把铁丝上。

（3）周转材料进出场认真清点，及时回收及妥善保管，按时进场和出场。节约租赁费用。

（4）材料进场必须有分批计划和累计数量，控制材料单价成本，施工中严格限额领料，建立节约用料措施。

（5）合理划分施工段，组织流水段施工。控制劳动力和周转材料投入总规模，提高劳动生产率，降低施工成本。

（6）加强机械维修保养，提高作业率，既保证进度又节约费用。

2. 技术节约措施

（1）做好施工前的准备工作，审好图纸，制定合理的施工方案，避免返工。

（2）在型钢、钢筋下料中，提前编制材料计划，在满足设计、规范要求的前提下，合理配料，做到“长料长用，短料短用”。对于剩余的短钢筋妥善保存，以便在二次结构中使用。

（3）模版施工中，根据结构构件的不同部位的施工特点进行选型，加强模版的标准化施工，以加快进度，采用定型钢制大模版，木胶合原配备快拆支撑体系，定性柱模，定性梁柱节点模板、施工技术，可加快施工速度，节约工时。特别是成型质量好，混凝土成型后达到效果，可减少装修施工中的抹灰修补量，甚至可节约装修施工中找平层工序。

（4）采用在混凝土中掺加粉煤灰。利用粉煤灰后期强度的施工技术，一方面可以提高混凝土的和易性能，另一方面可节约水泥，从而降低成本。混凝土中采用外加剂，提高混凝土性能，同时降低成本。墙、柱混凝土采用保水养护的方法，可节约用水，同时保证混凝土的质量。水质脱模剂的应用，确保混凝土成型质量，减少规模损耗。

（5）施工中，提高全员的成品保护意识。采取措施，加强成品保护，避免下道工序对上道工序成品的破坏，对于人为破坏行为，给予重惩。

3. 材料节约措施

（1）材料采购货比三家。在施工加强材料管理，进场各种材料要验收点数，称重或量方。材料堆放场地入口设置 DCS 动态电子汽车衡一台，对进场各种材料进行动态自动计量，提高计量精度，可对进场的散装水泥、砂、石外加剂、钢筋等进行准确计量，防止原材料的亏损。

（2）加强木材从进场到保管的管理工作，加强木材的周转，节约木材。

（3）针对大面积铺放玻璃钢模版，支撑系统采用多功能碗扣架。碗扣架整体受力性能很强，采用双向 1.2 m 间距支撑形式，不仅大大减少了立柱的数量，钢管用量，而且也减少了支撑安装加固的时间。同时，碗扣架构件轻，运输方便，作业强度降低以及零部件的损耗率低，完全避免了螺栓作业，装拆方便，减少了安装用工。由于零部件基本与杆件相连，不易丢失散件，避免了扣件式脚手架经常丢失零部件的情况。

第二节 工程项目成本计划

施工成本计划是以货币形式编制的施工项目在计划期内的生产费用、成本水平、成本降低率以及为降低成本所采取的主要措施和规划的书面方案，它是建立施工项目成本管理责任制，开展成本控制和核算的基础。此外，它还是项目降低成本的指导性文件，是设立目标成本的依据。即施工成本计划是目标成本的一种形式。

施工项目成本计划应在开工前编制完成，以便将计划成本目标分解落实，为各项成本的执行提高明确的目标、控制手段和管理措施。其主要内容包括以下几个方面。

（1）编制说明。编制说明是对工程的范围、投标竞争过程及合同条件，承包人对项目经理提出的责任成本目标，施工成本计划编制的指导思想和依据等的具体说明。

（2）施工成本计划的指标。施工本计划的指标应经过科学的分析预测确定，可以采用对比法、因素分析法等方法。施工成本计划一般情况下包括三类指标：成本计划的数量指标、成本计划的质量指标、成本计划的效益指标。

（3）按工程量清单列出的单位工程计划成本汇总表如表5-1所示。

表5-1 单位工程计划成本汇总表

序号	清单项目编码	清单项目名称	合同价格	计划成本
1				
2				
3				
…				

一、工程项目成本计划的编制依据

工程项目成本计划的编制依据主要有以下几个方面。

（1）投标报价文件。

（2）企业定额、施工预算。

（3）施工组织设计或施工方案。

（4）市场价格信息。如人工，材料、机械台班的市场价；企业颁布的材料指导价、企业内部机械台班价格、劳动力内部挂牌价格。

（5）周转材料、设备等内部租赁价格、摊销损耗标准。

（6）已签订的工程合同、分包合同（或者估价书）。

（7）结构构件外加工计划和合同。

（8）企业的有关财务方而的制度和财务历史资料。

（9）施工成本预测资料。

（10）拟采取的降低施工成本的措施。

（11）其他相关资料。

二、工程项目成本计划的编制方法

施工成本计划的编制以成本预测为基础，关键是确定目标成本。计划的制定需结合施工组织设计的编制过程，通过不断地优化施工技术方案和合理配置生产要素，进行人工、材料、机械台班消耗的分析，制定一系列节约成本和挖潜措施，确定施工成本计划。一般情况下，施工成本计划总额应控制在目标成本的范围内，并使成本计划建立在切实可行的基础上。

施工总成本目标确定之后，还需通过编制详细的实施性施工成本计划把目标成本层层分解，落实到施工过程的每个环节，有效地进行成本控制。施工成本计划的编制方式有以下几种。

（一）按施工成本组成编制施工成本计划

目前我国的建筑安装工程费由人工费、材料费、施工机具使用费、企业管理费、利润、规费和税金组成（按费用构成要素划分）如图5-2所示。施工成本可以按成本组成分解为人工费、材料费、施工机具使用费、企业管理费、规费和税金，编制按施工成本组成分解的施工成本计划。

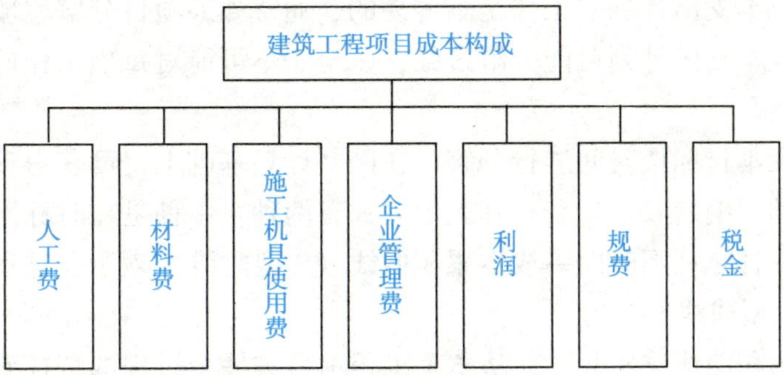

图5-2　按施工成本组成分解的施工成本计划

（二）按项目组成编制施工成本计划

大中型工程项目通常是由若干单项工程构成的，每个单项工程又包含若干单位工程，每个单位工程下面又包含若干分部分项工程。因此，首先把项目总施工成本分解到单项工程和单位工程中，再进一步分解到分部工程和分项工程中，如图5-3所示。

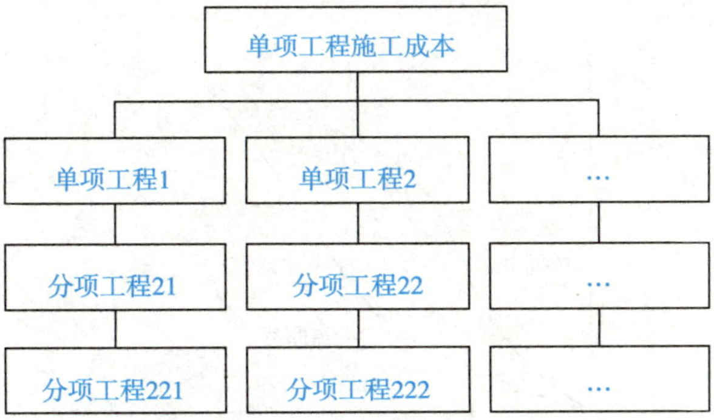

图5-3　按项目组成分解的施工成本计划

在完成施工项目成本目标分解之后，接下来就要具体地分配成本，编制分项工程的成本支出计划，从而得到详细的成本计划表，如表5-2所示。

表5-2　分项工程成本计划表

分项工程编码	工程内容	计量单位	工程数量	计划成本	本分项总计

在编制成本支出计划时，要在项目总的方面考虑总的预备费，也要在主要的分项工程中安排适当的不可预见费，避免在具体编制成本计划时，由于某项内容工程量计算有较大出入使原来的成本预算失实。

（三）按工程进度编制施工成本计划

按工程进度编制施工成本计划，通常可利用控制项目进度的网络图进一步扩充而得。即在建立网络图时，一方面确定完成各项工作所需花费的时间；另一方面确定完成这一工作的合适的施工成本支出计划。在实践中，将工程项目分解为既能方便地表示时间，又能方便地表示施工成本支出计划的工作是不容易的，通常如果项目分解程度对时间控制合适的话，则对施工成本支出计划可能分解过细，以至于不可能对每项工作确定其施工成本支出计划，反之亦然。

通过对施工成本目标按时间进行分解，在网络计划基础上，可获得项目进度计划的横道图，并在此基础上编制成本计划。其表示方式有两种：一种是在时标网络图上按月编制的成本计划；另一种是利用时间—成本累积曲线（S 型曲线）表示。这里主要介绍时间—成本累积曲线（S 型曲线）。

时间—成本累积曲线（S 型线）从整个工程项目进展全过程的特征看，一般在开始和结尾时，单位时间投入的资源、成本较少，中间阶段单位时间投入的资源量较多，与其相关单位时间投入的成本或完成任务量也呈同样变化，因而随时间进展的累积成本呈 S 形曲线。一般来说，它是按工程程任务的最早开始时间绘制，称为 ES 曲线；也可以按各项工作的最迟开始时间安排进度，而绘制的 S 形曲线，称为 LS 曲线。两条曲线都是从计划开始时刻开始，完成时刻结束，因此两条曲线是闭合的，形成一个形如“香蕉”的曲线，故将此称为“香蕉”曲线，如图 5-4 所示。

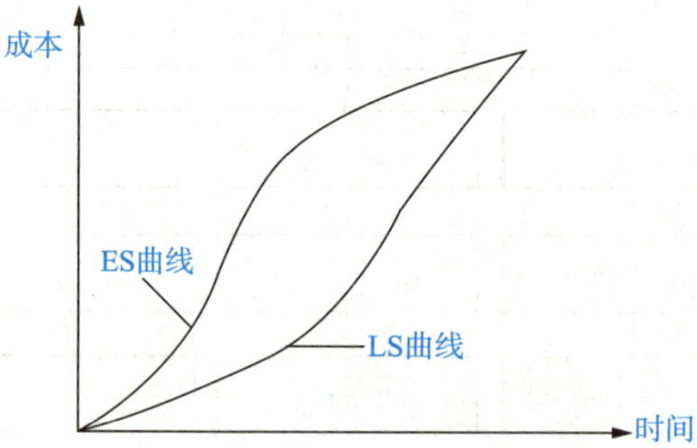

图 5-4　成本计划的“香蕉”图

项目经理可根据编制的成本支出计划来合理安排资金，同时项目经理也可以根据筹措的资金来调整 S 型曲线。即通过调整非关键线路上的工序项目的最早或最迟开工时间，力争将实际的成本支出控制在计划的范围内。

时间—成本累积曲线（S 型曲线）的具体绘制步骤如下。

（1）确定工程项目进度计划，编制进度计划的横道图。

（2）根据每单位时间内完成的实物工程量或投入的人力、物力和财力，计算单位时间

（月或旬）的成本，在时标网络图上按时间编制成本支出计划，如图 5-5 所示。

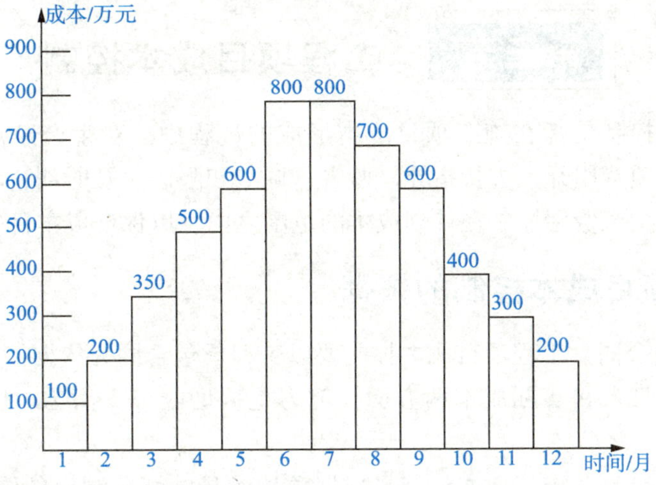

图 5-5　时标网络图上按月编制的成本计划

（3）计算规定时间 t 计划累计支出的成本额，其计算方法为：各单位时间计划完成的成本额累加求和，可按式（5-1）计算

$$Q_t = \sum_{n=1}^{t} q_n \tag{5-1}$$

式中　Q_t——某时间 t 内计划累计支出成本额；

q_n——单位时间 n 的计划支出成本额；

t——某规定计划时刻。

（4）按各规定时间 Q_t 值，绘制 S 型曲线，如图 5-6 所示。

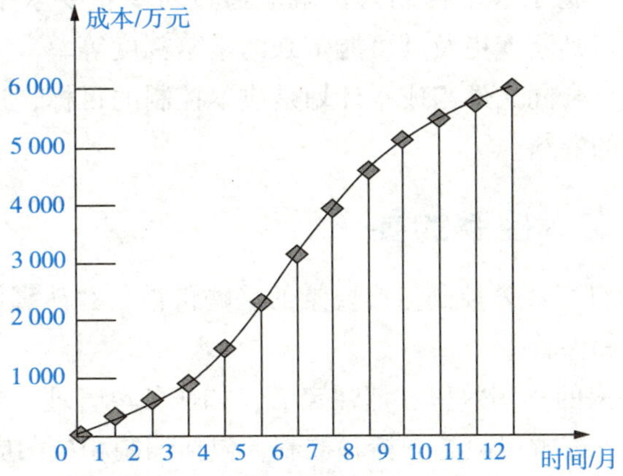

图 5-6　时间–成本累积曲线（S 型曲线）

一般而言，所有工作都按最迟开始时间开始，对节约资金贷款利息是有利的。但同时，也降低了项目按期竣工的保证率。因此项目经理必须合理地确定成本支出计划，达到既节约成本支出，又能控制项目工期的目的。

第三节 工程项目成本控制

工程项目成本控制是指在施工项目成本形成的过程中，对生产经营所消耗的人力资源、物质资源和各项费用开支进行指导、监督、调节和限制，及时纠正将要发生和已经发生的偏差，把各项生产费用控制在计划成本的范围之内，以保证成本目标的实现。

一、工程项目成本控制的依据

（1）工程承包合同。工程项目成本控制要以工程承包合同为依据，围绕降低工程成本这个目标，从预算收入和实际成本两方面，努力挖掘增收节支潜力，以获得最大的经济效益。

（2）施工成本计划。施工成本计划是根据项目的具体情况制定的施工成本控制方案，即包括预定的具体成本控制目标的措施和规划，是施工成本控制的指导文件。

（3）进度报告。进度报告提供了每一时刻工程实际完成量，工程施工成本实际支付情况等重要信息。施工成本控制工作正是通过实际情况与施工成本计划相比较，找出二者之间的差别，分析偏差产生的原因，从而采取措施改进以后的工作。此外，进度报告还有助于管理者及时发现工程实施中存在的隐患，并在事态还未造成重大损失之前采取有效措施，尽量避免损失。

（4）工程变更与索赔资料。在项目的实施过程中，工程变更难以避免。工程变更一般包括：设计变更、进度计划变更、施工条件变更、技术规范与标准变更、工程数量变更等。一旦出现变更，工程量、工期、成本等都必然发生变化，从而使得施工成本控制工作变得复杂和困难。因此，施工成本控制人员就应通过对变更要求中各类数据的计算、分析，随时掌握变更情况，判断变更及其可能带来的索赔额度等。

以上四方面内容中，合同文件与成本计划是成本控制的目标，进度报告和工程变更与索赔是成本控制过程中的资料。

二、工程项目成本控制的要求

（1）按照计划成本目标值来控制生产要素的采购价格，并认真做好材料、设备进场数量和质量的检查、验收和保管。

（2）要控制生产要素的利用效率和消耗定额，如任务单管理、限额领料、验工报告审核等。同时做好不可预见成本风险的分析和控制，包括编制相应的应急措施等。

（3）控制影响效率和消耗量的其他因素所引起的成本增加。

（4）把项目成本管理责任制度与对项目管理者的激励机制结合起来，以增强广大人员的成本意识和控制意识。

（5）承包人必须有一套健全的项目财务管理制度，按规定的权限和程序对项目资金的使用和费用的计算支付进行审核、审批，使其成为项目成本控制的一个重要手段。

三、工程项目成本控制的程序

工程项目成本控制的程序是按照成本动态跟踪控制的原理进行的。其具体步骤如下。

（1）收集资料。收集建设工程项目的实际成本数据。

（2）数据比较。按照某种确定的方式将施工成本计划值与实际值进行比较，以发现是否有成本超支等行为。

（3）分析。在比较的基础上，对比较的结果进行分析，以确定偏差的严重性以及偏差产生的原因。这一步是施工成本控制工作的核心，主要目的在于找出偏差产生的原因，从而采取有效的纠偏措施，减少或避免因相同原因造成再次损失。

（4）预测。根据项目实施情况估算整个项目完成时的施工成本。预测的目的在于为决策提供支持。

（5）检查。对工程的进展进行跟踪和检查，及时了解工程进展状况以及纠偏措施的执行情况和效果，为今后的工作累计经验。

四、工程项目成本控制的方法

赢得值（earned value management，EVM）法作为一项先进的项门管理技术，最初是美国国防部于1967年首次确立的。到目前为止，国际上先进的工程公司已普遍采用赢得值法进行工程项目费用、进度综合分析控制。赢得值法也称挣值法，是通过分析项目实际完成情况与计划完成情况的差异，判断项目费用、进度是否存在偏差的一种方法。

（一）赢得值法的三个基本参数

（1）已完工作预算费用（budgeted cost for work performed，BCWP），是指在某一时间已经完成的工作（或部分工作），以批准认可的预算为标准所需要的资金总额，由于业主正是根据这个值为承包人完成的工作量支付相应的费用，也就是承包人获得（挣得）的金额，故称赢得值或挣值。其计算公式为

已完工作预算费用（BCWP）= 已完成工作量×预算（计划）单价

（2）计划工作预算费用（budgeted cost for work scheduled，BCWS），是根据进度计划，在某一时间应当完成的工作（或部分工作），以预算为标准所需要的资金总额，一般来说，除非合同有变更，BCWS在工程实施过程中应保持不变。

计划工作预算费用（BCWS）= 计划工作量×预算（计划）单价

（3）已完工作实际费用（actual cost for work performed，ACWP），即到某一时刻为止，已完成的工作（或部分工作）所实际花费的总金额。其计算公式为

已完工作实际费用（ACWP）= 已完成工作量×实际单价

（二）赢得值法的四个评价标准

（1）费用偏差（cost wariance，CV），是指检查期间已完成工作预算费用与已完成实际费用之间的差异，其计算公式为

费用偏差（CV）= 已完工作预算费用（BCWP）-已完工作实际费用（ACWP）

（2）进度偏差（schedule variance，SV），是指检查期间已完成工作预算费用与计划工作预算费用的差异，其计算公式为

进度偏差 SV = 已完成工作预算费用（BCWP）-计划工作预算费用（BCWS）

当进度偏差 SV<0 时，表示工程进度延误，即实际进度落后于计划进度；当进度偏差 SV>0 时表示进度提前，即实际进度快于计划进度。

（3）费用绩效指数（cost performed index，CPI），是指已完成工作实际值对预算值的偏离程度，是赢得值与实际值之比，其计算公式为

费用绩效指数（CPI）= 已完成工作预算费用（BCWP）/已完工作实际费用（ACWP）

当费用绩效指数（CPI）<1 时，表示工程运算超支，即实际费用高于预算费用；当费用绩效指数（CPI）>1 时，表示工程预算节支，即实际费用低于预算费用。

（4）进度绩效指数（schedule performed index，SPI），是指将偏差程度与进度结合起来，是项目赢得值与计划值之比，其计算公式为

进度绩效指数（SPI）= 已完工作预算费用（BCWP）/计划工作预算费用（BCWS）

当进度绩效指数（SPI）<1 时，表示工程进度延误，即实际进度比计划进度慢；当进度绩效指数（SPI）>1 时，表示工程进度提前，即实际进度比计划进度快。

第四节 工程项目成本核算

工程项目成本核算是指在成本的形成过程中，对生产经营所消耗的人力资源、物质资源和费用开支，根据国家财务制度和会计制度的有关规定，在企业（公司）职能部门的指导下，按照一定的原则、程序、方法和要求对实际成本发生额进行统计和分析比较的过程。工程项目成本核算是施工项目成本控制中一个重要的子系统，也是项目管理最根本标志和主要内容。

一、工程项目成本核算的对象

工程项目成本核算的对象，是指在计算工程成本中，确定归集和分配生产费用的具体对象，即生产费用承担的客体。成本核算对象的确定是设立施工项目成本明细分类账户、归集和分配生产费用以及正确计算施工项目成本的前提。

工程项目并不等于成本核算对象。一个工程项目可以包括几个单位工程，需要分别核算。单位工程是编制施工预算、制定施工项目成本计划和建设单位结算工程价款的计算单位。施工项目成本一般应以每一独立编制施工图预算的单位工程为成本核算对象，并与施工项目管理责任目标成本的节点范围相一致，但也可以按照承包工程项目的规模、工期、结构类型、施工组织和施工现场等情况，结合成本管理要求，灵活划分成本核算对象。通常情况下，工程项目成本核算的对象可按以下几种方法来进行划分。

（1）一个单位工程由几个施工单位共同施工时，各施工单位都应以同一单位工程为成本核算对象，各自核算自行完成的部分。

（2）规模大、工期长的单位工程，可以将工程划分为若干部位，以分部位的工程作为成本核算对象。

（3）同一建设项目，由同一施工单位施工，并在同一地点，属同一结构类型，开竣工时间相近的若干单位工程，可以合并作为一个成本核算对象。

（4）改建、扩建的零星工程，可以将开竣工时间相接近，属于同一建设项目的各个单位工程合并作为一个成本核算对象。

（5）土石方工程、打桩工程，可以根据实际情况和管理需要，以一个单项工程作为成本核算对象，或将同一施工地点的若干个工程量较少的单项工程合并为一个成本核算对象。

成本核算对象确定以后，各种经济、技术资料归集必须与此统一，一般不要中途变更，以免造成项目成本核算不实，结算漏帐和经济责任不清的弊端。这样划分成本核算对象，是为了细化项目成本考核和考核项目经济效益。并没有削弱项目经理部作为工程承包合同事实上的履约主体和对工程最终产品以及建设单位负责的管理实体的地位。

二、工程项目成本核算的内容

工程项目成本核算一般以单位工程为成本核算对象，但也可以按照承包工程项目的规模、工期、结构类型、施工组织和施工现场等情况，结合成本管理要求，灵活划分成本核算对象。施工成本核算的基本内容包括：人工费核算、材料费核算、周转材料费核算、结构件费核算、机械使用费核算、措施费核算、分包工程成本核算、间接费核算和项目月度施工成本报告编制。

施工成本核算制是明确施工成本核算的原则、范围、程序、方法、内容、责任及要求的制度。项目管理必须实行施工成本核算制，它和项目经理责任制等共同构成了项目管理的运行机制。组织管理层与项目管理层的经济关系、管理责任关系、管理权限关系，以及项目管理组织所承担的责任成本核算的范围、核算业务流程和要求等，都应以制度的形式做出明确的规定。

三、工程项目成本核算的要求

工程项目成本核算的要求主要有以下几个方面。

（一）划清成本、费用支出和非成本支出、费用支出界限

划清不同性质的支出是正确计算施工项目成本的前提条件，即需划清资本性支出和收益性支出与其他支出，营业支出与营业外支出的界限。

（二）正确划分各种成本、费用的界限

（1）划清施工项目工程成本和期间费用的界限。

（2）划清本期工程成本与下期工程成本的界限。

（3）划清不同成本核算对象之间的成本界限。

（4）划清未完工程成本与已完工程成本的界限。

（三）加强成本核算的基础工作

（1）建立各种财产物资的收发、领退、转移、报废、清查、盘点和索赔制度。

（2）建立、健全与成本核算有关的各项原始记录和工程量统计制度。

（3）制订或修订工时、材料、费用等各项内部消耗定额以及材料、结构件、作业、劳务的内部结算指导价。

（4）完善各种计量检测设施，严格计量检验制度，使项目成本核算具有可靠的基础。

（5）项目成本计量检测必须有账有据。成本核算中的数据必须真实可靠，一定要审核无误。并设置必要的生产费用账册，增设成本辅助台账。

四、工程项目成本核算的原则

一般来说，工程项目成本核算的原则主要有以下几个方面。

（1）确认原则。确认原则是指必须以实际发生的经济业务及证明经济业务发生的合法凭证为依据，如实反映财务状况和经营成果，必须按照一定的标准和范围加以认定和记录，做到内容真实，数据准确，资料可靠。核算工作要讲求时效，要求会计处理及时进行，以便会计信息及时利用。

（2）分期核算原则。施工生产一般是连续不断的过程，企业（项目）为了取得一定时期的施工项目成本，就必须将施工生产活动划分为若干时期，并分期计算各期项目成本。成本核算的分期应与会计核算的分期相一致，这样便于财务成果的确定。

（3）相关性原则。相关性原则也称为“决策有用原则”。成本核算要为企业（项目）成本管理目的服务，它不只是简单的计算问题，要与管理融为一体，算为管用。所以，在具体成本核算方法、程序和标准的选择上，在成本核算对象和范围的确定上，应与施工生产经营特点和成本管理要求特性相结合，并与企业（项目）一定时期的成本管理水平相适应。正确地核算出符合项目管理目标的成本数据和指标，真正使项目成本核算成为领导的参谋和助手。

（4）一贯性原则。一贯性原则是指企业采用的会计程序和会计处理方法前后各期必须一致，要求企业在一般情况下不得随意变更会计程序和会计处理方法。如固定资产的折旧方法、施工间接费的分配方法、未完工的计价方法等。坚持一贯性原则，并不是一成不变，如确有必要变更，要有充分的理由对原成本核算方法进行改变的必要性做出解释，并说明这种改变对成本信息的影响。

（5）实际成本核算原则。实际成本核算原则是指企业（项目）核算要采用实际成本计价，必须根据计算期内已完工程量以及实际消耗的实际价格计算实际成本。

（6）及时性原则。及时性原则是指核算应当及时进行，保证信息与所反映的对象在时间上保持一致，以免使会计信息失去时效。凡会计期内发生的经济事项，应当在该期内及时登记入账，不得拖至后期，并要做到按时结账，按期编报会计报表．以利决策者使用。

（7）配比性原则。配比原则是指收入与其相关的成本费用应当配比。这一原则是以会计分期为前提的。当确定某一会计期间已经实现收入之后，就必须确定与该收入有关的已经发生了的费用，这样才能完整地反映特定时期的经营成果，从而有助于正确评价企业的经营业绩。配比原则包括两层含义：一是因果配比，即将收入与对应的成本相配比；二是时间配比，即将一定时期的收入与同时期的费用相配比。

（8）权责发生制原则。权责发生制原则是指收入费用的确认应当以收入和费用的实际发生作为确认计量的标准，凡是当期已经实现的收入和已经发生或应当负担的费用，不论款项是否收付，都应作为当期的收入和费用处理；凡是不属于当期的收入和费用，即使款项已经在当期收付，都不应作为当期的收入和费用。权责发生制是与收付实现制相对称的一个概念。

（9）谨慎原则。谨慎原则是指在不确定因素的情况下做出判断时，保持必要的谨慎，不抬高资产或收益，也不压低负债或费用。对于可能发生的损失和费用，应当加以合理估计。

（10）区分收益性支出和资本性支出原则。区分收益性支出和资本性支出的原则是指会计核算应当严格区分收益性支出和资本性支出的界限，以正确地计算企业当期损益。

收益性支出是指该项支出的发生是为了取得本期收益，即仅与本期收入有关。资本性支出是指该支出的发生不仅与本期收入的取得有关，而且与其他会计期的收入有关，或者主要是为以后各会计期间的收入取得所发生的支出。

（11）重要性原则。重要性原则是指在选择会计方法和程序时，要考虑经济业务本身的性质和规模，根据特定经济业务对经济决策影响的大小，来选择合适的会计方法和程序。

（12）清晰性原则。清晰性原则是指会计记录和会计报表都应当清晰明了，便于理解和利用，能清楚地反映企业经济活动的来龙去脉及其财务状况和经营成果。

五、工程项目成本核算的方法

项目经理部在承建工程项目，并收到设计图纸以后，一方面要进行现场“三通一平”等施工前期工作；另一方面，还要组织力量分头编制施工图预算、施工组织设计及施工项目成本计划；最后，将工程项目成本计划付诸实施并进行有效控制，控制效果的好坏必须得通过成本核算才能知晓。

工程项目成本核算应采取会计核算、统计核算和业务核算相结合的方法，并应作实际成本与目标成本的比较分析。对比的内容包括项目总成本和各个成本项目的相互对比，用以观察分析成本升降情况，同时作为考核的依据。比较具体的方法如下。

（1）通过实际成本与责任目标成本的比较分析，来考核工程项目成本的降低水平。

（2）通过实际成本与计划目标成本的比较分析，来考核工程项目成本的管理水平。

第五节　工程项目成本分析

施工成本分析是在成本形成过程中，对施工项目成本进行的对比评价和总结工作。施工成本分析贯穿于施工成本管理的全过程，其是在成本的形成过程中，主要利用施工项目的成本核算资料（成本信息），与目标成本、预算成本以及类似的施工项目的实际成本等进行比较，了解成本的变动情况，同时也要分析主要技术经济指标对成本的影响。

一、工程项目成本分析的内容

工程项目成本分析的内容就是对施工项目成本变动因素的分析。影响施工项目成本变动的因素有两方面：一是外部的属于市场的因素；二是内部的属于企业经营管理的因素。影响施工项目成本变动的市场经济因素主要包括施工企业的规模和技术装备水平，施工企业专业化和协作的水平以及企业员工的技术水平和操作的熟练程度等几个方面。这些因素不是在短期内所能改变的，因此，应将施工项目成本分析的重点放在影响施工项目成本升降的内部因素上。影响施工项目成本升降的内部因素包括以下几方面。

（1）材料、能源的利用情况。在其他条件不变的情况下，材料、能源消耗定额的高低，直接影响材料、燃料成本的升降。此外，材料、能源价格的变动也会直接影响成本的升降。

（2）机械设备的利用情况。施工企业的机械设备有自有和租赁两种。如果在使用过程中机械的完好率差或者在使用中调度不当，必然会影响机械的利用率。尤其是自有机械，因为自有机械停用，仍然要负担固定费用。

（3）施工质量水平的高低。对施工企业来说，提高施工质量水平就可以降低施工中的故障成本，减少未达到质量标准而发生的一切损失费用，但也意味着为保证提高项目质量而支出的费用就会增加。

（4）人工费用水平的合理性。人工费用指在实行管理层和作业层两层分离的情况下，项目施工需要的人工和人工费。由项目经理与施工队签订劳务承包合同，明确承包范围、承包金额和双方的权利与义务。对项目经理部来说，除了按合同规定支付劳务费以外．还可能发生一些其他人工费支出，如定额人工以外的估点工工资，对班组个人的奖励等。

（5）其他因素。其他因素指除上述四项以外的其他直接费用以及为施工准备、组织施工和管理所需要的费用。

二、工程项目成本分析的原则

从成本分析的效果出发，施工项目成本分析应坚持以下原则。

（1）实事求是原则。成本分析一定要有充分的事实依据，应用“一分为二”的辩证方法，对事物进行实事求是的评价，并要尽可能做到措辞恰当，能为绝大多数人所接受。

（2）用数据说话原则。成本分析要充分利用统计核算、业务核算、会计核算和有关辅助台账的数据进行定量分析，尽量避免抽象的定性分析。因为定量分析对事物的评价更为准确，更令人信服。

（3）注意时效原则。成本分析及时，则发现问题及时，解决问题及时。否则，就有可能贻误解决问题的最好时机，甚至造成问题堆积，发生难以挽回的损失。

（4）为生产经营服务原则。成本分析不仅要揭露矛盾，而且要分析矛盾产生的原因，并为克服困难献计献策，提出积极有效地解决矛盾的合理化建议。这样的成本分析，必然会深得人心，从而受到项目经理和有关项目管理人员的配合和支持，使施工项目的成本分析更健康地展开下去。

三、工程项目成本分析的方法

施工成本分析方法包括比较法、因素分析法、差额计算法、比率法等基本方法。

（一）比较法

比较法又称指标对比分析法。就是通过技术经济指标的对比，检查目标的完成情况。分析产生差异的原因，进而挖掘内部潜力的方法。这种方法，具有通俗易懂、简单易行、便于掌握的特点，因而得到广泛的应用。但在应用时必须注意各经济技术指标的可比性，应按照量价分离的原则进行。比较法的应用，通常有以下几种形式。

（1）将实际指标与目标指标对比。通过对比检查目标的完成情况，分析影响目标完成的积极因素和消极因素，以便采取措施，保证成本目标的实现。

（2）将本期实际指标与上期实际指标对比。通过对比，可以看出各项技术经济指标的变动情况，反映施工管理水平的提高程度。

（3）将本行业平均水平与先进水平对比。通过对比，可以反映本项目的技术管理和经济管理与行业的平均水平和先进水平的差距，进而采取措施进行改善。

（二）因素分析法

因素分析法又称连环置换法。这种方法可以用来分析各种因素对成本形成的影响程度。在进行分析时，首先要假定众多因素中的一个因素发生了变化，而其他因素则不变，然后逐个替换，并分别比较其计算结果，以确定各个因素变化对成本的影响程度。因素分析法的计算分析步骤如下。

（1）确定分析对象，并计算出实际与目标数的差异。

（2）确定该指标是由哪几个因素组成，并按其相互关系进行排序（排序规则是：先实物量，后价值量；先绝对值，后相对值）。

（3）以目标数为基础，将各因素的目标数相乘，作为分析替代的基数。

（4）将各因素的实际数按照排列顺序进行替换计算，并将替换后的实际数保留下来。

（5）将每次替换计算所得的结果，与前一次的计算结果相比较，两者的差异即为该因素对成本的影响程度。

（6）各个因素的影响程度之和，应与分析对象的总差异相等。

（三）差额计算法

差额计算法是因素分析法的一种简化形式，它利用各个因素的目标值减去实际值的差额来计算其对成本的影响程度。

【例】某施工项目某月实际成本降低额比计划目标提高了3.5万元，如表5-3所示。

表5-3 降低成本计划目标与实际对比表

项目	计划目标	实际	差异
预算成本/万元	250	280	30

（续表）

项目	计划目标	实际	差异
成本降低率/%	3	3.5	0.5
成本降低额/万元	7.5	9.8	2.3

根据表5-3中的资料，应用“差额分析法”分析预算成本和成本降低率对成本降低额的影响程度。

【解】（1）预算成本增加对成本降低额的影响程度为

$$(280-250)\times3\%=0.9\text{（万元）}$$

（2）成本降低率提高对成本降低额的影响程度为

$$(3.5\%-3\%)\times280=1.4\text{（万元）}$$

（3）综合以上两项得

$$0.9+1.4=2.3\text{（万元）}$$

（四）比率法

比率法是指用两个以上指标的比例进行分析的方法。它的基本特点是：先把对比分析的数值变成相对数，再观察其相互之间的关系。常用的比率法有以下几种。

（1）相关比率法。将两个性质不同而又相关的指标加以对比，求出比率，并以此来考察经营成果的好坏。

（2）构成比率法。也称比重分析法或结构对比分析法。通过构成比率，可以考察成本总量的构成情况及各成本项目占成本总量的比重，同时可以看出量、本、利的比例关系，从而为寻求降低成本的途径指明方向。

（3）动态比率法。将同类指标不同时期的数值进行对比，求出比率，以分析该项指标的发展方向和发展速度。动态比率的计算通常采用基期指数和环比指数两种方法。

第六节 工程项目成本考核

工程项目成本考核是指在施工项目完成后，对施工项目成本形成中的各责任者，按施工项目成本目标责任制的有关规定，将成本的实际指标与计划、定额、预算进行对比和考核，评定施工项目成本计划的完成情况和各责任者的业绩，并依此给予相应的奖励和处罚。

一、工程项目成本考核的内容

工程项目成本考核主要包括公司对项目经理的考核、项目经理对各职能部门的考核、项目经理对施工队（或分包）的考核和对生产班组的考核。

（一）公司对项目经理的考核

（1）项目成本目标和阶段成本目标的完成情况。

（2）建立以项目经理为核心的成本管理责任制的落实情况。

（3）成本计划的编制和落实情况。

（4）对各部门、各施工队和班组责任成本的检查和考核情况。

（5）在成本管理中贯彻权利相结合原则的执行情况。

（二）项目经理对各职能部门的考核

（1）本部门、本岗位责任成本的完成情况。

（2）本部门、本岗位成本管理责任的执行情况。

（三）项目经理对施工队（或分包）的考核

（1）对劳务合同规定的承包范围和承包内容的执行情况。

（2）劳务合同以外的补充收费情况。

（3）对班组施工任务单的管理情况。

（4）对班组完成施工任务后的成本考核情况。

（四）生产班组的考核

（1）平时由施工队（或分包）对生产组进行考核。

（2）考核班组责任成本（以分部、分项工程为责任成本）的完成情况。

二、工程项目成本考核的方法

（1）工程项目成本考核采取评分制。先按考核内容评分，然后按一定比例加权平均。

（2）工程项目成本考核要与相关指标的完成情况相结合。成本考核的评分是奖惩的依据，相关指标的完成情况为奖惩的条件。与成本考核相结合的相关指标，一般有进度、质量、安全和现场标准化管理等。

（3）强调项目成本的中间考核。可以从两方面进行考虑，一是月度成本考核，二是阶段成本考核。

（4）正确考核工程项目的竣工成本：竣工成本是在工程竣工和工程款结算的基础上编制的，它是竣工成本考核的依据。

本 章 小 结

本章主要介绍了工程项目成本管理基本知识、工程项目成本计划、工程项目成本控制、工程项目成本核算、工程项目成本分析和工程项目成本考核。通过本章学习，读者可以了解工程项目成本的组成；掌握工程项目成本管理的内容及措施；掌握工程项目成本计划的编制；掌握工程项目成本控制的方法；熟悉工程项目成本分析的内容、原则及方法；熟悉工程项目成本的考核。

习 题 五

一、填空题

1. 工程项目成本是由________、________、________、________、________、________、________等七项费用组成的。

2. 工程项目的成本管理程序的主要内容包括________、________和________。

3. 工程项目成本核算的原则主要包括________、________、________、________、________、________、________、________、________、________、________、________等十二个原则。

4. 影响施工项目成本升降的内部因素有________、________、________、________和________。

5. 施工成本分析方法包括________、________、________、________等基本方法。

二、简答题

1. 工程项目成本管理的主要内容有哪些?

2. 工程项目成本计划的编制依据是什么?

3. 工程项目成本控制的程序有哪些?

4. 工程项目成本分析的原则是什么?

5. 简述工程项目成本考核的方法。

第六章

工程项目安全管理与环境管理

本章导读

在工程项目施工过程中，施工安全管理部门或管理人员应通过对生产要素过程的控制，使生产要素的不安全行为和不安全状态得以减少或消除，达到减少一般事故、杜绝伤亡事故的目的，从而保证工程项目安全管理目标的实现。本章主要介绍工程项目安全生产检查、工程项目安全事故的预防与处理、工程项目现场环境管理等内容。

学习目标

- 了解安全生产的概念、特点以及制定安全生产法的必要性，掌握建筑安全法规与行业标准及建筑施工企业安全生产许可证制度。
- 了解安全生产管理的方针、制度，掌握总包、分包单位、项目经理部、项目部各级人员等的安全生产职责。
- 掌握安全生产教育的对象、内容及形式，掌握安全生产技术措施的编制。
- 了解施工现场安全管理的基本要求，掌握环境管理体系的运行模式。
- 熟悉环境管理的程序，了解施工现场环境保护的基本要求，掌握项目经理部环境管理的工作内容，掌握施工现场环境保护的措施。
- 熟悉现场文明施工的基本要求和基本条件，掌握现场文明施工的工作内容。

素质目标

- 引导学生树立安全意识，营造安全、健康、和谐的施工环境，推动安全管理工作不断向更高层次发展。
- 培养学生具备创新精神、持续学习、社会责任感和团队合作能力。

本章结构图

- 第六章 工程项目安全管理与环境管理
  - 第一节 工程项目安全管理概述
    - 一、工程项目安全生产管理策划
    - 二、工程项目安全生产管理体系的建立
    - 三、工程项目安全生产管理方针
    - 四、工程项目安全生产管理制度
    - 五、工程项目安全生产管理组织机构
    - 六、工程项目安全生产责任制
    - 七、工程项目安全生产技术措施
    - 八、工程项目安全生产教育
  - 第二节 工程项目安全生产检查
    - 一、工程项目安全检查的形式
    - 二、工程项目安全检查评分方法及评定等级
    - 三、工程项目安全生产检查制度
  - 第三节 工程项目安全事故的预防与处理
    - 一、伤亡事故的等级
    - 二、事故预防措施
    - 三、事故的处理方法
    - 四、现场急救
  - 第四节 工程项目现场环境管理
    - 一、工程项目环境管理体系的运行模式
    - 二、工程项目环境管理的程序
    - 三、工程项目现场环境保护的基本要求
    - 四、工程项目现场布置的要求
    - 五、工程项目现场环境保护的措施
  - 第五节 工程项目现场安保管理和文明施工
    - 一、工程项目现场保卫工作的内容
    - 二、现场文明施工

第一节 工程项目安全管理概述

工程项目安全管理是指施工安全管理部门或管理人员对安全工作进行的策划、组织、指挥、协调、控制和改进的一系列活动，目的是保证建筑施工中的人身安全、财产安全，促进建筑施工的顺利进行，维持社会的稳定。施工项目作为建筑业安全生产工作的载体，必须履行安全生产职责，确保安全生产。

一、工程项目安全生产管理策划

（一）工程项目安全生产管理策划的内容

安全生产管理策划的设计依据是国家、地方政府和主管部门的有关规定，并采用的主要技术规范、规程、标准和其他依据。其主要内容有以下几方面。

1. 工程项目概述

工程项目概述主要包括以下几个方面的内容。

（1）本项目设计所承担的任务及范围。

（2）工程性质、地理位置及特殊要求。

（3）改建、扩建前的职业安全与卫生状况。

（4）主要工艺、原料、半成品、成品、设备及主要危害概述。

2. 建筑及场地布置

建筑及场地布置必须遵循以下要求。

（1）根据场地自然条件预测的主要危险因素及防范措施。

（2）对周边居民出行是否有影响。

（3）临时用电变压器周边环境。

（4）工程总体布置中，如锅炉房、氧气、乙炔等易燃易爆、有毒物品造成的影响及防范措施。

3. 生产过程中危险因素的分析

生产过程中危险因素主要从以下几个方面进行分析。

（1）安全防护工作，如脚手架作业防护、洞口防护、临边防护、高空作业防护和模板工程、起重及施工机具机械设备防护。

（2）特殊工种，如电工、电焊工、架子工、爆破工、机械工、起重工、机械司机等，除一般教育外，还要经过专业安全技能培训。

（3）关键特殊工序，如洞内作业、潮湿作业、深基开挖、易燃易爆品、防触电。

（4）保卫消防工作的安全系统管理，如临时消防用水、临时消防管道、消防灭火器材的布设等。

（5）临时用电的安全系统管理，如总体布置和各个施工阶段的临电（电闸箱、电路、施工机具等）布设。

4. 主要安全防范措施

工程项目主要安全防范措施有以下几个方面。

（1）根据全面分析各种危害因素确定的工艺路线、选用的可靠装置设备，从生产、火灾危险性分类设置的安全设施和必要的检测、检验设备。

（2）对可能发生的事故所制定的预案、方案及抢救、疏散和应急措施。

（3）按照爆炸和火灾危险场所的类别、等级、范围选择电气设备的安全距离及防雷、防静电、防止误操作等设施。

（4）危险场所和部位，如高空作业、外墙临边作业等，危险期间如冬期、雨期、高温天气等所采用的防护设备、设施及其效果等。

5. 安全措施经费

安全生产所需的措施经费主要有以下几种。

（1）主要生产环节专项防范设施费用。

（2）检测设备及设施费用。

（3）安全教育设备及设施费用。

（4）事故应急措施费用。

6. 预期效果评价

施工项目的安全检查包括安全生产责任制、安全保证计划、安全组织机构、安全保证措施、安全技术交底、安全教育、安全持证上岗、安全设施、安全标志、操作行为、违规管理、安全记录。

（二）工程项目安全生产管理策划的原则

（1）预防性原则。施工项目安全管理策划必须坚持“安全第一、预防为主”的原则，体现安全管理的预防和预控作用，针对施工项目的全过程制定预警措施。

（2）科学性原则。施工项目的安全策划应能代表最先进的生产力和最先进的管理方法，承诺并遵守国家的法律、法规，遵照地方政府的安全管理规定，执行安全技术标准和安全技术规范，科学地指导安全生产。

（3）全过程性原则。项目的安全策划应包括由可行性研究开始到设计、施工，直至竣工验收的全过程策划；施工项目安全管理策划要覆盖施工生产的全过程和全部内容，使安全技术措施贯穿于施工生产的全过程，以实现系统的安全。

（4）可操作性原则。施工项目安全策划的目标和方案应尊重实际情况，坚持实事求是的原则，其方案具有可操作性，安全技术措施具有针对性。

（5）实效最优化原则。施工项目安全策划应遵循实效最优化的原则。既不能盲目地扩大项目投入，又不得以取消和减少安全技术措施经费来降低项目成本，而应在确保安全目标的前提下，在经济投入、人力投入和物资投入上坚持最优化原则。

二、工程项目安全生产管理体系的建立

为了贯彻“安全第一、预防为主”的方针，建立健全安全生产责任制和群防群治制度，确保工程项目施工过程中的人身和财产安全，减少一般事故的发生，应结合工程的特点，建立施工项目安全生产管理体系。

（一）工程项目建立安全生产管理体系的目的

一般来说，建立安全生产管理体系可实现以下几个目的。

（1）直接或间接获得经济效益。通过实施安全生产管理体系，可以明显提高项目安全生产管理水平和经济效益。通过改善劳动者的作业条件，提高劳动者身心健康和劳动效率，对项目会产生长期的积极效应，对社会也能产生激励作用。

（2）降低员工面临的安全风险。使员工面临的安全风险减小到最低程度，最终实现预防和控制工伤事故、职业病及其他损失的目标，帮助企业在市场竞争中树立起一种负责的形象，从而提高企业的竞争能力。

（3）实现以人为本的安全管理。人力资源的质量是提高生产率水平和促进经济增长的重要因素，而人力资源的质量是与工作环境的安全卫生状况密不可分的。安全生产管理体系的建立，将是保护和发展生产力的有效方法。

（4）促进项目管理现代化。管理是项目运行的基础。全球经济一体化的到来，对现代化管理提出了更高的要求，企业必须建立系统、开放、高教的管理体系，以促进项目大系统的完善和整体管理水平的提高。

（5）提升企业的品牌和形象。市场中的竞争已不再仅仅是资本和技术的竞争，企业综合素质的高低将是开发市场的最重要的条件，是企业品牌的竞争。而项目职业安全卫生则是反映企业品牌的重要指标，也是企业素质的重要标志。

（6）增强国家经济发展的能力。加大对安全生产的投入，有利于扩大社会内部需求，增加社会需求总量；同时，做好安全生产工作可以减少社会总损失；而且保护劳动者的安全与健康也是国家经济可持续发展的长远之计。

（二）工程项目建立安全生产管理体系的原则

（1）要适用于建设工程施工项目全过程的安全管理和控制。

（2）依据我国《建筑法》《职业安全卫生管理体系标准》，国际劳工组织 167 号公约及国家有关安全生产的法律、行政法规和规程进行编制。

（3）建立安全生产管理体系必须包含的基本要求和内容。项目经理部应结合各自实际加以充实，建立安全生产管理体系，确保项目的施工安全。

（4）建筑业施工企业应加强对施工项目的安全管理，指导、帮助项目经理部建立、实施并保持安全生产管理体系。施工项目安全生产管理体系必须由总承包单位负责策划建立，生产分包单位应结合分包工程的特点，制订相适宜的安全保证计划，并纳入接受总承包单位安全管理体系的管理。

（三）工程项目建立安全生产管理体系的作用

（1）职业安全卫生状况是经济发展和社会文明程度的反映，是所有劳动者获得安全与健康，是社会公正、安全、文明、健康发展的基本标志，也是保持社会安定、团结和经济可持续发展的重要条件。

（2）安全生产管理体系对企业环境的安全卫生状态规定了具体的要求和限定，通过科学管理，使工作环境符合安全卫生标准的要求。

（3）安全生产管理体系的运行主要依赖于逐步提高、持续改进，是一个动态、自我调整和完善的管理系统，同时也是职业安全卫生管理体系的基本思想。

（4）安全生产管理体系是项目管理体系中的一个子系统，其循环也是整个管理系统循环的一个子系统。

三、工程项目安全生产管理方针

工程项目安全生产管理方针如表 6-1 所示。

表 6-1 工程项目安全生产管理方针

类别	内容
安全意识在先	关爱生命、关注安全是全社会政治、经济和文化生活的主题之一。重视和实现安全生产，必须有强烈的安全意识

（续表）

类别	内容
安全投入在先	安全投入是生产经营单位的“救命钱”。《安全生产法》把安全投入作为必备的安全保障条件之一，要求“生产经营单位应当具备的安全投入，由生产经营单位的决策机构、主要负责人或者个人经营的投资人予以保证，并对安全生产所必需的资金投入不足导致的后果承担责任”。不依法保障安全投入的，将承担相应的法律责任
安全责任在先	实现安全生产，必须建立、健全各级人民政府及有关部门和生产经营单位的安全生产责任制，各负其责，齐抓共管。《安全生产法》突出了安全生产监督管理部门和有关部门主要负责人及监督执法人员的安全责任，突出了生产经营单位主要负责人的安全责任，目的在于通过明确安全责任来促使他们重视安全生产工作，加强领导
建章立制在先	预防为主需要通过生产经营单位制定并落实各种安全措施和规章制度来实现。建章立制是实现预防为主的前提条件。《安全生产法》对生产经营单位建立、健全和组织实施安全生产规章制度和安全措施等问题做出的具体规定，是生产经营单位必须遵守的行为规范
隐患预防在先	消除事故隐患、预防事故发生是生产经营单位安全工作的重中之重。《安全生产法》从生产经营的各个主要方面，对事故预防的制度、措施和管理都做出了明确规定。只要认真贯彻实施，就能够把重大、特大事故的发生率大幅降低
监督执法在先	各级人民政府及其安全生产监督管理部门和有关部门强化安全生产监督管理，加大行政执法力度，是预防事故、保证安全的重要条件。安全生产监督管理工作的重点、关口必须前移，放在事前、事中监管上。要通过事前、事中监管，依照法定的安全生产条件，把住安全准入“门槛”，坚决把那些不符合安全生产条件或者不安全因素多、事故隐患严重的生产经营单位排除在“安全准入门槛”之外

四、工程项目安全生产管理制度

工程项目安全生产管理制度相关内容如图 6-1 所示。

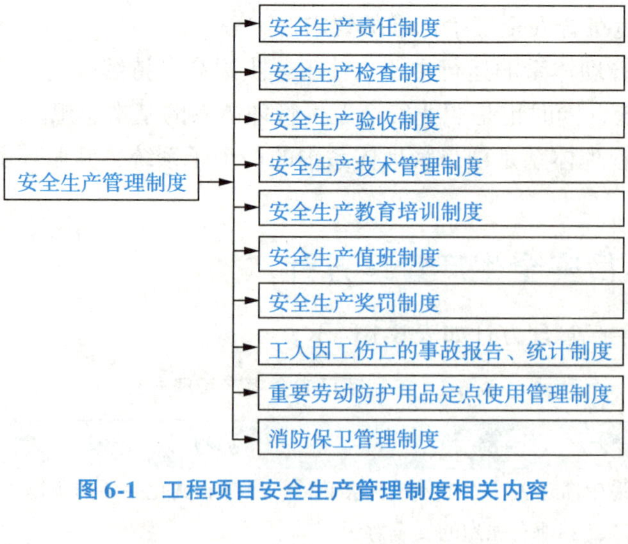

图 6-1　工程项目安全生产管理制度相关内容

五、工程项目安全生产管理组织机构

工程项目安全生产管理组织机构主要有公司安全管理机构、项目处安全管理机构、工地安全管理机构和班组安全管理组织。

（1）公司安全管理机构。建筑公司要设专职安全管理部门，配备专职人员。公司安全管理部门是公司一个重要的施工管理部门，是公司经理贯彻执行安全施工方针、政策和法规，实行安全目标管理的具体工作部门，是领导的参谋和助手。建筑公司施工队以上的单位，要设专职安全员或安全管理机构，公司的安全技术干部或安全检查干部应列为施工人员，不能随便调动。

根据国家建筑施工企业资质等级相关规定，建筑一、二级公司的安全员，必须持有中级岗位合格证书；三、四级公司安全员全部持有初级岗位合格证书。安全施工管理工作技术性、政策性、群众性很强，因此安全管理人员应挑选责任心强、有一定的经验和相当文化程度的工程技术人员担任，以利于促进安全科技活动，进行目标管理。

（2）项目部安全管理机构。公司下属的项目部是组织和指挥施工的单位，对于管理施工、管理安全有着极为重要的影响。项目部经理是本单位安全施工工作第一责任者，要根据本单位的施工规模及职工人数设置专职安全管理机构或配备专职安全员，并建立项目部领导干部安全施工值班制度。

（3）工地安全管理机构。工地应成立以项目经理为负责人的安全施工管理小组，配备专（兼）职安全管理员，同时要建立工地领导成员轮流安全施工值日制度，解决和处理施工中的安全问题和进行巡回安全监督检查。

（4）班组安全管理组织。班组是搞好安全施工的前沿阵地，加强班组安全建设是公司加强安全施工管理的基础。各施工班组要设不脱产安全员，协助班组长搞好班组安全管理。各班组要坚持岗位安全检查、安全值日和安全日活动制度，同时要坚持做好班组安全记录。由于建筑施工点多、面广、流动、分散，往往一个班组人员不会集中在一处作业。因此，工人要提高自我保护意识和自我保护能力，在同一作业面的人员要互相关照。

六、工程项目安全生产责任制

工程项目安全生产责任主要包括总包、分包单位的安全责任、租赁双方的安全责任、项目部的安全生产责任和交叉施工（作业）的安全责任。

（一）总包、分包单位的安全责任

1. 总包单位的职责

（1）项目经理是项目安全生产的第一负责人，必须认真贯彻、执行国家和地方的有关安全法规、规范、标准，严格按文明安全工地标准组织施工生产，确保实现安全控制指标和文明安全工地达标计划。

（2）建立、健全、安全生产保证体系，根据安全生产组织标准和工程规模设置安全生产机构，配备安全检查人员，并设置 5 ~7 人（含分包）的安全生产委员会或安全生产领导小组，定期召开会议（每月不少于一次），负责对本工程项目安全生产工作的重大事项及时做出决策，组织督促检查实施，并将分包的安全人员纳入总包管理，统一活动。

(3) 工程项目部（总包方）与分包方应在工程实施前或进场的同时及时签订含有明确安全目标和职责条款划分的经营（管理）合同或协议书；当不能按期签订时，必须签订临时安全协议。

(4) 项目部有权限期责令分包方将不能尽责的施工管理人员调离本工程，重新配备符合总包要求的施工管理人员。

(5) 根据工程进度情况除进行不定期、季节性的安全检查外，工程项目经理部每半月由项目执行经理组织一次检查，每周由安全部门组织各分包方进行专业（或全面）检查。对查到的隐患，责成分包方和有关人员立即或限期进行消除整改。

(6) 根据工程进展情况和分包进场时间，应分别签订年度或一次性的安全生产责任书或责任状，做到总分包在安全管理上责任划分明确，有奖有罚。

(7) 项目部实行“总包方统一管理，分包方各负其责”的施工现场管理体制，负责对发包方、分包方和上级各部门或政府部门的综合协调管理工作。工程项目经理对施工现场的管理工作负全面领导责任。

2. 分包单位的职责

(1) 分包单位的项目经理、主管副经理是安全生产管理工作的第一责任人，必须认真贯彻执行总包方在执行的有关规定、标准和总包的有关决定和指示，按总包方的要求组织施工。

(2) 建立健全、安全保障体系。根据安全生产组织标准设置安全机构，配备安全检查人员，每50人要配备一名专职安全人员，不足50人的要设兼职安全人员，并接受工程项目安全部门的业务管理。

(3) 分包方必须执行逐级安全技术交底制度和班组长班前安全讲话制度，并跟踪检查管理。

(4) 分包方在编制分包项目或单项作业的施工方案或冬雨期方案措施时，必须同时编制安全消防技术措施，并经总包方审批后方可实施，如改变原方案时，必须重新报批。

(5) 分包方必须按规定执行安全防护设施、设备验收制度，并履行书面验收手续，建档存查。

(6) 分包方必须接受总包方及其上级主管部门的各种安全检查并接受奖罚。在生产例会上应先检查、汇报安全生产情况。在施工生产过程中，切实把好安全教育、检查、措施、交底、防护、文明、验收等七关，做到预防为主。

(7) 对安全管理纰漏多、施工现场管理混乱的分包单位除进行罚款处理外，对问题严重、屡禁不止，甚至不服从管理的分包单位，予以解除经济合同。

（二）工程项目租赁双方的安全责任

大型机械（塔式起重机、外用电梯等）租赁、安装、维修单位的职责有以下几个方面。

（1）各单位必须具备相应资质。

（2）所租赁的设备须具备统一编号，其机械性能良好，安全装置齐全、灵敏、可靠。

（3）在当地施工时，租赁外埠塔式起重机和施工用电梯或外地分包自带塔式起重机和施工用电梯，使用前必须在本地建设主管部门登记备案并取得统一临时编号。

（4）租赁、维修单位对设备的自身质量和安装质量负责，定期对其进行维修、保养。

（5）租赁单位向使用单位配备合格的司机。

承租方对施工过程中设备的使用安全负责为承租方对施工过程中设备的使用安全责任，应参照相关安全生产管理条例的规定。

（三）项目部的安全生产责任

1. 项目经理部安全生产职责

（1）项目经理部是安全生产工作的载体，具体组织和实施项目安全生产、文明施工、环境保护工作，对本项目工程的安全生产负全面责任。

（2）建立并完善项目部安全生产责任制和安全考核评价体系，积极开展各项安全活动，监督、控制分包队伍执行安全规定，履行安全职责。

（3）贯彻落实各项安全生产的法律、法规、规章、制度，组织实施各项安全管理工作，完成各项考核指标。

（4）发生伤亡事故要及时上报，并保护好事故现场，积极抢救伤员，认真配合事故调查组开展伤亡事故的调查和分析，按照“四不放过”原则，落实整改防范措施，对责任人员进行处理。

2. 工程项目经理的职责

（1）工程项目经理是工程项目安全生产的第一责任人，对工程项目经营生产全过程中的安全负全面领导责任。

（2）工程项目经理必须经过专门的安全培训考核，取得项目管理人员安全生产资格证书，方可上岗。

（3）在组织项目施工、聘用业务人员时，要根据工程特点、施工人数、施工专业等情况，按规定配备一定数量和素质的专职安全员，确定安全管理体系；明确各级人员和分承包方的安全责任和考核指标，并制定考核办法。

（4）贯彻落实各项安全生产规章制度，结合工程项目特点及施工性质，制定有针对性的安全生产管理办法和实施细则，并落实实施。

（5）负责施工组织设计、施工方案、安全技术措施的组织落实工作，组织并督促工程项目安全技术交底制度、设施设备验收制度的实施。

（6）健全和完善用工管理手续，录用外协施工队伍必须及时向人事劳务部门、安全部门申报，必须事先审核注册、持证等情况，对工人进行三级安全教育后，方准入场上岗。

（7）领导、组织施工现场每旬一次的定期安全生产检查，发现施工中的不安全问题，组织制定整改措施并及时解决；对上级提出的安全生产与管理方面的问题，要在限期内定时、定人、定措施予以解决；接到政府部门安全监察指令书和重大安全隐患通知单，应当立即停止施工，组织力量进行整改。隐患消除后，必须报请上级部门验收合格，才能恢复施工。

3. 工程项目生产副经理职责

（1）对工程项目的安全生产负直接领导责任，协助工程项目经理认真贯彻执行国家安全生产方针、政策、法规，落实各项安全生产规范、标准和工程项目的各项安全生产管理制度。

（2）负责项目安全生产管理机构的领导工作，认真听取、采纳安全生产的合理化建议，支持安全生产管理人员的业务工作，保证工程项目安全生产、保证体系的正常运转。

（3）组织实施工程项目总体和施工各阶段安全生产工作规划以及各项安全技术措施、方案的组织实施工作，组织落实工程项目各级人员的安全生产责任制。

（4）工地发生伤亡事故时，负责事故现场保护、职工教育、防范措施落实，并协助做好事故调查分析的具体组织工作。

4. 项目安全总监职责

（1）在项目经理的直接领导下，履行项目安全生产工作的监督管理职责。

（3）宣传贯彻安全生产方针政策、规章制度，推动项目安全组织保证体系的运行。

（2）督促实施施工组织设计、安全技术措施；实现安全管理目标；对项目各项安全生产管理制度的贯彻与落实情况进行检查与具体指导。

（4）组织分承包商安排专兼职人员开展安全监督与检查工作。

（5）查处违章指挥、违章操作、违反劳动纪律的行为和人员，对重大事故隐患采取有效的控制措施，必要时可采取局部直至全部停产的非常措施。

（6）督促开展周一安全活动和项目安全讲评活动。

（7）负责办理与发放各级管理人员的安全资格证书和操作人员安全上岗证。

5. 工程项目技术负责人职责

（1）对工程项目生产经营中的安全生产负技术责任。

（2）贯彻落实国家安全生产方针、政策，严格执行安全技术规程、规范、标准；结合工程特点，进行项目整体安全技术交底。

（3）主持制订技术措施计划和季节性施工方案的同时，必须制定相应的安全技术措施并监督执行，及时解决执行中出现的问题。

（4）参加或组织编制施工组织设计。在编制、审查施工方案时，必须制定、审查安全技术措施，保证其可行性和针对性，并认真监督实施情况，发现问题并及时解决。

（5）参加安全生产定期检查。对施工中存在的事故隐患和不安全因素，从技术上提出整改意见和消除办法。

（6）参加或配合工伤及重大未遂事故的调查，从技术上分析事故发生的原因，提出防范措施和整改意见。

6. 工长、施工员职责

（1）工长、施工员是所管辖区域范围内安全生产的第一责任人，对所管辖范围内的安全生产负直接领导责任。

（2）负责组织落实所管辖施工队伍的三级安全教育、常规安全教育、季节转换及针对施工各阶段特点等进行的各种形式的安全教育，负责组织落实所管辖施工队伍特种作业人员的安全培训工作和持证上岗的管理工作。

（3）认真贯彻落实上级有关规定，监督执行安全技术措施及安全操作规程，针对生产任务特点，向班组（外协施工队伍）进行书面安全技术交底，履行签字手续，并对规程、措施、交底要求的执行情况经常检查，随时纠正违章作业。

（4）负责组织落实所管辖班组（外协施工队伍）开展各项安全活动，学习安全操作规程，接受安全管理机构或人员的安全监督检查，及时解决其提出的不安全问题。

（5）经常检查所管辖区域的作业环境、设备和安全防护设施的安全状况，发现问题及时纠正解决。对重点特殊部位施工，必须检查作业人员及各种设备和安全防护设施的技术状况是否符合安全标准要求，认真做好书面安全技术交底，落实安全技术措施并监督其执行，做到不违章指挥。

（6）对工程项目中应用的新材料、新工艺、新技术严格执行申报、审批制度，发现不安全问题及时停止施工，并上报领导或有关部门。

（7）发生因工伤亡及未遂事故必须停止施工，保护现场，立即上报。对重大事故隐患和重大未遂事故，必须查明事故发生的原因，落实整改措施，经上级有关部门验收合格后，方准恢复施工，不得擅自撤除现场保护设施，强行复工。

7. 班组长职责

（1）班组长是本班组安全生产的第一责任人，认真执行安全生产规章制度及安全技术操作规程，合理安排班组人员的工作，对本班组人员在施工生产中的安全负直接责任。

（2）经常组织班组人员开展各项安全生产活动和学习安全技术操作规程，监督班组人员正确使用个人劳动防护用品和安全设施、设备，不断提高安全自保能力。

（3）认真落实安全技术交底要求，做好班前交底，严格执行安全防护标准，不违章指挥、不冒险蛮干。

（4）经常检查班组作业现场的安全生产状况和工人的安全意识、安全行为，发现问题及时解决，并上报有关领导。

（5）发生因工伤亡及未遂事故，保护好事故现场，并立即上报有关领导。

8. 工人职责

（1）工人是本岗位安全生产的第一责任人，在本岗位作业中对自己、对环境、对他人的安全负责。

（2）认真学习并严格执行安全操作规程，严格遵守安全生产规章制度。

（3）积极参加各项安全生产活动，认真落实安全技术交底要求，不违章作业、不违反劳动纪律，虚心服从安全生产管理人员的监督、指导。

（4）对不安全的作业要求要提出意见，有权拒绝违章指令。

（5）发生因工伤亡事故，要保护好事故现场并立即上报。

（6）在作业时，要严格做到“眼观六面、安全定位，措施得当、安全操作”。

9. 项目部各职能部门安全生产责任

项目部各职能部门安全生产责任如表6-2所示。

表6-2 项目部各职能部门安全生产责任

部门	责任
安全部	安全部是项目安全生产的责任部门，也是项目安全生产领导小组的办公机构，行使项目安全工作的监督检查职权
	协助项目经理开展各项安全生产业务活动，监督项目安全生产保证体系的正常运转
	定期向项目安全生产领导小组汇报安全情况，通报安全信息，及时传达项目安全决策并监督实施
	组织、指导项目分包安全机构和安全人员开展各项业务工作，定期进行项目安全性测评
工程管理部	工程管理部在编制项目总工期控制进度计划及年、季、月计划时，必须树立“安全第一”的思想，综合平衡各生产要素，保证安全工程与生产任务协调一致
	对于改善劳动条件、预防伤亡事故的项目，要视同生产项目优先安排；对于施工中重要的安全防护设施、设备的施工，要纳入正式工序，予以时间保证
	在检查生产计划实施情况的同时，检查安全措施项目的执行情况
	负责编制项目文明施工计划，并组织具体实施
	负责现场环境保护工作的具体组织和落实
	负责项目大、中、小型机械设备的日常维护、保养和安全管理
技术部	技术部负责编制项目施工组织设计中安全技术措施方案，编制特殊、专项安全技术方案
	检查施工组织设计和施工方案的实施情况的同时，检查安全技术措施的实施情况，对施工中涉及的安全技术问题，提出解决办法
	对项目使用的新技术、新工艺、新材料、新设备，制定相应的安全技术措施和安全操作规程，并负责工人的安全技术教育
物资部	重要劳动防护用品的采购和使用必须符合国家标准和有关规定，执行本系统重要劳动防护用品定点使用管理规定。同时，会同项目安全部门进行验收
	加强对在用机具和防护用品的管理，对自有及协力自备的机具和防护用品定期进行检验、鉴定，对不合格品及时报废、更新，确保使用安全
	负责施工现场材料堆放和物品储运的安全
机电部	选择机电分承包方时，要考核其安全资质和安全保证能力
	平衡施工进度，交叉作业时确保各方安全
	负责机电安全技术培训和考核工作

（续表）

部门	责任
合约部	分包单位进场前，签订总分包安全管理合同或安全管理责任书
	在经济合同中，应分清总分包安全防护费用的划分范围
	在每月工程款结算单中，扣除由于违章而被处罚的罚款
办公室	负责项目全体人员安全教育培训的组织工作
	负责现场企业形象 CI 管理的组织和落实
	负责项目安全责任目标的考核

10. 责任追究制度

（1）对因安全责任不落实、安全组织制度不健全、安全管理混乱、安全措施经费不到位、安全防护失控、违章指挥、缺乏对分承包方安全控制力度等主要原因所导致的因工伤亡事故的发生，除对有关人员按照责任状进行经济处罚外，对主要领导责任者给予警告、记过处分，对重要领导责任者给予警告处分。

（2）对因上述主要原因导致重大伤亡事故发生的，除对有关人员按照责任状进行经济处罚外，对主要领导责任者给予记过、记大过、降级、撤职处分，对重要领导责任者给予警告、记过、记大过处分。

（3）构成犯罪的，由司法机关依法追究刑事责任。

（四）工程项目交叉施工（作业）的安全责任

（1）总包和分包的工程项目负责人，对工程项目中的交叉施工（作业）负总的指挥、领导责任。总包对分包、分包对分项承包单位或施工队伍，要加强安全消防管理，科学组织交叉施工，在没有针对性的书面技术交底、方案和可靠防护措施的情况下，禁止上下交叉施工作业，防止和避免发生事故。

（2）总包与分包、分包与分项外包的工程项目负责人，除在签署合同或协议中明确交叉施工（作业）各方的责任外，还应签订安全消防协议书或责任状，划分交叉施工中各方的责任区和各方的安全消防责任，同时应建立责任区及安全设施的交接和验收手续。

（3）交叉施工作业上部施工单位应为下部施工人员提供可靠的隔离防护措施，确保下部施工作业人员的安全。在隔离防护设施未完善前，下部施工作业人员不得进行施工。隔离防护设施完善后，经过上下方责任人和有关人员进行验收合格后，才能进行施工作业。

（4）工程项目或分包的施工管理人员在交叉施工前，对交叉施工的各方做出明确的安全责任交底，各方必须在交底后组织施工作业。安全责任交底中，应对各方的安全消防责任、安全责任区的划分，安全防护设施的标准、维护等内容做出明确要求，并经常监督和检查执行情况。

（5）交叉施工作业中的隔离防护设施及其他安全防护设施由安全责任方提供。当安全责任方因故无法提供防护设施时，可由非责任方提供，责任方负责日常维护和支付租赁费用。

（6）交叉施工作业中的隔离防护设施及其他安全防护设施的完善和可靠性，应由责任方负责。由于隔离防护设施或安全防护存在缺陷而导致的人身伤害及设备、设施、料具的损失责任，由责任方承担。

（7）工程项目或施工区域出现交叉施工作业安全责任不清或安全责任区划分不明确时，总包和分包应积极主动地进行协调和管理。各分包单位之间进行交叉施工，其各方应积极主动予以配合，在责任不清、意见不统一时，由总包的工程项目负责人或工程调度部门出面协调、管理。

（8）在交叉施工作业中，防护设施完善验收后，非责任方不经总包、分包或有关责任方同意，不准任意改动（如电梯井门、护栏、安全网、坑洞口盖板等）。因施工作业必须改动时，写出书面报告，须经总、分包和有关责任方同意才准改动，但必须采取相应的防护措施。工作完成或下班后必须恢复原状，否则非责任方负一切后果责任。

（9）电气焊割作业严禁与油漆、喷漆、防水、木工等进行交叉作业，在工序安排上应先安排焊割等明火作业。如果必须先进行油漆、防水作业，施工管理人员在确认排除有燃爆可能的情况下，再安排电气焊割作业。

（10）凡进入总包施工现场的各分包单位或施工队伍，必须严格执行总包方所执行的标准、规定、条例、办法，按标准化文明安全工地组织施工。对于不按总包方要求组织施工、现场管理混乱、隐患严重、影响文明安全工地整体达标或给交叉施工作业的其他单位造成不安全问题的分包单位或施工队伍，总包方有权给予经济处罚或终止合同，清出现场。

七、工程项目安全生产技术措施

工程项目安全生产技术措施的编制是依据国家和政府有关安全生产的法律、法规和有关规定；建筑安装工程安全技术操作规程，技术规范、标准、规章制度和企业的安全管理规章制度。

（一）工程项目安全生产技术措施编制内容

1. 一般工程安全技术措施

一般工程安全技术措施的主要内容包括以下几个方面。

（1）深坑、桩基施工与土方开挖方案。

（2）±0.000 m 以下结构施工方案。

（3）工程临时用电技术方案。

（4）结构施工临边、洞口及交叉作业、施工防护安全技术措施。

（5）塔式起重机、施工外用电梯、垂直提升架等的安装与拆除安全技术方案（含基础方案）。

（6）大模板施工安全技术方案（含支撑系统）。

（7）高大、大型脚手架，整体式爬升（或提升）脚手架及卸料平台安全技术方案。

（8）特殊脚手架、吊篮架、悬挑架、挂架等安全技术方案。

(9) 钢结构吊装安全技术方案。

(10) 防水施工安全技术方案。

(11) 设备安装安全技术方案。

(12) 主体结构、装修工程安全技术方案。

(13) 群塔作业安全技术措施。

(14) 新工艺、新技术、新材料施工安全技术措施。

(15) 防火、防毒、防爆、防雷安全技术措施。

(16) 临街防护、临近外架供电线路、地下供电、供气、通风、管线、毗邻建筑物防护等安全技术措施。

(17) 中小型机械安全技术措施。

(18) 安全网的架设范围及管理要求。

(19) 场内运输道路及人行通道的布置

(20) 冬期、雨期施工安全技术措施。

2. 单位工程安全技术措施

对于结构复杂、危险性大、特殊性较多的特殊工程，应单独编制安全技术方案。如爆破、大型吊装、沉箱、沉井、烟囱、水塔、各种特殊架设作业、高层脚手架、井架和拆除工程等，必须单独编制安全技术方案，并应有设计依据、有计算、有详图、有文字要求。

3. 季节性施工安全技术措施

季节性施工安全技术措施主要有以下三个方面。

(1) 雨期施工安全方案。雨期施工，制定防止触电、防雷、防坍塌、防台风安全技术措施。

(2) 高温作业安全措施。夏季气候炎热，高温时间较长，制定防暑降温安全措施。

(3) 冬期施工安全方案。冬期施工，制定防风、防火、防滑、防煤气中毒、防亚硝酸钠中毒的安全措施。

(二) 工程项目安全生产技术措施编制要求

工程项目安全生产技术措施编制要求如表 6-3 所示。

表 6-3 工程项目安全生产技术措施编制要求

类别	内容
及时性	(1) 安全性措施在施工前必须编制好，并且经过审核批准后正式下达施工单位，以指导施工； (2) 在施工过程中，设计发生变更时，安全技术措施必须及时变更或做补充，否则不能施工； (3) 施工条件发生变化时，必须变更安全技术措施内容，并及时经原编制、审批人员办理变更手续，不得擅自变更

（续表）

类别	内容
针对性	（1）凡在施工生产中可能出现的危险因素，要根据施工工程的结构特点，从技术上采取措施、消除危险，保证施工的安全进行； （2）要针对不同的施工方法和施工工艺，制定相应的安全技术措施； （3）针对使用的各种机械设备、用电设备可能给施工人员带来的危险因素，从安全保险装置、限位装置等方面采取安全技术措施； （4）针对施工中有毒、有害、易燃、易爆等作业可能给施工人员造成的危害，制定相应的防范措施； （5）针对施工现场及周围环境中可能给施工人员及周围居民带来危险的因素，以及材料、设备运输的困难和不安全因素，制定相应的安全技术措施
具体性	（1）安全技术措施必须明确、具体，能指导施工，绝不能搞口号式、一般化； （2）安全技术措施中必须有施工总平面图，在图中必须对危险的油库、易燃材料库、变电设备以及材料、构件的堆放位置，塔式起重机、井字架或龙门架、搅拌台的位置等，按照施工需要和安全组织的要求明确定位，并提出具体要求； （3）安全技术措施及方案必须由工程项目责任工程师或工程项目技术负责人指定的技术人员进行编制； （4）安全技术措施及方案的编制人员必须掌握工程项目概况、施工方法、场地环境等第一手资料，并熟悉有关安全生产法规和标准，具有一定的专业水平和施工经验

安全技术措施和方案的编制，必须考虑现场的实际情况、施工特点及周围作业环境，措施要有针对性。凡施工过程中可能发生的危险因素及建筑物周围外部环境不利因素等，都必须从技术上采取具体且有效的措施予以预防。同时，安全技术措施和方案必须有设计、有计算、有详图、有文字说明。

（三）工程项目安全生产技术方案（措施）的审批与变更管理

1. 工程项目安全技术方案（措施）的审批管理

工程项目安全技术方案（措施）的审批管理的主要内容包括以下几个方面。

（1）一般工程安全技术方案（措施）由项目经理部工程技术部门负责人审核，项目经理部总（主任）工程师审批，报公司项目管理部、安全监督部备案。

（2）重要工程（含较大专业施工）方案由项目（或专业公司）总（主任）工程师审核，公司项目管理部、安全监督部复核，由公司技术发展部或公司总工程师委托技术人员审批，并在公司项目管理部、安全监督部备案。

（3）大型、特大工程安全技术方案（措施）由项目经理部总（主任）工程师组织编制，报技术发展部、项目管理部、安全监督部审核，由公司总（副总）工程师审批，并在上述三个部门备案。

（4）深坑（超过5 m）、桩基础施工方案，整体爬升（或提升）脚手架方案经公司总工程师审批后，还须报当地建设主管部门施工管理处备案。

（5）业主指定分包单位所编制的安全技术措施方案在完成报批手续后，报项目经理部技术部门（或总工程师、主任工程师处）备案。

2. 安全技术方案（措施）的变更管理

安全技术方案（措施）的变更管理的主要内容包括以下两方面。

（1）施工过程中如发生设计变更，原定的安全技术措施也必须随之变更，否则不准予以施工。

（2）施工过程中确实需要修改拟定的安全技术措施时，必须经原编制人同意，并办理修改审批手续。

（四）工程项目安全技术交底

工程项目安全技术交底是指导工人安全施工的技术措施，是项目安全技术方案的具体落实。安全技术交底一般由技术管理人员根据分部分项工程的具体要求、特点和危险因素编写，是操作者的指令性文件，因而要具体、明确、针对性强，不允许用施工现场的安全纪律、安全检查等制度来代替，在进行工程技术交底的同时进行安全技术交底。

安全技术交底与工程技术交底一样，实行分级交底制度，具体内容如下。

（1）大型或特大型工程由公司总工程师组织有关部门向项目经理部和分包商（含公司内部专业公司）进行交底。交底内容包括工程概况、特征，施工难度，施工组织，采用的新工艺、新材料、新技术，施工程序与方法，关键部位应采取的安全技术方案或措施等。

（2）一般工程由项目经理部总（主任）工程师会同现场经理向项目有关施工人员（项目工程管理部、工程协调部、物资部、合约部、安全总监及区域责任工程师、专业责任工程师等）和分包商（含公司内部专业公司）行政及技术负责人进行交底，交底内容同前款。

（3）分包商技术负责人要对其管辖的施工人员进行详尽的交底。

（4）项目专业责任工程师要对所管辖的分包商的工长进行分部工程施工安全措施交底，对分包工长向操作班组所进行的安全技术交底进行监督与检查。

（5）专业责任工程师要对劳务分承包方的班组进行分部分项工程安全技术交底，并监督指导其安全操作。

（6）各级安全技术交底都应按规定程序实施书面交底签字制度并存档，以备查用。

八、工程项目安全生产教育

（一）工程项目安全生产教育的内容

安全生产教育的主要内容包括安全生产知识教育、安全生产技能教育和法制教育。

1. 安全生产知识教育

企业所有职工必须具备安全生产知识。因此，全体职工都必须接受安全生产知识教育和每年按规定学时进行安全培训。安全生产知识教育的主要内容是：①企业的基本生产概况；②施工（生产）流程、方法；③企业施工（生产）危险区域及其安全防护的基本知识和注意事项；④机械设备、厂（场）内运输的有关安全知识；⑤有关电气设备（动力照

安全生产法

明）的基本安全知识；⑥高处作业安全知识；生产（施工）中使用的有毒、有害物质的安全防护基本知识；⑦消防制度及灭火器材应用的基本知识；⑧个人防护用品的正确使用知识等。

2. 安全生产技能教育

安全生产技能教育，就是结合本工种专业特点，实现安全操作、安全防护所必须具备的基本技术知识要求。每个职工都要熟悉本工种、本岗位专业安全技术知识。安全生产技能知识是比较专门、细致和深入的知识。它包括安全技术、劳动卫生和安全操作规程。国家规定，建筑登高架设、起重、焊接、电气、爆破、压力容器、锅炉等特种作业人员必须进行专门的安全技术培训。宣传先进经验，既是教育职工找差距的过程，又是学、赶先进的过程；事故教育可以从事故教训中吸取有益的东西，防止以后类似事故的重复发生。

3. 法制教育

法制教育就是要采取各种有效形式，对全体职工进行安全生产法制教育，从而提高职工遵纪守法的自觉性，以达到安全生产的目的。

（二）工程项目安全生产教育的形式

常见的安全生产教育的形式有新工人“三级安全教育”、特种作业安全教育、班前安全活动交底（班前讲话）、周一安全活动、季节性施工安全教育和特殊情况安全教育。

1. 新工人“三级安全教育”

三级安全教育是企业必须坚持的安全生产基本教育制度。对新工人（包括新招收的合同工、临时工、学徒工、农民工及实习和代培人员）必须进行公司、项目、作业班组三级安全教育，时间不得少于40 h。三级安全教育的主要内容如表6-4所示。

表6-4 三级安全教育的主要内容

项目	内容
公司进行安全知识、法规、法制教育	（1）党和国家的安全生产方针、政策； （2）安全生产法规、标准和法制观念； （3）本单位施工（生产）过程及安全生产规章制度、安全纪律； （4）本单位安全生产形势、历史上发生的重大事故及应吸取的教训； （5）发生事故后如何抢救伤员、排险、保护现场和及时进行报告
项目部进行现场规章制度和遵章守纪教育	（1）本单位（工区、工程处、车间）施工（生产）特点及施工（生产）安全基本知识； （2）本单位（包括施工、生产场地）安全生产制度、规定及安全注意事项； （3）本工种的安全技术操作规程； （4）机械设备、电气安全及高处作业等安全基本知识； （5）防火、防雷、防尘、防爆知识及紧急情况安全处置和安全疏散等知识； （6）防护用品发放标准及防护用具、用品使用的基本知识

（续表）

项目	内容
班组安全生产教育	（1）本班组作业特点及安全操作规程； （2）班组安全活动制度及纪律； （3）爱护和正确使用安全防护装置（设施）及个人劳动防护用品； （4）本岗位易发生事故的不安全因素及其防范对策； （5）本岗位的作业环境及使用的机械设备、工具的安全要求

2. 特种作业安全教育

从事特种作业的人员必须经过专门的安全技术培训，经考试合格取得操作资格证后，方准独立作业。

3. 班前安全活动交底（班前讲话）

班前安全讲话作为施工队伍经常性安全教育活动之一，各作业班组长于每班工作开始前（包括夜间工作前），必须对本班组全体人员进行不少于 15 min 的班前安全活动交底。班组长要将安全活动交底内容记录在专用的记录本上，各成员在记录本上签名。

班前安全活动交底的内容应包括以下三点。

（1）本班组安全生产须知。

（2）本班组工作中的危险点和应采取的对策。

（3）上一班组工作中存在的安全问题和应采取的对策。

在特殊性、季节性和危险性较大的作业前，责任工长要参加班前安全讲话并对工作中应注意的安全事项进行重点交底。

4. 周一安全活动

周一安全活动做为施工项目经常性安全活动之一。每周一开始工作前应对全体在岗工人开展至少 1 h 的安全生产及法制教育活动。活动形式可采取看录像、听报告、分析事故案例、图片展览、急救示范、智力竞赛、热点辩论等形式进行。工程项目主要负责人要进行安全讲话，主要包括以下内容。

（1）上周安全生产形势、存在问题及对策。

（2）最新安全生产信息。

（3）重大和季节性的安全技术措施。

（4）本周安全生产工作的重点、难点和危险点。

（5）本周安全生产工作目标和要求。

5. 季节性施工安全教育

进入雨期及冬期施工前，在现场经理的部署下，由各区域责任工程师负责组织本区域内施工的分包队伍管理人员及操作工人进行专门的季节性施工安全技术教育，时间不得少于 2 h。

6. 特殊情况安全教育

施工项目出现以下几种情况时，工程项目经理应及时安排有关部门和人员对施工工人进行安全生产教育，时间不得少于 2 h。

（1）因故改变安全操作规程。

（2）实施重大和季节性安全技术措施。

（3）更新仪器、设备和工具，推广新工艺、新技术。

（4）发生因工伤亡事故、机械损坏事故及重大未遂事故。

（5）出现其他不安全因素，安全生产环境发生了变化。

（三）工程项目安全生产教育的对象

（1）工程项目经理、项目执行经理、项目技术负责人。工程项目主要管理人员必须经过当地政府或上级主管部门组织的安全生产专项培训，培训时间不得少于 24 h，经考核合格后，持《安全生产资质证书》上岗。

（2）工程项目基层管理人员。施工项目基层管理人员每年必须接受公司安全生产年审，经考试合格后持证上岗。

（3）分包负责人、分包队伍管理人员。必须接受政府主管部门或总包单位的安全培训，经考试合格后持证上岗。

（4）特种作业人员。必须经过专门的安全理论培训和安全技术实际训练，经理论和实际操作的双项考核，合格者持《特种作业操作证》上岗作业。

（5）操作工人。新入场工人必须经过三级安全教育，考试合格后持上岗证上岗作业。

第二节 工程项目安全生产检查

工程项目安全检查是为了消除隐患、防止事故、改善劳动条件及提高员工安全生产意识的重要手段，是安全控制工作的一项重要内容。通过安全检查，可以发现工程中的危险因素，以便有计划地采取措施，保证安全生产。工程项目安全检查应由项目经理组织，并定期进行。通过检查，可以发现施工（生产）中的不安全（人的不安全行为和物的不安全状态）、不卫生问题，从而采取对策，消除不安全因素，保障安全生产。

一、工程项目安全检查的形式

工程项目安全检查分为经常性检查、专业性检查、季节性检查、不定期检查和节假日前后检查。

（1）经常性检查。在施工（生产）过程中进行经常性的预防检查。能及时发现隐患、消除隐患，保证施工（生产）的正常进行。企业一般每年进行 1 ~4 次；工程项目组、车间、科室每月至少进行 1 次；班组每周、每班次都应进行检查。专职安全技术人员的日常检查应有计划，针对重点部位周期性地进行。

（2）专业性检查。专业性检查应由企业有关部门组织有关人员对某项专业的安全问题或在施工（生产）中存在的普遍性安全问题进行单项检查，如电焊、气焊、起重机、脚手架等。

（3）季节性检查。季节性检查是针对气候特点可能给施工（生产）带来危害而组织的安全检查，如春季风大，要着重防火、防爆；夏季高温多雨、多雷电，要着重防暑、降温、防汛、防雷击、防触电；冬季着重防寒、防冻等。

（4）不定期检查。不定期检查是指在工程或设备开工和停工前、检修中、工程或设备竣工及试运转时进行的安全检查。

（5）节假日前后检查。节假日前后检查是节假日（如元旦、劳动节、国庆节）前、后防止职工纪律松懈、思想麻痹等进行的检查。检查应由单位领导组织有关部门人员进行。节日加班，更要重视对加班人员的安全教育，同时认真检查安全防范措施的落实。

二、工程项目安全检查评分方法及评定等级

工程项目安全检查评分方法具体如下。

（1）工程项目安全检查评定中，保证项目应全数检查。

（2）工程项目安全检查评定应符合各检查评定项目的有关规定，并应按相关的评分表进行评分。检查评分表应分为安全管理、文明施工、脚手架、基坑工程、模板支架、高处作业、施工用电、物料提升机与施工升降机、塔式起重机与起重吊装、施工机具分项检查评分表和检查评分汇总表。

（3）各评分表的评分应符合下列规定。

① 分项检查评分表和检查评分汇总表的满分分值均应为100分，评分表的实得分值应为各检查项目所得分值之和。

② 评分应采用扣减分值的方法，扣减分值总和不得超过该检查项目的应得分值。

③ 当按分项检查评分表评分时，保证项目中有一项未得分或保证项目小计得分不足40分，此分项检查评分表不应得分。

④ 检查评分汇总表中各分项项目实得分值应按式（6-1）计算

$$A_1 = \frac{B \times C}{100} \tag{6-1}$$

式中 A_1——汇总表各分项项目实得分值；

B——汇总表中该项应得满分值；

C——该项检查评分表实得分值。

⑤ 当评分遇有缺项时，分项检查评分表或检查评分汇总表的总得分值应按式（6-2）计算

$$A_2 = \frac{D}{E} \times 100 \tag{6-2}$$

式中 A_2——遇有缺项时总得分值；

D——实查项目在该表的实得分值之和；

E——实查项目在该表的应得满分值之和。

⑥ 脚手架、物料提升机与施工升降机、塔式起重机与起重吊装项目的实得分值，应为所对应专业的分项检查评分表实得分值的算术平均值。

工程项目安全检查评分，应按汇总表的总得分和分项检查评分表的得分，对工程项目安全检查评定划分为优良、合格与不合格三个等级，如表6-5所示。

表 6-5　检查评定等级划分

等级	划分标准
优良	分项检查评分表无零分，汇总表得分值应在 80 分及以上
合格	分项检查评分表无零分，汇总表得分值应在 80 分以下、70 分及以上
不合格	① 当汇总表得分值不足 70 分时； ② 当有一分项检查评分表得零分时

注：当工程项目安全检查评定的等级为不合格时，必须限期整改，达到合格。

三、工程项目安全生产检查制度

为了全面提高项目安全生产管理水平，及时消除安全隐患，落实各项安全生产制度和措施，在确保安全的情况下正常地进行施工、生产，施工项目实行逐级安全生产检查制度。具体的安全检查制度如下。

（1）公司对项目实施定期检查和重点作业部位巡检制度。

（2）项目经理部每月由现场经理组织，安全总监配合，对施工现场进行一次安全大检查。

（3）区域责任工程师每半个月组织专业责任工程师（工长），分包商（专业公司），行政、技术负责人，工长对所管辖的区域进行安全大检查。

（4）专业责任工程师（工长）实行日巡检制度。

（5）项目安全总监对上述人员的活动情况实施监督与检查。

（6）项目分包单位必须建立各自的安全检查制度，除参加总包组织的检查外，必须坚持自检，及时发现、纠正、整改本责任区的违章行为、安全隐患。对危险和重点部位要跟踪检查，做到预防为主。

（7）施工（生产）班组要做好班前、班中、班后和节假日前后的安全自检工作，尤其作业前必须对作业环境进行认真检查，做到身边无隐患，班组不违章。

（8）各级检查都必须有明确的目的，做到“四定”，即定整改责任人、定整改措施、定整改完成时间、定整改验收人，并做好检查记录。

第三节　工程项目安全事故的预防与处理

根据《中华人民共和国安全生产法》和有关法律、法规及《生产安全事故报告和调查处理条例》的有关规定，因工伤亡事故是指职工在本岗位劳动或虽不在本岗位劳动，但由于企业的设备和设施不安全、劳动条件和作业环境不良、管理不善以及企业领导指定到本企业外从事本企业活动，所发生的人身伤害（包括轻伤、重伤、死亡）和急性中毒事故。其中，伤亡事故主体——人员，包括两类：①企业职工，指由本企业支付工资的各种用工形式的职工，包括固定职工、合同制职工、临时工（包括企业招用的临时农民工）等；②非本企业职工，指代训工、实习生、民工，参加本企业生产的学生、现役军人，到企业进行参观及其他公务的人员，劳动、劳教中的人员，外来救护人员以及由于事故而造成伤亡的居民、行人等。

一、伤亡事故的等级

根据生产安全事故（以下简称事故）造成的人员伤亡或者直接经济损失，事故等级划分如表 6-6 所示。

表 6-6 安全生产事故等级划分

事故等级	划分标准
特别重大事故	造成 30 人以上死亡，或者 100 人以上重伤（包括急性工业中毒，下同），或者 1 亿元以上直接经济损失的事故
重大事故	造成 10 人以上 30 人以下死亡，或者 50 人以上 100 人以下重伤，或者 5 000 万元以上 1 亿元以下直接经济损失的事故
较大事故	造成 3 人以上 10 人以下死亡，或者 10 人以上 50 人以下重伤，或者 1 000 万元以上 5 000 万元以下直接经济损失的事故
一般事故	造成 3 人以下死亡，或者 10 人以下重伤，或者 1 000 万元以下直接经济损失的事故。国务院安全生产监督管理部门可以会同国务院有关部门，制定事故等级划分的补充性规定。所称的“以上”包括本数，所称的“以下”不包括本数

二、事故预防措施

（一）改进生产工艺，实现机械化、自动化

随着科学技术的发展，建筑企业不断改进生产工艺，加快了实现机械化、自动化的过程，促进了生产的发展，提高了安全技术水平，大大降低了工人的劳动强度，保证了职工的安全和健康。如采取机械化的喷涂抹灰，工效可以提高 2～4 倍，不但保证了工程质量，还降低了工人的劳动强度，保护了施工人员的安全。因此，在编制施工组织设计时，应尽量优先考虑采用新工艺，机械化、自动化的生产手段，为安全生产、预防事故创造条件。

（二）预防性的机械强度试验和电气绝缘检验

（1）预防性的机械强度试验。施工现场的机械设备，特别是自行设计组装的临时设施和各种材料、构件、部件均应进行机械强度试验，必须在满足设计和使用功能时方可投入正常使用。有些还须定期或不定期地进行试验，如施工用的钢丝绳、钢材、钢筋、机件及自行设计的吊篮架、外挂架子等，在使用前必须做承载试验，这种试验是确保施工安全的有效措施。

（2）电气绝缘检验。要保证良好的作业环境，使机电设施、设备正常运转，不断更新老化及被损坏的电气设备和线路是必须采取的预防措施。为及时发现隐患、消除危险源，要求在施工前、施工中、施工后均对电气绝缘进行检验。

（三）设置安全装置

安全装置的设置如图 6-2 所示。

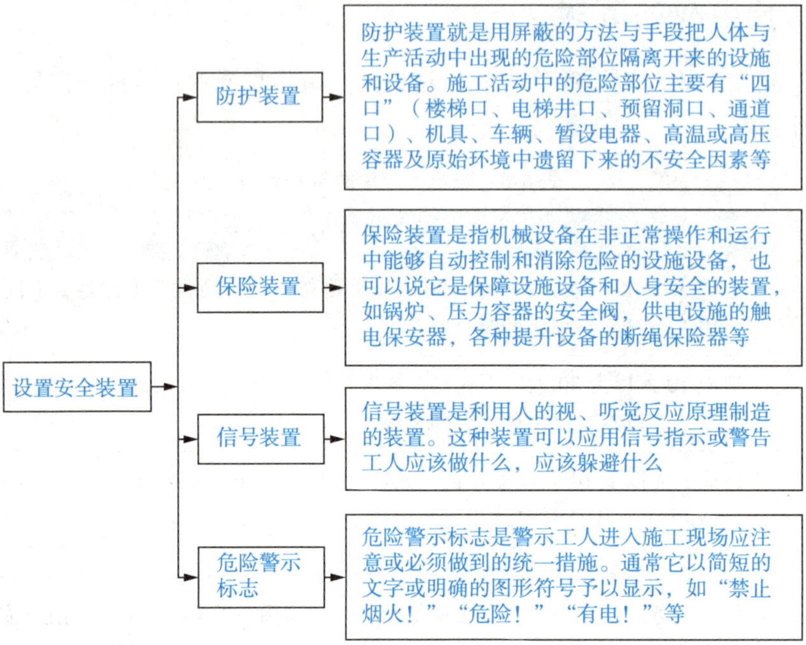

图 6-2　安全装置的设置

（四）机械设备的维修保养和有计划的检修

（1）机械设备的维修和保养。各种机械设备是根据不同的使用功能设计生产出来的，除了一般的要求外，也具有特殊的要求。因此要严格坚持机械设备的维护保养规则，按照其操作过程进行保护，使用后需及时加油清洗，使其减少磨损，确保正常运转，尽量延长寿命，提高完好率和使用率。

（2）机械设备有计划的检修。为了确保机械设备正常运转，对每类机械设备均应建立档案（租赁的设备由设备产权单位建档），以便及时地按每台机械设备的具体情况，进行定期的大、中、小修，在检修中要严格遵守规章制度，遵守安全技术规定，遵守先检查后使用的原则，绝不允许为了赶进度而违章指挥和违章作业，让机械设备“带病”工作。

（五）合理使用劳动保护用品

合理使用劳动保护用品，是在施工生产过程中预防事故、保护工人安全和健康的一种辅助措施。

（六）强化民主管理

强化民主管理，认真执行操作规程，普及安全技术知识教育。随着国家法制建设的不断加强，建筑企业施工的法律、规程、标准已经大量出台。只要认真地贯彻安全技术操作规程，并不断补充完善其实施细则，建筑业落实“安全第一，预防为主”的方针就会实现，大量的伤亡事故就会减少和杜绝。

三、事故的处理方法

（1）重大事故、较大事故、一般事故，负责事故调查的人民政府应当自收到事故调查报告之日起15日内做出批复；特别重大事故，30日内做出批复；特殊情况下，批复时间可以适当延长，但延长的时间最长不得超过30日。

有关机关应当按照人民政府的批复，依照法律、行政法规规定的权限和程序，对事故发生单位和有关人员进行行政处罚，对负有事故责任的国家工作人员进行处分。

事故发生单位应当按照负责事故调查的人民政府的批复，对本单位负有事故责任的人员进行处理。负有事故责任的人员涉嫌犯罪的，依法追究刑事责任。

（2）事故发生单位应当认真吸取事故教训，落实防范和整改措施，防止事故再次发生。防范和整改措施的落实情况应当接受工会和职工的监督。

安全生产监督管理部门和负有安全生产监督管理职责的有关部门应当对事故发生单位落实防范和整改措施的情况进行监督检查。

（3）事故处理的情况由负责事故调查的人民政府或者其授权的有关部门、机构向社会公布，依法应当保密的除外。

四、现场急救

现场急救就是应用急救知识和最简单的急救技术进行现场初级救生，最大限度地稳定伤病员的伤、病情，减少并发症，维持伤病员的最基本的生命体征。现场急救是否及时和正确，关系到伤病员生命和伤害的结果。现场急救一般按照下述四个步骤进行。

（1）当出现事故后，迅速地采取措施让伤者脱离危险区，若是触电事故，必须先切断电源；若为机械设备事故，必须先停止机械设备运转。

（2）初步检查伤员，判断其神智、呼吸是否有问题，视情况采取有效地止血、防止休克、包扎伤口、固定、保存好断离的器官或组织、预防感染、止痛等措施。

（3）施救的同时请人呼叫救护车，并继续施救到救护人员到达现场接替为止。

（4）迅速上报上级有关领导和部门，以便采取更有效的救护措施。

第四节 工程项目现场环境管理

一、工程项目环境管理体系的运行模式

工程项目环境管理体系建立在一个由“策划、实施、检查、评审和改进”等环节所构成的动态循环过程的基础上，其具体的运行模式如图6-3所示。

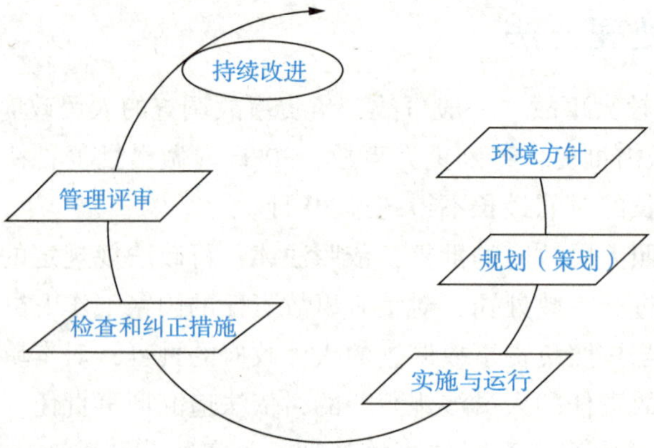

图 6-3　环境管理体系运行模式

二、工程项目环境管理的程序

企业应根据批准的工程项目环境影响报告，通过对环境因素的识别和评估，确定管理目标及主要指标，并在各个阶段贯彻实施。工程项目的环境管理应遵循以下程序。

（1）确定工程项目环境管理目标。

（2）进行工程项目环境管理策划。

（3）实施工程项目环境管理策划。

（4）验证并持续改进。

三、工程项目现场环境保护的基本要求

（1）把环保指标以责任书的形式层层分解到有关单位和个人，列入承包合同和岗位责任制，建立一个懂行、善管的环保自我监控体系。

（2）要加强检查，加强对施工现场粉尘、噪声、废气的监测和监控工作。要与文明施工现场管理一起检查、考核、奖罚，及时采取措施消除粉尘、废气和污水的污染。

（3）施工单位要制定有效措施，控制人为噪声、粉尘的污染；采取技术措施控制烟尘、污水、噪声污染。建设单位应该负责协调外部关系，同当地居委会、村委会、办事处、派出所、居民、施工单位、环保部门等加强联系。

（4）要有技术措施，严格执行国家的法律、法规。在编制施工组织设计时，必须有环境保护的技术措施。在施工现场平面布置和组织施工过程中，都要贯彻执行国家、地区、行业和企业有关防止空气污染、水源污染、噪声污染等环境保护的法律、法规和规章制度。

（5）工程施工由于技术、经济条件限制，对环境的污染不能控制在规定范围内的，建设单位应当同施工单位事先报请当地人民政府建设行政主管部门和环境行政主管部门批准。

四、工程项目现场布置的要求

（1）施工现场的场容管理应符合施工平面图设计的安排和物料器具定位管理标准的要求。

（2）现场的主要机械设备、脚手架、密封式安全网与围挡、模具，施工临时道路、各种管线，施工材料制品堆场及仓库、土方及建筑垃圾堆放区，变配电间，消火栓，警卫室，现场的办公、生产和生活临时设施等布置，均应符合施工平面图的要求。

（3）现场入口处的醒目位置，应公示工程概况、职业健康安全纪律、防火须知、职业健康安全生产与文明施工规定、施工平面图、项目经理部组织机构图及主要管理人员名单。

（4）施工现场周边应当按当地有关要求设置围挡和相关的职业健康安全预防设施。危险品仓库附近应有明显标志及围挡设施。

（5）施工现场应设置畅通的排水沟渠系统，保持场地道路的干燥、坚实。施工现场的泥浆和污水未经处理不得直接排放。地面宜做硬化处理。有条件时，可对施工现场进行绿化布置。

五、工程项目现场环境保护的措施

（一）防止大气污染的措施

防止大气污染的措施如表6-7所示。

表6-7　防止大气污染的措施

序号	项目	防止措施
1	高层建筑物和多层建筑物施工垃圾	清理时，要搭设封闭式专用垃圾道，采用容器吊运或将永久性垃圾道随结构安装好以供施工使用，严禁凌空随意抛散
2	施工现场道路	采用焦渣、级配砂石、粉煤灰级配砂石、沥青混凝土或水泥混凝土等铺设，有条件的可利用永久性道路，并指定专人定期洒水清扫，形成制度，防止道路扬尘
3	袋装水泥、白灰、粉煤灰等易飞扬的细颗散粒状材料	应库内存放。室外临时露天存放时，必须下垫上盖，严密遮盖，防止扬尘
4	散装水泥、粉煤灰、白灰等细颗粉状材料	应存放在固定容器（散灰罐）内。没有固定容器时，应设封闭式专库存放，并具备可靠的防扬尘措施
5	水泥、粉煤灰、白灰等细颗粉状材料	运输时，要采取遮盖措施，防止沿途遗撒、扬尘。卸运时，应采取相应措施，以减少扬尘
6	车辆不带泥沙出施工现场的措施	可在大门口铺一段石子，定期过筛清理；做一段水沟冲刷车轮；人工拍土，清扫车轮、车帮；挖土装车不超装；车辆行驶不猛拐，不急刹车，防止撒土；卸土后注意关好车厢门；场区和场外安排人员清扫洒水，基本做到不撒土、不扬尘，减少对周围环境的污染

（续表）

序号	项目	防止措施
7	设有符合规定的装置	除此之外，禁止在施工现场焚烧油毡、橡胶、塑料、皮革、树叶、枯草、各种包装等，以及其他会产生有毒、有害烟尘和恶臭气体的物质
8	机动车	都要安装 PCA 阀，对那些尾气排放超标的车辆要安装净化消声器，确保不冒黑烟
9	工地茶炉、大灶、锅炉	尽量采用消烟除尘型茶炉、锅炉和消烟节能回风灶，烟尘降至所允许排放的范围
10	工地搅拌站除尘	有条件的要修建集中搅拌站，由计算机控制进料、搅拌、输送全过程，在进料仓上方安装除尘器，可使水泥、砂、石中的粉尘降低 99% 以上。采用现代化先进设备是解决工地粉尘污染的根本途径
11	工地采用普通搅拌站时	应先将搅拌站封闭严密，尽量不使粉尘外泄、扬尘污染环境，并在搅拌机拌筒出料口安装活动胶皮罩，通过高压静电除尘器或旋风滤尘器等除尘装置将风尘分开净化，达到除尘目的。最简单易行的是将搅拌站封闭后，在拌筒的出料口上方和地上料斗侧面装几组喷雾器喷头，利用水雾除尘
12	拆除旧有建筑物	应适当洒水，防止扬尘

（二）防止水污染的措施

防止水污染的措施主要有以下几方面。

（1）禁止将有毒、有害废弃物作土方回填。

（2）施工现场搅拌站废水、现制水磨石的污水、电石（碳化钙）的污水须经沉淀池沉淀后再排入城市污水管道或河流。最好采取措施将沉淀水回收利用，然后用于工地洒水降尘。上述污水未经处理不得直接排入城市污水管道或河流中。

（3）现场存放油料必须对库房地面进行防渗处理，如采用防渗混凝土地面、铺油毡等。使用时要采取措施，防止油料跑、冒、滴、漏，污染水体。

（4）施工现场 100 人以上的临时食堂污染排放时可设置简易有效的隔油池，定期掏油和杂物，防止污染。

（5）工地临时厕所、化粪池应采取防渗漏措施。中心城市施工现场的临时厕所可采取水冲式厕所、蹲坑上加盖，并有防蝇、灭蝇措施，防止污染水体和环境。

（6）化学药品、外加剂等要妥善保管，库内存放，防止污染环境。

（三）防止噪声污染的措施

防止噪声污染的措施主要有以下几方面。

（1）严格控制人为噪声，进入施工现场不得高声喊叫、无故甩打模板、乱吹哨，限制高音喇叭的使用，最大限度地减少噪声扰民。

（2）尽量选用低噪声设备和加工工艺代替高噪声设备与加工工艺，如低噪声振捣器、风机、电动空压机、电锯等。

（3）凡在人口稠密区进行强噪声作业时，须严格控制作业时间，一般晚 10 点到次日早 6 点之间停止强噪声作业。确系特殊情况必须昼夜施工时，尽量采取降低噪声措施，并会同建设单位与当地居委会、村委会或当地居民协调，发出安民告示，取得群众谅解。

（4）在声源处安装消声器消声，即在通风机、鼓风机、压缩机、燃气轮机、内燃机及各类排气放空装置等进出风管的适当位置设置消声器。常用的消声器有阻性消声器、抗性消声器、阻抗复合消声器、穿微孔板消声器等。具体选用哪种消声器，应根据所需消声量、噪声源频率特性和消声器的声学性能及空气动力特性等因素而定。

（5）采取吸声、隔声、隔振和阻尼等声学处理的方法来降低噪声。

第五节 工程项目现场安保管理与文明施工

一、工程项目现场保卫工作的内容

工程项目现场保卫工作对现场的安全及工程质量、成品保护有着重要的意义，必须予以充分的重视。一般工程项目现场的保卫工作应由项目总承包单位负责或委托给施工总承包单位负责。项目现场保卫工作的重要性，要求工程项目现场必须设立门卫，根据需要设置警卫，负责施工现场安全保卫工作，并采取必要的措施。主要管理人员应在工程项目现场佩戴证明其身份的标志，严格进行现场人员的进出管理。工程项目现场保卫工作的内容如下。

（1）建立完整可行的保卫制度，包括领导分工、管理机构、管理程序和要求、防范措施等。组建一支精干负责、有快速反应能力的警卫人员队伍，并与当地公安机关取得联系，求得支持。当前不少单位组建了经济民警队伍，是一种比较好的形式。

（2）项目现场应设立围墙、大门和标牌（特殊工程及有保密要求的除外），防止与施工无关的人员随意进出现场。围墙、大门、标牌的设立应符合政府主管部门的有关规定。

（3）严格门卫管理。管理单位应发给现场施工人员专门的出入证件，凭证件出入现场。大型重要工程根据需要可实行分区管理，即根据工程进度，将整个施工现场划分为若干区域，分设出入口，每个区域使用不同的出入证件。对出入证件的发放管理要严肃认真，并应定期更换。

（4）一般情况下项目现场谢绝参观，不接待会客。对临时来到现场的外单位人员、车辆等要做好登记工作。

二、现场文明施工

文明施工是指保证工程项目施工场地整洁、卫生，施工组织科学，施工程序合理的一种施工活动。实现文明施工，不仅要着重做好现场的场容管理工作，而且还要相应地做好现场材料、机械、安全、技术、保卫、消防和生活卫生等方面的管理工作。

（一）文明施工的工作内容

（1）进行现场文化建设。

（2）规范场容，保持作业环境整洁、卫生。

（3）创造有序生产的条件。

（4）减少对居民和环境的不利影响。

（二）文明施工的基本要求

（1）工地主要入口要设置简朴、规整的大门，门旁必须设立明显的标牌，标明工程名称、施工单位和工程负责人姓名等内容。

（2）施工现场建立文明施工责任制，划分区域，明确管理负责人，实行挂牌制，做到现场清洁整齐。

（3）场地平整，道路坚实畅通，有排水措施，基础、地下管道施工完后要及时回填平整，清除积土。

（4）现场施工临时水电要有专人管理，不得有长流水、长明灯。

（5）施工现场的临时设施包括生产、办公和生活用房、仓库、料场、临时上下水管道以及照明、动力线路，要严格按施工组织设计确定的施工平面图布置、搭设或埋设整齐。

（6）工人操作地点和周围必须清洁整齐，做到活完脚下清、工完场地清，丢撒在楼梯、楼板上的砂浆混凝土要及时清除，落地灰要回收过筛后使用。

（7）砂浆、混凝土在搅拌、运输、使用过程中要做到不洒、不漏、不剩，使用地点盛放砂浆、混凝土必须有容器或垫板，如有撒、漏要及时清理。

（8）成品要有严格的成品保护措施，严禁损坏污染成品，堵塞管道。高层建筑要设置临时便桶，严禁在建筑物内大小便。

（9）建筑物内清除的垃圾渣土要通过临时搭设的竖井或利用电梯井或采取其他措施稳妥下卸，严禁从门、窗口向外抛掷。

（10）施工现场不准乱堆垃圾及杂物，应在适当地点设置临时堆放点，并定期外运。清运渣土垃圾及流体物品，要采取遮盖防漏措施，运送途中不得遗撒。

（11）针对施工现场情况设置宣传标语和黑板报，并适时更换内容，切实起到表扬先进、促进后进的作用。

（12）施工现场人员应严禁居住家属，严禁居民、家属、小孩在施工现场穿行、玩耍。

（13）现场使用的机械设备要按平面布置规划固定点存放，遵守机械安全规程，经常保持机身及周围环境清洁，机械的标记、编号明显，安全装置可靠。

（14）清洗机械排出的污水要有排放措施处理，不得随地流淌。

（15）在用的搅拌机、砂浆机旁边必须设有沉淀池，不得将浆水直接排入下水道及河流等处。

（16）塔式起重机轨道应按规定铺设整齐稳固，塔边要封闭，道碴不外溢，路基内外排水畅通。

(17) 施工现场应建立不扰民措施，针对施工特点设置防尘和防噪声设施，夜间施工必须经当地主管部门批准。

本 章 小 结

本章主要讲述了工程项目安全管理的基本知识、工程项目安全生产检查、工程项目安全事故的预防与处理、工程项目现场环境管理、工程项目现场安保管理与文明施工。通过本章的学习，读者可以掌握工程项目安全生产管理策划，工程项目安全生产管理体系的建立，工程项目安全生产管理方针、制度、组织结构，工程项目安全生产责任制，工程项目安全生产技术措施，工程项目安全生产教育；熟悉工程项目安全检查的形式，工程项目安全检查评分方法及评定等级，工程项目安全生产检查制度；了解伤亡事故的等级、事故预防措施、事故的处理方法以及现场急救；了解工程项目环境管理体系的运行模式，工程项目环境管理的程序，工程项目现场环境保护的基本要求，工程项目现场布置的要求；熟知工程项目现场环境保护的措施；了解工程项目现场保卫工作的内容、现场文明施工。

习 题 六

一、填空题

1. 工程项目安全生产管理组织机构主要有________、________、________和________。
2. 工程项目安全检查分为________、________、________、________和________。
3. 工程项目安全生产责任主要包括________、________、________和________。
4. 工程项目安全生产教育的主要内容包括________、________和________。
5. 工程项目的环境管理应遵循________、________、________和________。

二、简答题

1. 什么是安全？什么是工程项目安全生产？
2. 什么是安全生产法规？什么是安全技术规范？
3. 事故预防措施有哪些？
4. 简述工程项目现场布置的要求。
5. 工程项目现场环境保护的基本要求有哪些？

第七章

工程项目合同管理

本章导读

工程项目施工过程是承包合同的实施过程。要使合同顺利实施，合同双方必须共同完成各自的合同责任。在这一阶段承包商的根本任务要由项目部来完成，即项目部要按合同圆满地施工。本章主要介绍工程项目施工合同、工程项目变更的合同管理、工程项目合同争议的处理等内容。

学习目标

- 了解合同管理的任务、内容及特点。
- 掌握工程项目施工合同的种类及特征。
- 掌握工程变更的程序及管理。
- 熟练掌握合同争议的处理。
- 熟练掌握索赔的分类及依据。
- 熟练掌握费用索赔的计算方法。

素质目标

- 培养学生爱国情怀，树立法治观念，深化对法治理念、法治原则的认知。
- 引导学生对工程合同管理的法律意识，加强与人协调沟通的能力，预防发生合同风险，营造和谐的谈判气氛。

本章结构图

- 第七章　工程项目合同管理
  - 第一节　合同管理概述
    - 一、合同管理的任务
    - 二、合同管理的内容
    - 三、合同管理的特点
    - 四、工程承包合同管理
    - 五、承包合同各方的合同管理
  - 第二节　工程项目施工合同
    - 一、工程项目施工合同的构成
    - 二、工程项目篱工合同的种类
    - 三、工程项目施工合同的特征
    - 四、《标准施工招标文件》的应用
    - 五、合同条款的作用
  - 第三节　工程项目变更的合同管理
    - 一、工程项目合同变更的原因
    - 二、工程项目合同变更对合同实施的影响
    - 三、工程项目变更的程序
    - 四、工程变更的管理
  - 第四节　工程项目合同争议的处理
    - 一、和解
    - 二、调解
    - 三、仲裁
    - 四、诉讼
  - 第五节　工程项目合同的索赔
    - 一、工程项目索赔的原因
    - 二、工程项目索赔的分类
    - 三、工程项目索赔的依据
    - 四、工程项目索赔的处理程序
    - 五、工程项目索赔的计算

第一节　合同管理概述

一个不利的合同，如条款苛刻、权利和义务不平衡、风险大，确定了承包商在合同实施中的不利地位和败势。这使得合同实施和合同管理很为艰难。但通过有力的合同管理可以减轻损失或避免更大的损失。一个有利的合同，如果在合同实施过程中管理不善，同样也不会有好的工程经济效益。

一、合同管理的任务

项目经理和企业法定代表人签订项目管理目标责任书后，项目经理部合同工程师、合同管理员向各工程小组负责人和分包商人员学习和分析合同，进行合同交底。项目经理部

着手进行施工准备工作。现场的施工准备一经开始，合同管理的工作重点就转移到施工现场，直到工程全部结束。

在工程施工阶段合同管理的基本目标是，全面地完成合同责任，按合同规定的工期、质量、造价要求完成工程。在整个工程施工过程中，合同管理的主要任务如下。

（1）签订好分包合同、各类物资的供应合同及劳务分包合同。保证项目顺利实施。

（2）给项目经理和项目管理职能人员、各工程小组、所属的分包商在合同关系上予以帮助，工作上进行指导，如经常性地解释合同，对来往信件、会谈纪要等进行合同法律审查。

（3）对工程实施进行有力的合同控制，保证项目部正确履行合同，保证整个工程按合同、按计划、有步骤、有秩序地施工，防止工程中的失控现象。

（4）及时预见和防止合同问题，以及由此引起的各种责任，防止合同争执和避免合同争执造成的损失。对因干扰事件造成的损失进行索赔，同时又应使承包商免于对干扰事件和合同争执的责任，处于不能被索赔的地位（即反索赔）。

（5）向各级管理人员和向业主提供工程合同实施的情况报告，提供用于决策的资料、建议和意见。

在施工阶段合同管理的内容比较广泛但重点应放在承包商与业主签订的工程承包合同上，它是合同管理的核心。

二、合同管理的内容

（1）建立合同实施的保证体系，以保证合同实施过程中的一切日常事务性工作有秩序地进行，使工程项目的全部合同事件处于控制中，保证合同目标的实现。

（2）监督工程小组和分包商按合同施工，并做好各分合同的协调和管理工作。以积极合作的态度完成自己的合同责任，努力做好自我监督。同时，也应督促和协助业主和工程师完成他们的合同责任，以保证工程顺利进行。许多工程实践证明，合同所规定的权力，只有靠自己努力争取才能保证其行使，防止被侵犯。如果承包商自己放弃这个努力，虽然合同有规定，但也不能避免损失。例如承包商合同权益受到侵犯，按合同规定业主应该赔偿，但如果承包商不提出要求（如不会索赔，不敢索赔，超过索赔有效期，没有书面证据等），则承包商权力得不到保护，索赔无效。

（3）对合同实施情况进行跟踪。收集合同实施的信息，收集各种工程资料，并做出相应的信息处理；将合同实施情况与合同分析资料进行对比分析，找出其中的偏离，对合同履行情况做出诊断；向项目经理提出合同实施方面的意见、建议，甚至警告。

（4）进行合同变更管理。这里主要包括参与变更谈判，对合同变更进行事务性处理，落实变更措施，修改变更相关的资料，检查变更措施落实情况。

（5）日常的索赔和反索赔。这里包括两个方面：①与业主之间的索赔和反索赔；②与分包商及其他方面之间的索赔和反索赔。

三、合同管理的特点

（1）合同管理期限长。由于工程承包活动是一个渐进的过程，工程施工工期长，这使得承包合同生命期长。它不仅包括施工期，而且包括招标投标和合同谈判以及保修期，所以一般至少两年，长的可达五年或更长的时间。合同管理必须在从领取标书直到合同完成并失效这么长的时间内连续地、不间断地进行。

(2) 合同管理的效益性。由于工程价值量大，合同价格高，使合同管理的经济效益显著。合同管理对工程经济效益影响很大。合同管理得好，可使承包商避免亏本，盈得利润，否则，承包商要蒙受较大的经济损失。这已为许多工程实践所证明。对于正常的工程，合同管理成功和失误对工程经济效益产生的影响之差能达工程造价的10%。合同管理中稍有失误即会导致工程亏本。

(3) 合同管理的动态性。由于工程过程中内外的干扰事件多，合同变更频繁。常常一个稍大的工程，合同实施中的变更能有几百项。合同实施必须按变化了的情况不断地调整，因此，在合同实施过程中，合同控制和合同变更管理显得极为重要，这要求合同管理必须是动态的。

(4) 合同管理的复杂性。合同管理工作极为复杂、繁琐，是高度准确和精细的管理。其原因如下。

① 现代工程体积庞大，结构复杂，技术标准、质量标准高，要求相应的合同实施的技术水平和管理水平高。

② 工程的参加单位和协作单位多，即使一个简单的工程就涉及业主、总包、分包、材料供应商、设备供应商、设计单位、监理单位、运输单位、保险公司、银行等十几家甚至几十家。各方面责任界限的划分，在时间上和空间上的衔接和协调极为重要，同时又极为复杂和困难。

③ 现代工程合同条件越来越复杂，这不仅表现在合同条款多，所属的合同文件多，而且与主合同相关的其他合同多。如在工程承包合同范围内可能有许多分包、供应、劳务、租赁、保险合同。它们之间存在极为复杂的关系，形成一个严密的合同网络。

④ 合同实施过程复杂，从购买标书到合同结束必须经历许多过程。签约前要完成许多手续和工作；签约后进行工程实施，有许多次落实任务、检查工作、会签、验收。要完整地履行一个承包合同，必须完成几百个甚至几千个相关的合同事件，从局部完成到全部完成。在整个过程中，稍有疏忽就会导致前功尽弃，造成经济损失。所以必须保证合同在工程的全过程和每一个环节上都顺利实施。

⑤ 在工程施工过程中，大量的合同相关文件、各种工程资料在合同管理中必须取得、处理、使用、保存这些文件和资料。

(5) 合同管理的风险性。由于工程实施时间长，涉及面广，受外界环境的影响大，如经济条件、社会条件、法律和自然条件的变化等。这些因素承包商难以预测，不能控制，但都会妨碍合同的正常实施，造成经济损失。

合同本身常常隐藏着许多难以预测的风险。由于建筑市场竞争激烈，不仅导致报价降低，而且业主常常提出一些苛刻的合同条款，如单方面约束性条款和责权利不平衡条款等。

(6) 合同管理的特殊性。合同管理作为工程项目管理一项管理职能，有它自己的职责和任务。但合同管理又有以下的特殊性。

① 由于它对项目的进度控制、质量管理、成本管理有总控制和总协调作用，所以它又是综合性的全面的高层次的管理工作。

② 合同管理要处理与业主，与其他方面的经济关系，所以合同管理又必须服从企业经营管理，服从企业战略，特别在投标报价、合同谈判、合同执行战略的制定和处理索赔问题时，更要注意这个问题。

四、工程承包合同管理

工程承包合同管理指工程承包合同双方当事人在合同实施过程中自觉地、认真严格地遵守所签订的合同的各项规定和要求，按照履行各自的义务、维护各自的权利，发扬协作精神，处理好伙伴关系，做好各项管理工作，使项目目标得到完整的体现。

虽然工程承包合同是业主和承包商双方的一个协议，包括若干合同文件，但合同管理的深层涵义，应该引伸到合同协议签订之前，从下面三个方面来理解合同管理，才能做好合同管理工作。

（1）做好合同签订前的各项准备工作。虽然合同尚未签订，但合同签订前各方的准备工作，对做好合同管理至关重要。业主一方的准备工作包括合同文件草案的准备、各项招标工作的准备，做好评标工作，特别是要做好合同签订前的谈判和合同文稿的最终定稿。

合同中既要体现出在商务上和技术上的要求，有严谨明确的项目实施程序，又要明确合同双方的义务和权利。对风险的管理要按照合理分担的精神体现到合同条件中去。

业主方的另一个重要准备工作即是选择好监理工程师。最好能提前选定监理单位，以使监理工程师能够参与合同的制定、谈判、签约等过程，依据他们的经验，提出合理化建议，使合同的各项规定更为完善。

承包商一方在合同签订前的准备工作主要是制定投标战略，作好市场调研，在买到招标文件之后，要认真细心地分析研究招标文件，以便比较好地理解业主方的招标要求。在此基础上，一方面可以对招标文件中不完善以至错误之处向业主方提出建议，另一方面也必须做好风险分析，对招标文件中不合理的规定提出自己的建议，并力争在合同谈判中对这些规定进行适当的修改。

（2）加强合同实施阶段的合同管理。这一阶段是实现合同内容的重要阶段，也是一个相当长的时期。在这个阶段中合同管理的具体内容十分丰富，而合同管理的好坏直接影响到合同双方的经济利益。

（3）提倡协作精神。合同实施过程中应该提倡项目中各方的协作精神，共同实现合同的既定目标。在合同条件中，合同双方的权利和义务有时表现为相互间存在矛盾，相互制约的关系，但实际上，实现合同标的必然是一个相互协作解决矛盾的过程，在这个过程中工程师起着十分重要的协调作用。一个成功的项目，必定是业主、承包商以及工程师按照一种项目伙伴关系，以协作的团队精神来共同努力完成项目。

五、承包各方的合同管理

承包各方的合同管理包括业主对合同的管理、承包商的合同管理和监理工程师的合同管理。

（一）业主对合同的管理

业主对合同的管理主要体现在施工合同的前期策划和合同签订后的监督方面。业主要为承包商的合同实施提供必要的条件；向工地派驻具备相应资质的代表，或者聘请监理单位及具备相应资质的人员负责监督承包商履行合同。

（二）承包商的合同管理

承包商的合同管理是最细致、最复杂，也是最困难的合同管理工作。

在市场经济中，承包商的总体目标是，通过工程承包获得盈利。这个目标必须通过两步来实现。

（1）通过投标竞争，战胜竞争对手，承接工程，并签订一个有利的合同。

（2）在合同规定的工期和预算成本范围内完成合同规定的工程施工和保修责任，全面正确地履行自己的合同义务，争取盈利。同时，通过双方圆满的合作，工程顺利实施，承包商赢得了信誉，为将来在新的项目上的合作和扩展业务奠定基础。

这要求承包商在合同生命期的每个阶段都必须有详细的计划和有力的控制，以减少失误，减少双方的争执，减少延误和不可预见费用支出。这一切都必须通过合同管理来实现。

承包合同是承包商在工程中的最高行为准则。承包商在工程施工过程中的一切活动都是为了履行合同责任。所以，广义地说，承包工程项目的实施和管理全部工作都可以纳入合同管理的范围。合同管理贯穿于工程实施的全过程和工程实施的各个方面。在市场经济环境中，施工企业管理和工程项目管理必须以合同管理为核心。这是提高管理水平和经济效益的关键。

但从管理的角度出发，合同管理仅被看作项目管理的一个职能，它主要包括项目管理中所有涉及到合同的服务性工作。其目的是，保证承包商全面地、正确地、有秩序地完成合同规定的责任和任务，它是承包工程项目管理的核心和灵魂。

（三）监理工程师的合同管理

业主和承包商是合同的双方，监理单位受业主雇佣为其监理工程，进行合同管理。负责进行工程的进度控制、质量控制、投资控制以及做好协调工作。监理单位是业主和承包商合同之外的第三方，是独立的法人单位。

监理工程师对合同的监督管理与承包商在实施工程时的管理的方法和要求都不一样。承包商是工程的具体实施者，需要制定详细的施工进度和施工方法，研究人力、机械的配合和调度，安排各个部位施工的先后次序以及按照合同要求进行质量管理，以保证高速优质地完成工程。监理工程师则不去具体地安排施工和研究如何保证质量的具体措施，而是宏观上控制施工进度，按承包商在开工时提交的施工进度计划以及月计划、周计划进行检查督促，对施工质量则是按照合同中技术规范，图纸内的要求去进行检查验收。监理工程师可以向承包商提出建议，但并不对如何保证质量负责，监理工程师提出的建议是否采纳，由承包商自己决定，因为承包商要对工程质量和进度负责。对于成本问题，承包商要精心研究如何去降低成本，提高利润率，而监理工程师主要是按照合同规定，特别是工程量表的规定，严格为业主把住支付这一关，并且防止承包商的不合理的索赔要求，监理工程师的具体职责是在合同条件中规定的，如果业主要对监理工程师的某些职权做出限制，应在合同专用条件中做出明确规定。

第二节 工程项目施工合同

工程项目施工合同是发包人与承包人之间为完成商定的建设工程项目，确定双方权利和义务的协议。依据施工合同，承包人应完成一定的建筑、安装工程任务，发包人应提供必要的施工条件并支付工程价款。

工程项目施工合同是建设工程合同的一种，与其他建设工程合同一样是一种双务合同，在订立时也应遵守自愿、公平、诚实信用等原则。

一、工程项目施工合同的构成

工程项目施工合同由通用合同条款、专用合同条款、合同附件格式三部分构成。

（1）通用合同条款，是根据《合同法》《建筑法》《建设工程施工合同管理办法》等法律、法规对承发包双方的权利义务做出的约定，除双方协商一致对其中的某些条款作了修改、补充或删除外，双方都必须履行。将建设工程施工合同中共性的一些内容选用更合适的词编写的一份完整的合同文件。通用合同条款具有很强的通用性，基本适用于各类建设工程。

通用合同条款将建设工程施工合同中共性的一些内容抽象出来编写的一份完整的合同文件，由 24 个部分内容组成：一般约定；发包人义务；监理人；承包人；材料和工程设备；施工设备和临时设施；交通运输；测量放线施工安全、治安保卫和环境保护；进度计划；开工和竣工；暂停施工；工程质量；试验和检验；变更；价格调整；计量与支付；竣工验收；缺陷责任与保修责任；保险；不可抗力；违约；索赔；争议的解决。

（2）专用合同条款，主要是对通用合同条款所做的必要修改和补充，其条款项目与通用合同条款相一致，但主要是空格，由当事人根据工程的具体情况予以明确或者对通用合同条款进行修改、补充。与通用合同条款相比，专用合同条款具有以下特点：①专用合同条款是谈判的依据。②专用合同条款与通用合同条款相对应。③专用合同条款的具体内容由发包人与承包人协商后将工程的具体要求填写在合同文本中。④专用合同条款的解释优于通用合同条款。

（3）工程项目施工合同附件格式，是对施工合同当事人的权利义务的进一步明确，并且使得施工合同当事人的有关工作一目了然，便于执行和管理。工程项目施工合同的主要文件包括以下几个。

①合同协议书。

②中标通知书。

③投标函及投标函附录。

④专用合同条款。

⑤通用合同条款。

⑥技术标准和要求。

⑦图纸。

⑧已标价工程量清单。

⑨其他合同文件。

双方有关工程的洽商、变更等书面协议或文件视为施工合同的组成部分。

上述合同文件应能够互相解释、互相说明。当合同文件中出现不一致时，上面的顺序就是合同的优先解释顺序。当合同文件出现含糊不清或者当事人有不同理解时，按照合同争议的解决方式处理。

二、工程项目施工合同的种类

工程项目施工合同按照合同计价方式和风险分担情况划分，有以下四种类型。

（一）固定总价合同

合同的工程数量、单价及合同总价固定不变，由承包人包干，除非发生合同内容范围和工程设计变更及约定外的风险。这种合同计价方式一般适用于工程规模较小、技术比较简单、工期较短，且核定合同价格时已经具备完整、详细的工程设计文件和必需的施工技术管理条件的工程项目。工程承包人承担了大部分风险。

（二）固定单价合同

合同的各分项工程数量是估计值，合同履行中，将根据实际发生的工程数量计算调整，而各分项工程的单价是固定的。除非发生工程内容范围、数量的大量变更或约定以外的风险，才可以调整工程单价。这种合同计价方式一般适用于核定合同价格时，工程数量难以确定的工程建设项目，工程承包人承担了工程单价风险，工程招标人承担了工程数量的风险。单价合同的极端形式是招标人不提供任何分项工程数量，工程承包双方约定各分项工程单价，故又称为纯单价合同，这种合同计价方式容易发生争议。

（三）成本加酬金合同

成本加酬金合同也称成本补偿合同。合同价格中工程成本按照实际发生额确定支付，承包人的酬金可以按照合同双方约定的工程管理服务费、利润的固定额计算，或按照工程成本、质量、进度的控制结果挂钩奖惩的浮动比例计算。这种合同计价方式一般适用于核定合同价格时，工程内容、范围、数量不清楚或难以界定的工程建设项目。

（四）可调价格合同

可调价格合同又可以分为可调总价合同（工程数量是固定的）和可调单价合同（工

程数量是预估可调整的）。两种合同的总价和各分项工程的单价可以按照合同约定的内容范围、条件、方法、因素和依据进行调整。其中，工程的人工、材料、机械等因素的价格变化可以约定依据物价部门或工程造价管理部门公布的价格或指数调整。这种合同计价方式一般适用于工程规模较大、技术比较复杂、建设工期较长，且核定合同价格时缺乏充分的工程设计文件和必需的施工技术管理条件的工程建设项目，或者因为工程项目建设工期较长，人工、材料、机械等要素的市场价格可能发生较大变化，合同双方为合理分担风险而需要调整合同总价或合同单价的工程建设项目。

三、工程项目施工合同的特征

工程项目施工合同的特征主要有以下四种。

（一）工程项目合同主体的严格性

工程项目的主体一般只能是法人，发包人、承包人必须具备一定的资格，才能成为工程项目合同的合法当事人，否则，工程项目合同可能因主体不合格而导致无效。发包人对需要建设的工程，应经过计划管理部门审批，落实投资计划，并且应当具备相应的协调能力。承包人是有资格从事工程建设的企业，而且应当具备相应的勘察、设计、施工等资质，没有资格证书的，一律不得擅自从事工程勘察、设计业务；资质等级低的，不能越级承包工程。

（二）工程项目合同履行的长期性

工程项目由于结构复杂、体积大、建筑材料类型多、工作量大，使得合同履行期限都较长。而且，建设工程合同的订立和履行一般都需要较长的准备期，在合同的履行过程中，还可能因为不可抗力、工程变更、材料供应不及时等原因而导致合同期限顺延。所有这些情况，决定了工程项目合同的履行期限具有长期性。

（三）工程项目的形式和程序的严格性

一般合同当事人就合同条款达成一致，合同即告成立。不必一律采用书面形式。工程项目合同履行期限长，工作环节多，涉及面广，应当采取书面形式，双方权利、义务应通过书面合同形式予以确定。此外由于工程项目建设对于国家经济发展、公民工作生活有重大影响，国家对建设工程的投资和程序有严格的管理程序，工程项目合同的订立和履行也必须遵守国家关于基本建设程序的规定。

（四）工程项目合同标的物特殊性

工程项目合同的标的物是各类工程产品，工程项目产品是不动产，与地基相连，不能移动，所以这就决定了每项工程合同的标的物都是特殊的，相互间不同并且不可替代。另外，工程项目产品的类别庞杂，其外观、结构、使用目的、使用人都各不相同，这就要求每一个工程项目产品都需单独设计和工程项目产品单体性生产也决定了工程项目程合同标的物的特殊性。

四、《标准施工招标文件》的应用

《标准施工招标文件》合同条款的应用主要有以下三个方面。

（一）工程价款控制条款

（1）变更的内容范围。这里所指的变更是工程变更而不是合同条款变更。由于施工条件和发包人要求变化等原因，往往会发生合同约定的工程材料性质和品种、建筑物结构形式、施工工艺和方法，以及施工工期等的变动，必须变更才能维护合同公平。通用合同条款规定了五种常见的变更情形：取消合同中任何一项工作，但被取消的工作不能转由发包人或其他人实施；改变合同中任何一项工作的质量或其他特性；改变合同工程的基线、标高、位置或尺寸；改变合同中任何一项工作的施工时间或改变已批准的施工工艺或顺序；为完成工程需要追加的额外工作。

上述变更情形对各建设行业均具有通用性，为维护合同的公平和保证合同的顺利履行，专用合同条款不宜删除此五种情形中的任何一项，但可以根据各行业的具体情况，补充增加其他变更情形。

（2）变更权和变更程序。通用合同条款规定了由监理单位根据变更程序向承包人发出变更指示，并约定了提出变更的三种情形：①监理单位认为可能要发生变更的情形；②监理单位认为肯定要发生变更的情形；③承包人认为可能要发生变更的情形。对于监理单位认为可能要发生变更的，监理单位可向承包人发出变更意向书，在发包人同意承包人根据变更意向书要求提交的变更实施方案的，由监理单位发出变更指示。

对于监理单位认为肯定要发生变更的，由监理单位向承包人发出变更指示。对于承包人认为可能发生变更的，承包人可向监理单位提出书面变更建议，监理单位确认存在变更的，应做出变更指示。承包人收到变更指示或变更意向书后，应向监理单位提交变更报价书，监理单位应根据合同约定的估价原则，由总监理工程师与合同双方共同商订确定变更价格。该通用合同条款应被熟练掌握。

（3）变更的估价原则。除专用合同条款另有约定外，因变更引起的价格调整的估价原则：已标价工程量清单中有适用于变更工作的子目的，采用该子目的单价；已标价工程量清单中无适用于变更工作的子目的，但有类似子目的，可在合理范围内参照类似子目的单价，由总监理工程师与合同双方共同商定或确定变更工作的单价；已标价工程量清单中无适用或类似子目的单价，可按照成本加利润的原则，由总监理工程师与合同双方共同商定或确定变更工作的单价。

专用合同条款应根据项目的具体情况和特点约定变更的估价原则，特别是对已标价工程量清单中无适用于变更工作的子目的情况，确定单价的难度比较大，应采取合适的方式确定变更工作的单价。例如可采用由承包人或发包人提出适当的变更价格进行商议，或综合考虑在承包人投标时提供的单价分析表的基础上确定价格等；如果取消某项工作，则该项工作的价款不予支付；如果变更指示是因承包人过错、承包人违反合同或承包人责任造成的，承包人应承担这种违约引起的任何额外费用。

（4）物价波动引起的价格调整。上述条款规定了两种价格调整方式，由招标人选择使用。一种是采用价格指数调整价格差额，另一种是采用造价信息调整价格差额。通用合同条款中规定因人工、材料和设备等价格波动影响合同价格时，应根据投标函附录中的价格指数和权重表约定的数据，按式（7-1）计算差额并调整合同价格。

$$\Delta P = P_0\left[A + \left(B_1 \times \frac{F_{t1}}{F_{01}} + B_2 \times \frac{F_{t2}}{F_{02}} + B_3 \times \frac{F_{t3}}{F_{03}} + \cdots + B_n \times \frac{F_{tn}}{F_{0n}}\right) - 1\right] \qquad (7\text{-}1)$$

式中，ΔP——需调整的价格差额；

P_0——通用合同条款第 17. 3. 3 项、第 17. 5. 2 项和第 17. 6. 2 项约定的付款证书中承包人应得到的已完成工程量的金额（此项金额应不包括价格调整、不计质量保证金的扣留和支付、预付款的支付和扣回。第 15 条约定的变更及其他金额已按现行价格计价的也不计在内。）；

A——定值权重（即不调部分的权重）；

B_1、B2、$B_3 \cdots B_n$——各可调因子的变值权重（即可调部分的权重）为各可调因子在投标函投标总报价中所占的比例；

F_{t1}、F_{t2}、$F_{t3} \cdots F_{tn}$——各可调因子的现行价格指数，指第 17. 3. 3 项、第 17. 5. 2 项和第 17. 6. 2 项约定的付款证书相关周期最后一天的前 42 天的各可调因子的价格指数；

F_{01}、F_{02}、$F_{03} \cdots F_{0n}$——各可调因子的基本价格指数，指基准日期的各可调因子的价格指数。

专用合同条款首先应该约定是否进行价格调整。若合同约定采用固定价承包的或工期较短的，可约定承包人在投标时应充分考虑到合同在执行期间（包括工期拖延期间）人工、材料和设备价格的上涨而引起工程施工成本增加的风险，合同价格不会因此而调整。若合同约定采用可调价格合同的，专用合同条款应约定价格调整的方法。价格指数可首先采用国家或省、自治区、直辖市价格部门或统计部门提供的价格指数，缺乏上述价格指数时，可采用上述部门提供的价格代替。由招标人预先约定采用价格调整指数，能够更好地保证投标价格的可比性。价格调整公式中的变值权重，由发包人根据项目实际情况测算确定范围，并在投标函附录价格指数和权重表中约定范围，承包人应在投标时在此范围内填写可调因子的权重，合同实施期间将按此权重进行调价。

通用合同条款对采用价格信息调整价格差额的方法仅提出了粗略的原则，如果需要采用这种方法，应在专用合同条款中提出详细的调价公式、材料价格信息来源、调价周期、需要进行价格调整的材料种类等。

（5）法律变化引起的价格调整（通用合同条款第 16. 2 款）。规定在基准日后，因法律变化导致承包人在合同履行中所需的工程费用发生除物价波动引起的价格调整以外的增减时，监理单位应根据法律，国家或省、自治区、直辖市有关部门的规定，由总监理工程师与合同当事人协商或确定需调整的合同价款。

（6）计量（通用合同条款第 17. 1 款）。规定了计量单位、计量方法、计量周期、单价子目的计量方法、总价子目的计量方法。

专用合同条款应根据招标项目的特点、合同的类型，约定单价子目的计量方法、总价子目的计量方法等。例如，对于总价子目的计量，计量支付的形式一般有：对于工期较短的项目，各个总价子目的价格按合同约定的计量周期平均；对于合同价值不大的项目，按照总价子目的价格占签约合同价的百分比，以及各个支付周期内所完成的单价子目的总价值，以固定百分比方式均摊支付；根据有合同约束力的进度计划、预先确定的里程碑形象进度节点（或者支付周期）、组成总价子目的价格要素的性质（与时间、方法和当期完成合同价值等的关联性），将总价子目的价格分解到各个形象进度节点（或者支付周期中），汇总形成支付分解表。实际支付时，由监理单位检查核实其实际形象进度，达到支付分解表的要求后，即可支付经批准的每阶段总价子目的支付金额。

（7）预付款。规定了预付款是发包人为解决承包人在施工准备阶段资金周转问题提供的协助，性质上属于借款。预付款的额度和预付办法在专用合同条款中约定。预付款必须专用于合同工程。除专用合同条款另有约定外，承包人应在收到预付款的同时向发包人提交预付款保函，预付款保函的担保金额应与预付款金额相同。保函的担保金额可根据预付款扣回的金额相应递减。预付款在进度付款中扣回，扣回办法在专用合同条款中约定。专用合同条款应约定预付款包括工程预付款和材料、设备预付款。

工程预付款只能专用于本合同工程。工程预付款的总金额、分期拨付次数、每次付款金额、付款时间以及预付款担保手续等应视工程规模、工期长短、工程类型和工程量清单中子目内容等具体情况，由发包人通过编制合同资金流计划，以及参考类似工程的经验估算确定，并在专用合同条款中约定。工程预付款在进度付款中扣回办法可根据不同行业或具体项目的工程量完成进度情况，在专用合同条款中进行约定。

材料、设备预付款的金额应按招标文件规定的主要材料、设备的单据费用的百分比支付。承包人不需提供材料、设备预付款保函，但需满足专用合同条款中规定的预付条件后发包人才能支付，如材料、设备符合规范要求并经监理单位认可；承包人已出具材料、设备费用凭证或支付单据；以及材料、设备已在现场交货，且存储良好，监理单位认为材料、设备的存储方法符合要求等。当材料、设备已用于或安装在永久工程之中时，材料、设备预付款应从进度付款证书中扣回，材料、设备预付款的扣回办法可根据不同行业或具体项目的工程量完成进度情况，在专用合同条款中进行约定。

（8）工程进度付款。规定了付款周期、进度付款申请单的内容、进度付款证书和支付时间以及如何对工程进度付款进行修正。

专用合同条款应约定承包人提交的进度付款申请单的份数以及进度付款申请单的内容，如付款次数或编号；截至本次付款周期末已实施工程的价款；变更金额；索赔金额；本次应支付的预付款和（或）应扣减的返还预付款；本次扣减的质量保证金；根据合同应增加和扣减的其他金额。

专用合同条款应约定发包人逾期支付进度款时违约金的计算及支付方法，发包人在承包人发出要求支付逾期付款违约金后 28 天内仍不支付的，承包人有权暂停施工。暂停施工 28 天内发包人仍不支付进度款，承包人有权解除合同，并提出索赔。涉及政府投资进度款支付的，应执行财政部国库集中支付的相关规定。发包人的约定应与财政部国库集中支付相关规定相衔接，并应同时满足合同支付要求。

(9) 质量保证金。质量保证金是用于承包人履行属于其自身责任的工程缺陷修补，为监理单位有效监督承包人圆满完成缺项修补工作提供资金保证。通用合同条款规定发包人应按专用合同条款的约定扣留质量保证金，直至扣留的质量保证金总额达到专用合同条款约定的金额或比例为止。质量保证金的计算额度不包括预付款的支付、扣回以及价格调整的金额。

专用合同条款应规定质量保证金的具体金额或占合同价格的比例，通常为合同价格的5%，并规定质量保证金的扣留方法，如在每次进度付款中按当期完成工程合同价值（不包括价格调整金额）的10%扣留，直至合同价格的5%。

(10) 竣工结算。工程接收证书颁发后，承包人应向监理单位提交竣工付款申请单。发包人和监理单位对承包人提交的竣工付款申请单有异议时，可要求承包人修改和补充；承包人对发包人签认的竣工付款证书有异议的，发包人可出具承包人已同意部分的临时付款证书，并支付相应金额，有争议部分可进一步协商或留待争议评审、仲裁或诉讼解决。

专用合同条款应约定承包人提交的付款申请单的份数和向监理单位提交申请单的期限以及竣工付款申请单的内容，如竣工结算合同总价、已支付的工程价款、应扣回的预付款、应扣留的质量保证金、应支付的竣工付款金额等。如果是政府投资的，应在专用合同条款中约定应遵守国库集中支付规定，并满足本合同竣工结算程序的要求。

(11) 最终结清。缺陷责任终止证书颁发后，承包人已完成全部承包工作，但合同的财务账目尚未结清，因此承包人应提交最终结清申请单，说明尚未结清的名目和金额，并附相关证明材料，监理单位核查提出发包人应付价款，报送发包人审核。若发包人审核时有异议，可与承包人协商，若达不成协议，采取与竣工结算相同的办法解决。最终结清时，如果发包人扣留的质量保证金不足以递减发包人损失的，按争议解决程序办理。

专用合同条款应约定承包人提交的最终结清申请单的份数和向监理单位提交申请单的期限。如果是政府投资的，应在专用合同条款中约定遵守国库集中支付规定，并满足本合同最终结清程序的要求。

（二）工程进度控制条款

(1) 合同进度计划。按期竣工是承包人的主要义务，也是监理单位进行工程监理的主要内容之一，因此通用合同条款中规定承包人应按专用合同条款约定的内容和期限，编制详细的施工进度计划和施工方案说明报送监理单位。监理单位应在专用合同条款约定的期限内批复或提出修改意见，否则该进度计划视为已得到批准。经监理单位批准的施工进度计划称合同进度计划，是控制合同工程进度的依据。承包人还应根据合同进度计划，编制更为详细的分阶段或分项进度计划，报监理单位审批。

专用合同条款应对施工进度计划和施工方案说明的内容进行约定，并约定承包人向监理单位报送施工进度计划和施工方案说明的期限和监理单位批复或提出修改意见的期限。合同进度计划应按照关键线路网络图和主要工作横道图两种形式分别编绘，并应包括每月预计完成的工作量和形象进度。值得注意的是，设计交底的安排也应当给予相应考虑。

(2) 合同进度计划的修订。不论何种原因造成工程的实际进度与承包人编制的合同进度计划不符时，承包人可以在专用合同条款约定的期限内向监理单位提交修订合同进度计划的申请报告，并附有关措施和相关资料，报监理单位审批；

监理单位也可以直接向承包人做出修订合同进度计划的指示，承包人应按该指示修订合同进度计划，报监理单位审批。监理单位应在专用合同条款约定的期限内批复。监理单位在批复前应获得发包人同意。

专用合同条款应约定承包人报送修订合同进度计划的时限和监理单位批复的时限，且应在专用合同条款中明确修订后的合同进度计划，仍应满足保证合同工程在合同约定的工期内完成。为了便于工程进度管理，专用合同条款中还可补充对承包人根据已同意的合同进度计划或其修订的计划，每年年底向监理单位提交下一年度的施工计划的规定。该年度施工计划应包括本年度估计完成的和下一年度预计完成的分项工程数量和工作量，以及为实施此计划将采取的措施。为了便于合同用款的管理，专用合同条款中还可补充要求承包人每季度向监理单位提交支付的详细季度合同用款计划。

（3）异常恶劣的气候条件。由于出现专用合同条款规定的异常恶劣气候的条件导致工期延误的，承包人有权要求发包人延长工期。

专用合同条款应进一步明确异常恶劣气候条件的具体范围。当出现异常恶劣的气候条件时，承包人有责任自行采取措施，避免和克服异常气候条件造成的损失，同时有权要求发包人延长工期。当发包人不同意延长工期时，承包人可要求发包人支付为抢工增加的费用，但不包括利润。

（4）承包人的工期延误。由于承包人原因，未能按合同进度计划完成工作，或监理单位认为承包人施工进度不能满足合同工期要求的，承包人应采取措施加快进度，并承担加快进度所增加的费用。由于承包人原因造成工期延误，承包人应支付逾期竣工违约金。逾期竣工违约金的计算方法在专用合同条款中约定。承包人支付逾期竣工违约金，不免除承包人完成工程及修补缺陷的义务。

专用合同条款可以补充监理单位判断承包人的工程进度过慢的方法，如除了发包人的工期延误之外，承包人的实际工程进度曲线在规定的安全区域下限之外时，监理单位有权认为合同工程的进度过慢，承包人应采取措施加快进度，并承担加快进度所增加的费用。专用条款中还可约定承包人虽然采取了措施但仍无法按期竣工时，监理单位可通知发包人对承包人发出书面警告，若承包人仍不纠正的，发包人还可终止对承包人的雇用，并可将本合同工程中的一部分工作交由其他承包人或特殊分包人完成。在不解除本合同规定的承包人责任和义务的同时，承包人应承担因此所增加的一切费用。

对于承包人的原因造成的工期延误，即使采取了赶工措施，但仍不能按合同规定的完工日期完工时，承包人还应支付逾期竣工违约金。具体数额可根据各行业具体情况，在专用合同条款中另行约定逾期竣工违约金的计算方法和累计限额等。对于专用合同条款约定逾期竣工违约金按比例支付的，还应规定如果在合同工程完工之前，已对合同工程内按时完工的单位工程签发了工程接收证书，则合同工程的逾期竣工违约金，应按已签发工程接收证书的单位工程的价值占合同工程价值的比例予以减少，但本规定不应影响逾期竣工违约金的规定限额。

（三）工程质量控制条款

工程质量的优劣将决定和影响工程建设项目的正常使用，甚至使工程投资项目效益不能发挥，投资不能按计划回收。工程质量控制包括招标人自己或委托监理单位按照合同管理工程质量，按规范、规程，检验工程使用的材料、设备质量，监督检验施工质量，按程序组织验收隐蔽工程和需要中间验收工程的质量，验收单项工程和全部竣工工程的质量等。通用合同条款中的工程质量控制条款主要包括以下条款。

（1）工程质量要求。通用合同条款规定工程质量验收按合同约定验收标准执行。因承包人原因造成工程质量达不到合同约定验收标准的，监理单位有权要求承包人返工直至符合合同要求为止，由此造成的费用增加和（或）工期延误由承包人承担。因发包人原因造成工程质量达不到合同约定验收标准的，发包人应承担由于承包人返工造成的费用增加和（或）工期延误，并支付承包人合理利润。

通用合同条款中对工程质量要求没有作具体的规定，所以专用合同条款应要求工程质量验收按照技术标准及相关的质量验收标准执行。

（2）发包人委托监理单位对合同履行管理。为了更好地控制工程质量，发包人应设置质量管理组织机构并配备相应的质量管理人员，并委托工程监理单位进行管理。通过与监理单位签订监理合同，明确双方的责任、权利和义务，共同做好工程质量控制。

通用合同条款规定监理单位是受发包人委托对合同履行实施管理的法人或其他组织。监理单位受发包人委托，享有合同约定的权利。监理单位作为合同管理者，其职责主要有两个方面：一是作为发包人的代理人，负责发出指示、检查工程质量、进度等现场管理工作；二是作为第三方，负责商定或确定有关事项，如单价的合理调整、变更估价、索赔等。总监理工程师（总监）是指由监理单位委派常驻施工场地对合同履行实施管理的全权负责人。总监理工程师可以授权其他监理人员负责执行其指派的一项或多项监理工作。

专用合同条款应指明监理单位在行使某项权利前需经发包人事先批准而通用合同条款没有指明的权利，例如：同意承包人将工程的某些非主体和关键性工作进行分包；确定承包人因不利的物质条件造成的费用增加额；发布开工通知、暂停施工指示或复工通知；决定因发包人的工期延误造成的工期延长以及由于异常恶劣的气候条件造成的工期延长；审查批准技术标准和要求或设计的变更；当单项工程变更涉及的金额超过了一定金额（例如签约合同价格的5%）或累计变更超过了一定金额（例如签约合同价格的3%）后发出变更指令；确定承包人提出的索赔金额；确定暂列金额的使用；确定暂估价金额以及确定变更工作的单价等。但是，专用条款应同时约定监理单位行使相关权利时应当出示已经发包人批准的相关证明。

（3）承包人提供的材料和工程设备。为完成合同内各项工作所需的材料和工程设备，原则上应采用承包人直接采购的方式。通用合同条款中规定除专用合同条款另有约定外，承包人提供的工程材料和设备均由承包人负责采购、运输和保管。承包人应对其采购的工程材料和设备负责。承包人应将各项工程材料和设备的供货人及品种、规格、数量和供货时间等报送监理单位审批，并向监理单位提交其负责提供的材料和设备的质量证明文件。

对承包人提供的材料和设备，承包人应会同监理单位进行检验和交货验收，查验材料合格证明和产品合格证书，并进行材料的抽样检验和设备的检验测试。

专用合同条款应约定工程是否采用承包人直接采购的模式，若采用这种模式，还应在专用合同条款中补充、细化发包人为加强对材料和工程施工的全面质量控制需采取的措施。

(4) 发包人提供的工程材料和设备。合同工程所需的材料和设备，原则上应由承包人负责采购，以免一旦发生工程质量事故或施工进度延误时责任不清，但在有些情况下，发包人为了确保某些大宗的、重要的材料或设备的采购质量，可以采取发包人采购的方式，发包人提供的材料和工程设备，应由发包人对供货的货源质量承担全部责任；在履行合同过程中，若由于供货厂家的责任，不能按时交货，延误了承包人施工进度的，亦应由发包人承担相应责任。

由发包人提供的工程材料和设备，通用合同条款中约定了发包人提供工程材料和设备的程序，专用合同条款应约定工程材料和设备的名称、规格、数量、价格、交货方式、交货地点和计划交货日期，并对交货批次、满足进度计划情况等内容进行补充和细化。同时，合同条款应当注意几个细节：首先，在合同条款中，需要明确材料验收时三方的责任和交接界面、交接方式；其次，涉及发包人供货的工程细目价款的计量支付有两种方式：一种是工程细目单价不包括发包人供应材料设备的价格，发包人按工程清单价格支付给承包人相关工程细目款，另向供货商直接支付材料设备价款，两条支付路线互不交叉，但工程合同价格没有完整反映工程实际造价；另一种方式是把发包人供货价格也计入相关工程细目单价内，这种情况需要发包人将供货的规格、单价在招标文件中列明，承包人统一按此供货单价进行组价，且可以约定合同供货单价固定不变，不受合同调价条款的影响。发包人在每期支付工程款时，按当期实际的供货规格、数量以及招标文件列明的相应单价核算，从承包人应获得的当期工程款中扣回。这种方式的核算工作稍显复杂，但由于发包人供货价格也计入相关细目单价中，能比较真实地反映合同工程的实际造价。

(5) 工程材料和设备专用于合同工程和禁止使用不合格的材料和设备（。为保证工程质量，运入工地的材料和工程设备必须专用于合同工程，未经监理单位同意，承包人不得擅自运出施工场地或挪作他用。监理单位有权拒绝承包人提供的不合格材料或工程设备，承包人也有权拒绝发包人提供的不合格材料或工程设备。

(6) 承包人的质量管理。承包人应在施工场地设置专门的质量检查机构，配备专职质量检查人员，建立完善的质量检查制度。承包人应在合同约定的期限内，提交工程质量保证措施文件，包括质量检查机构的组织和岗位责任、质检人员的组成、质量检查程序和实施细则等，报送监理单位审批。承包人应加强对施工人员的质量教育和技术培训，定期考核施工人员的劳动技能，严格执行规范和操作规程。

专用合同条款应规定承包人提交工程质量保证措施文件的期限，如规定应于签订合同协议书后28天之内提交。专用合同条款还应对承包人必须遵守国家有关法律、法规和规章，严格执行各类技术标准及规程，全面履行工程合同义务，依法对工程施工质量负责的相关条款进行补充和细化，如承包人应加强质量监控、完善检验手段、建立质量奖罚制度、对质量事故要严肃处理等。

（7）承包人的质量检查和监理单位的质量检查。承包人应按合同约定对材料、工程设备以及工程的所有部位及其施工工艺进行全过程的质量检查和检验，并作详细记录，编制工程质量报表，报送监理单位审查。监理单位有权对承包人的施工工程，以及任何为施工目的作业进行质量检查，承包人应为监理单位的质量检查提供必要的协助。

五、合同条款的作用

（一）通用合同条款的作用

《标准施工招标文件》通用合同条款（以下简称：通用合同条款）是结合相关行业示范合同文本条款或国际常用工程施工合同条件，根据招标项目具体特点和需要进行补充、修改，形成工程施工专用合同条款，两者结合并对照使用从而共同构成工程施工合同条款的组成部分。

对于大多数承发包双方当事人而言，在短时间内要签订一个条款严密、周全，对双方都较为公平、合理的合同往往不是件简单的事，因此，有必要规范合同的内容，并制定出符合绝大多数工程项目的合同文件，通用合同条款就是在这种情况下产生的。

通用合同条款主要有以下几个方面的作用：

（1）权威性。通用合同条款是通过权威机构制订出的具有规范性、可靠性、完备性的合同条款，指导当事人订立公平合理、科学规范的合同，防止出现显失公平和内容上的严重遗漏，避免用语上的含混模糊，产生歧义。因此通用合同条款既便于合同当事人的履行，也便于行政管理和争议受理机关解决纠纷。

（2）完整性。通用合同条款包括了一般约定等二十四个部分内容，这些部分有机地形成一个整体，较完整地反映了工程项目管理的各方面内容。同时通用合同条款、专用合同条款、合同附件格式相互配合、相互补充，共同构筑完整的建设工程施工合同。

（3）科学性。通用合同条款中大部分条款是关于进度控制、质量控制和投资控制的，一般按照工程进展的过程展开，充分体现了项目管理的三大控制，同时通过明确索赔程序、不可抗力、保险、担保等问题，使合同管理更趋于科学化。

（4）可操作性。通用合同条款内容约定富有弹性，如增加了其他变更由双方协商解决；允许发包人将部分工作（如保险）委托承包人办理，其只需承担相应的费用等。

（二）专用合同条款的作用

考虑到建设工程的各异性特征，通用合同条款不能完全适用于各个具体工程，因此，配之以专用合同条款对其作毕业的修改和补充，使通用合同条款和专用合同条款成为合同当事人双方统一意愿的体现。专用条款充分体现了当事人的意愿，并更能体现建设工程的个性化内容，为今后合同履行的具体落实奠定了良好的基础。因此，专用条款的效力要优于通用条款。

第三节 工程项目变更的合同管理

任何工程项目在实施过程中由于受到各种外界因素的干扰，都会发生程度不同的变更，它无法事先做出具体的预测，而在开工后又无法避免。而由于合同变更涉及到工程价款的变更及时间的补偿等，这直接关系到项目效益。因此，变更管理在工程项目合同管理中就显得相当重要。

工程项目变更是指当事人在原合同的基础上对合同中的有关内容进行修改和补充，包括工程实施内容的变更和合同文件的变更。

一、工程项目合同变更的原因

工程项目合同内容频繁的变更是合同的特点之一。对一个较为复杂的工程合同，实施中的变更事件可能有几百项，合同变更产生的原因通常有如下几个方面。

(1) 工程范围发生变化。通常，工程范围发生变化主要表现在以下两个方面：①业主新的指令，对建筑新的要求，要求增加或删减某些项目、改变质量标准，项目用途发生变化。②政府部门对工程项目增加新的要求，如国家计划变化、环境保护要求、城市规划变动等。

(2) 设计原因。由于设计考虑不周，不能满足业主的需要或工程施工的需要，或设计错误等，必须对设计图纸进行修改。

(3) 施工条件变化。在施工中遇到的实际现场条件同招标文件中的描述有本质的差异，或发生不可抗力等，即预定的工程条件不准确。

(4) 合同实施过程中出现的问题。主要包括业主未及时交付设计图纸等及未按规定交付现场、水、电、道路等；由于产生新的技术和知识，有必要改变原实施方案以及业主或监理工程师的指令改变了原合同规定的施工顺序，打乱施工部署等。

二、工程项目合同变更对合同实施的影响

合同变更实质上是对合同的修改，是双方新的要约和承诺。这种修改通常不能免除或改变承包商的工程责任，但对合同实施影响很大，主要表现在如下几个方面。

(1) 定义工程目标和工程实施情况的各种文件，如设计图纸、成本计划和支付计划、工期计划、施工方案、技术说明和适用的规范等，都应作相应的修改和变更。

当然相关的其他计划也应作相应调整，如材料采购订货计划，劳动力安排，机械使用计划等。所以它不仅引起与承包合同平行的其他合同的变化，还会引起所属的各个分合同，如供应合同、租赁合同、分包合同的变更。有些重大的变更会打乱整个施工部署。

(2) 引起合同双方，承包商的工程小组之间，总承包商和分包商之间合同责任的变化。如工程量增加，则增加了承包商的工程责任，增加了费用开支和延长了工期，对此，按合同规定应有相应的补偿。这也极容易引起合同争执。

（3）有些工程变更还会引起已完工程的返工，现场工程施工的停滞，施工秩序打乱，已购材料的损失等，对此也应有相应的补偿。

三、工程项目变更的程序

工程的任何变更都必须获得监理工程师的批准，监理工程师有权要求承包商进行其认为是适当的任何变更工作，承包商必须执行工程师为此发出的书面变更指示。如果监理工程师由于某种原因必须以口头形式发出变更指示时，承包商应遵守该指示，并在合同规定的期限内要求监理工程师书面确认其口头指示，否则，承包商可能得不到变更工作的支付。

工程项目变更应有一个正规的程序，应有一整套申请、审查、批准手续，其具体变更程序如下。

（一）提出工程变更要求

监理工程师、业主和承包商均可提出工程变更请求。

（1）监理工程师提出工程变更在施工过程中，由于设计中的不足、错误，以及施工时环境发生变化，监理工程师以节约工程成本、加快工程进度和保证工程质量为原则，提出工程变更。

（2）承包商提出工程变更。承包商在两种情况下提出工程变更，其一是工程施工中遇到不能预见的地质条件或地下障碍；其二是承包商考虑为便于施工，降低工程费用，缩短工期之目的，提出工程变更。

（3）业主提出工程变更。业主提出工程的变更则常常是为了满足使用上的要求。也要说明变更原因，提交设计图纸和有关计算书。

（二）监理工程师的审查和批准

对工程的任何变更，无论是哪一方提出的，监理工程师都必须与项目业主进行充分的协商，最后由监理工程师发出书面变更指示。项目业主可以委任监理工程师一定的批准工程变更的权限（一般是规定工程变更的费用额），在此权限内，监理工程师可自主批准工程变更，超出此权限则由业主批准。

（三）编制工程变更文件，发布工程变更指示

1. 编制工程变更文件

（1）工程变更指令。工程变更指令主要说明工程变更的原因及详细的变更内容说明（应说明根据合同的哪一条款发出变更指示；变更工作是马上实施，还是在确定变更工作的费用后实施；承包商发出要求增加变更工作费用和延长工期的通知的时间限制；变更工作的内容等。）

（2）工程变更指令的附件。工程变更指令的附件包括工程变更设计图纸、工程量表和其他与工程变更有关的文件等。

2. 发布工程变更指示

承包商项目部的合同管理负责人员向监理工程师发出合同款调整和工期延长的意向通知。

(1) 由承包商将变更工作所涉及的合同款变化量或变更费率或价格及工期变化量(如果有的话) 的意图通知监理工程师。承包商在收到监理工程师签发的变更指示时，应在指示规定的时间内，向监理工程师发出该通知，否则承包商将被认为自动放弃调整合同价款和延长工期的权利。

(2) 由监理工程师将其改变费率或价格的意图通知承包商。工程师改变费率或价格的意图，可在签发的变更指示中进行说明，也可单独向承包商发出此意向通知。

(四) 工程变更价款和工期延长的确定

(1) 如监理工程师认为适当，应以合同中规定的费率和价格进行计算。

(2) 如合同中未包括适用于该变更工作的费率和价格，则应在合理的范围内使用合同中的费率和价格作为估价的基础。

(3) 如监理工程师认为合同中没有适用于该变更工作的费率和价格，则工程师在与业主和承包商进行适当的协商后，由监理工程师和承包商议定合适的费率和价格。

(4) 如未能达成一致意见，则监理工程师应确定他认为适当的此类另外的费率和价格，并相应地通知承包商，同时将一份副本呈交业主。

上述费率和价格在同意或决定之前，工程师应确定暂行费率和价格以便有可能作为暂付款，包含在当月发出的证书中。

工期补偿量依据变更工程量和由此造成的返工、停工、窝工、修改计划等引起的损失情况由双方洽商来确定

(五) 变更工作的费用支付及工期补偿

如果承包商已按工程师的指示实施变更工作，工程师应将已完成的变更工作或已部分完成的变更工作的费用，加入合同总价中，同时列入当月的支付证书中支付给承包商。

四、工程项目变更的管理

对业主（监理工程师）的口头变更指令，承包商也必须遵照执行，但应在规定的时间内书面向监理工程师索取书面确认。而如果监理工程师在规定的时间内未予书面否决，则承包商的书面要求信即可作为监理工程师对该工程变更的书面指令。监理工程师的书面变更指令是支付变更工程款的先决条件之一。

工程变更不能超过合同规定的工程范围。如果超过这个范围，承包商有权不执行变更或坚持先商定价格后再进行变更。

注意变更程序上的矛盾性。合同通常都规定承包商必须无条件执行变更指令（即使是口头指令），所以应特别注意工程变更的实施，价格谈判和业主批准三者之间在时间上的矛盾性。在工程中常有这种情况，工程变更已成为事实，而价格谈判仍达不成协议，或业主对承包商的补偿要求不批准，价格的最终决定权却在监理工程师。这样承包商已处于被动地位。

例如，某合同的工程变更条款规定：“由监理工程师下达书面变更指令给承包商，承包商请求监理工程师给以书面详细的变更证明。在接到变更证明后，承包商开始变更工

作，同时进行价格调整谈判。在谈判中没有监理工程师的指令，承包商不得推迟或中断变更工作。”“价格谈判在两个月内结束。在接到变更证明后4个月内，业主应向承包商递交有约束力的价格调整和工期延长的书面变更指令。超过这个期限承包商有权拖延或停止变更。”

一般工程变更在4个月内早已完成，“超过这个期限”“停止”和“拖延”都是空话。在这种情况下，价格调整主动权完全在业主，承包商的地位很为不利。这常常会有较大的风险。对此可采取如下措施。

（1）控制（即拖延）施工进度，等待变更谈判结果。这样不仅损失较小，而且谈判回旋余地较大。

（2）争取以点工或按承包商的实际费用支出计算费用补偿，如采取成本加酬金方法。这样避免价格谈判中的争执。

（3）应有完整的变更实施的记录和照片，请业主、监理工程师签字，为索赔作准备。

（4）在合同实施中，合同内容的任何变更都必须由合同管理人员提出。与业主、与总（分）包之间的任何书面信件、报告、指令等都应经合同管理人员进行技术和法律方面的审查。这样才能保证任何变更都在控制中，不会出现合同问题。

（5）在商讨变更、签订变更协议过程中，承包商必须提出变更补偿（即索赔）问题。在变更执行前就应明确补偿范围，补偿方法，索赔值的计算方法，补偿款的支付时间等，双方应就这些问题达成一致。这是对索赔权的保留，以防日后引起争执。

在工程变更中，特别应注意因变更造成返工、停工、窝工、修改计划等引起的损失，注意这方面证据的收集。在变更谈判中应对此进行商谈。

第四节　工程项目合同争议的处理

合同争议是指工程承包合同自订立至履行完毕之前，承包合同的双方当事人因对合同的条款理解产生歧义或因当事人未按合同的约定履行合同，或不履行合同中应承担的义务等原因所产生的纠纷。产生工程承包合同纠纷的原因十分复杂，但一般归纳为合同订立引起的纠纷、在合同履行中发生的纠纷、变更合同而产生的纠纷、解除合同而发生的纠纷等几个方面。

合同管理的风险

在我国，合同争议解决的方式主要有和解、调解、仲裁和诉讼四种方式。在这四种解决争议的方式中，和解和调解的结果没有强制执行的法律效力，要靠当事人的自觉履行。当然，这里所说的和解和调解是狭义的，但在仲裁和诉讼程序中，在仲裁庭和法院的主持下的和解和调解，是属于法定程序，其解决方法仍有强制执行的法律效力。

一、和解

和解是指在发生合同纠纷后，合同当事人在自愿、友好、互谅的基础上，依照法律、法规的规定和合同的约定，自行协商解决合同争议的一种方式。

工程承包合同争议的和解，是由工程承包合同当事人双方自己或由当事人双方委托的律师出面进行的。在协商解决合同争议的过程中，当事人双方依照平等自愿原则，可以自由、充分进行意思表示，弄清争议的内容、要求和焦点所在，分清责任是非，在互谅互让的基础上，使合同争议得到及时、圆满的解决。

合同发生争议时，当事人应当首先考虑通过和解来解决。合同争议的和解解决有以下优点。

（1）简便易行，能经济、及时地解决纠纷。工程承包合同争议的和解解决不受法律程序约束，没有仲裁程序或诉讼程序那样有一套较为严格的法律规定，当事人可以随时发现问题，随时要求解决，不受时间、地点的限制，从而防止矛盾的激化、纠纷的逐步升级。便于对合同争议的及时处理，又可以省去一笔仲裁费或诉讼费。

（2）针对性强，便于抓住主要矛盾。由于工程合同双方当事人对事态的发展经过有亲身的经历，了解合同纠纷的起因、发展以及结果的全过程，便于双方当事人抓住纠纷产生的关键原因，有针对性地加以解决。

（3）有利于维护双方当事人团结和协作氛围，使合同更好地得到履行。合同双方当事人在平等自愿、互谅互让的基础上就工程合同争议的事项进行协商，气氛比较融洽，有利于缓解双方的矛盾，消除双方的隔阂和对立，加强团结和协作；同时，由于协议是在双方当事人统一认识的基础上自愿达成的，所以可以使纠纷得到比较彻底的解决，协议的内容也比较容易顺利执行。

（4）可以避免当事人把大量的精力、人力、物力放在诉讼活动上。工程合同发生纠纷后，往往合同当事人各方都认为自己有理，特别在诉讼中败诉的一方，会一直把官司打到底，牵扯巨大的精力。而且可能由此结下怨恨。如果和解解决，就可以避免这些问题，对双方当事人都有好处。

二、调解

调解是指在合同发生纠纷后，在第三人的参加和主持下，对双方当事人进行说服、协调和疏导工作，使双方当事人互相谅解并按照法律的规定及合同的有关约定达成解决合同纠纷的一种争议解决方式。

工程合同争议的调解，是解决合同争议的一种重要方式，也是我国解决建设工程合同争议的一种传统方法。是在第三人的参加与主持下，通过查明事实，分清是非，说服教育，促使当事人双方做出适当让步，平息争端，促使双方在互谅互让的基础上自愿达成调解协议，消除纷争。第三人进行调解必须实事求是、公正合理，不能压制双方当事人，而应促使他们自愿达成协议。

合同纠纷的调解往往是当事人经过和解仍不能解决纠纷后采取的方式，因此与和解相比，它面临的纠纷要大一些。与诉讼、仲裁相比，仍具有与和解相似的优点：它能够较经济、较及时地解决纠纷，有利于消除合同当事人的对立情绪，维护双方的长期合作关系。

三、仲裁

仲裁亦称“公断”，是当事人双方在争议发生前或争议发生后达成协议，自愿将争议交给第三者做出裁决，并负有自动履行义务的一种解决争议的方式。这种争议解决方式必须是自愿的，因此必须有仲裁协议。如果当事人之间有仲裁协议，争议发生后又无法通过和解和调解解决，则应及时将争议提交仲裁机构仲裁。

（一）仲裁的原则

（1）自愿原则。解决合同争议是否选择仲裁方式以及选择仲裁机构本身并无强制力。当事人采用仲裁方式解决纠纷，应当贯彻双方自愿原则，达成仲裁协议。如有一方不同意进行仲裁的，仲裁机构即无权受理合同纠纷。

（2）公平合理原则。仲裁的公平合理，是仲裁制度的生命力所在。这一原则要求仲裁机构要充分收集证据，听取纠纷双方的意见。仲裁应当根据事实进行。同时，仲裁应当符合法律规定。

（3）仲裁依法独立进行原则。仲裁机构是独立的组织，相互间也无隶属关系。仲裁依法独立进行，不受行政机关、社会团体和个人的干涉。

（4）一裁终局原则。由于仲裁是当事人基于对仲裁机构的信任做出的选择，因此其裁决是立即生效的。裁决做出后，当事人就同一纠纷再申请仲裁或者向人民法院起诉的，仲裁委员会或者人民法院不予受理。

（二）仲裁委员会

仲裁委员会可以在直辖市和省、自治区人民政府所在地的市设立，也可以根据需要在其他设区的市设立，不按行政区划层层设立。

仲裁委员会由主任1人、副主任2～4人和委员7～11人组成。仲裁委员会应当从公道正派的人员中聘任仲裁员。

仲裁委员会独立于行政机关，与行政机关没有隶属关系。仲裁委员会之间也没有隶属关系。

（三）仲裁协议

仲裁协议是纠纷当事人愿意将纠纷提交仲裁机构仲裁的协议。

1. 仲裁协议的内容

仲裁协议应包括以下几方面内容。

（1）请求仲裁的意思表示。

（2）仲裁事项。

（3）选定的仲裁委员会。

在以上三项内容中，选定的仲裁委员会具有特别重要的意义。因为仲裁没有法定管辖，如果当事人不约定明确的仲裁委员会，仲裁将无法操作，仲裁协议将是无效的。至于请求仲裁的意思表示和仲裁事项则可以通过默示的方式来体现。可以认为在合同中选定仲裁委员会就是希望通过仲裁解决争议，同时，合同范围内的争议就是仲裁事项。

2. 仲裁协议的作用

仲裁协议的作用主要有以下几个方面。

(1) 合同当事人均受仲裁协议的约束。

(2) 排除了法院对纠纷的管辖权。

(3) 仲裁机构应按仲裁协议进行仲裁。

(4) 仲裁协议是仲裁机构对纠纷进行仲裁的先决条件。

(四) 仲裁庭的组成

仲裁庭的组成有两种方式。

(1) 当事人约定由 3 名仲裁员组成仲裁庭。当事人如果约定由 3 名仲裁员组成仲裁庭，应当各自选定或者各自委托仲裁委员会主任指定 1 名仲裁员，第 3 名仲裁员由当事人共同选定或者共同委托仲裁委员会主任指定。第 3 名仲裁员是首席仲裁员。

(2) 当事人约定由 1 名仲裁员组成仲裁庭。仲裁庭也可以由 1 名仲裁员组成。当事人如果约定由 1 名仲裁员组成仲裁庭的，应当由当事人共同选定或者共同委托仲裁委员会主任指定仲裁员。

四、诉讼

诉讼是指合同当事人依法请求人民法院行使审判权，审理双方之间发生的合同争议，做出有国家强制保证实现其合法权益、从而解决纠纷的审判活动。合同双方当事人如果未约定仲裁协议．则只能以诉讼作为解决争议的最终方式。人民法院审理民事案件，依照法律规定实行合议、回避、公开审判和两审终审制度。

(一) 建设工程合同纠纷的管辖

建设工程合同纠纷的管辖，既涉及地域管辖，也涉及级别管辖。

1. 级别管辖

级别管辖是指不同级别人民法院受理第一审建设工程合同纠纷的权限分工。一般情况下基层人民法院管辖第一审民事案件。中级人民法院管辖以下案件：重大涉外案件、在本辖区有重大影响的案件、最高人民法院确定由中级人民法院管辖的案件。在建设工程合同纠纷中，判断是否在本辖区有重大影响的依据主要是合同争议的标的额。由于建设工程合同纠纷争议的标的额往往较大，因此往往由中级人民法院受理一审诉讼，有时甚至由高级人民法院受理一审诉讼。

2. 地域管辖

地域管辖是指同级人民法院在受理第一审建设工程合同纠纷的权限分工。对于一般的合同争议，由被告住所地或合同履行地人民法院管辖。《民事诉讼法》也允许合同当事人在书面协议中选择被告住所地、合同履行地、合同签订地、原告住所地、标的物所在地人民法院管辖。对于建设工程合同的纠纷一般都适用不动产所在地的专属管辖，由工程所在地人民法院管辖。

（二）诉讼中的证据

诉讼证据有下列几种：①书证；②物证；③视听资料；④证人证言；⑤当事人的陈述；⑥鉴定结论；⑦勘验笔录。

当事人对自己提出的主张，有责任提供证据。当事人及其诉讼代理人因客观原因不能自行收集的证据，或者人民法院认为审理案件需要的证据，人民法院应当调查收集。人民法院应当按照法定程序，全面地、客观地审查核实证据。

证据应在法庭上出示，并由当事人互相质证。对涉及国家秘密、商业秘密和个人隐私的证据应当保密，需要在法庭出示的，不得在公开开庭时出示。经过法定程序公证证明的法律行为、法律事实和文书，人民法院应当作为认定事实的根据。但有相反证据足以推翻公证证明的除外。书证应当提交原件。物证应当提交原物。提交原件或者原物确有困难的，可以提交复制品、照片、副本、节录本。提交外文书证，必须附有中文译本。

人民法院对视听资料，应当辨别真伪，并结合本案的其他证据，审查确定能否作为认定事实的根据。

人民法院对专门性问题认为需要鉴定的，应当交由法定鉴定部门鉴定；没有法定鉴定部门的，由人民法院指定的鉴定部门鉴定。鉴定部门及其指定的鉴定人有权了解进行鉴定所需要的案件材料，必要时可以询问当事人、证人。鉴定部门和鉴定人应当提出书面鉴定结论，在鉴定书上签名或者盖章。与仲裁中的情况相似，建设工程合同纠纷往往涉及工程质量、工程造价等专门性的问题，在诉讼中一般也需要进行鉴定。

第五节 工程项目合同的索赔

索赔是当事人在合同实施过程中，根据法律、合同规定及惯例，对不应由自己承担责任的情况所造成的损失，向合同的另一方当事人提出给予赔偿或补偿要求的行为。索赔权利的享有是相对的，即发包人、承包人、分包人都享有。在工程承包市场上，一般称工程承包人提出的索赔为施工索赔，即由于发包人或其他方面的原因，致使承包人在项目施工中付出了额外的费用或造成了损失，承包人通过合法途径和程序，如谈判、诉讼或仲裁，要求发包人补偿其在施工中的费用损失的过程。

一、工程项目索赔的原因

索赔是一种正当的权利或要求，是合情、合理、合法的行为，它是在正确履行合同的基础上争取合理的偿付，与守约、合作并不矛盾。由于工程的特殊性，引起工程项目索赔的原因复杂多变，主要有以下几个方面。

（一）设计方面

随着社会的发展，科技的进步，人们对生活、居住、工作等环境条件不断提出新的要求，各种各样的新工艺、新技术层出不穷，建设单位（或业主）为满足社会日益增长的物质和精神需要，对工程项目建设的质量、功能要求也越来越高，并在不断地追求完善，给设计出尽善尽美的施工图带来一定的难度。因此，在施工图设计时，就难免出现如设计的施工图与现场实际施工在地质、环境等方面存在差异，设备、材料的名称、规格型号表示不清楚等多方面设计缺陷。这些都会给工程项目建设在施工上带来不利的影响，导致工程项目的建设费用、建设工期发生变化，从而产生了费用、工期等方面的索赔事件。

（二）施工合同方面

施工合同一般采用标准合同示范文本。虽然标准合同示范文本已包括工程项目建设在施工过程中双方应有的权利和应尽的义务，但由于工程项目建设的复杂性和施工工期以及自然环境、气候、签订合同时技术语言不严谨等因素的存在，都有可能导致合同双方在履约过程中出现各种矛盾，从而引起因签订施工合同疏忽和用词不严谨的施工索赔。

（三）不依法履行施工合同

施工合同经承发包双方依法签订生效，任何一方不得擅自变更或解除或不履行合同规定的义务，是承发包双方在工程施工中遵守的规则。但在实际履行中，由于各种意见分歧或经济利益驱动等人为因素，不严格执行合同文件事件时有发生，致使工程项目不能按质按量如期交付使用，从而引起拖欠工程款、银行利息、工期、质量等原因的工程纠纷和施工索赔。

（四）工程项目建设承发包管理模式的变化

当前的建筑市场，工程项目建设承发包有总包、分包、指定分包、劳务承包、设备、材料供应等一系列的承包方式，使建设工程项目承发包变得复杂和管理模式难度增大。当任何一个承包合同不能顺利履行或管理不善时，都会影响工程项目建设的工期和质量，继而引发在工期、质量和经济等方面索赔事件的发生。如设备、材料供应商不按工程项目设计和施工要求（如质量、数量和规格型号）按时提供设备和材料，工程就不能按业主或设计和规范要求施工，因而影响工程项目建设的进度和质量；再如业主不按合同约定支付总包方的工程款，总包方不能按合同约定给分包方支付工程款，分包方就不能按时向设备材料供应商支付设备材料购买费，这一系列的合同违约，直接影响工程项目建设的质量和工期，最终导致业主、总包方、分包方、设备材料供应商之间产生索赔。

（五）意外风险和不可预见因素

在施工过程中发生了如地震、台风、洪水、火山爆发、地面下陷、火灾、爆炸、泥石流、地质断层、天然溶洞和地下文物遗址等人力不可抗拒、无法控制的自然灾害和意外事故，都可能产生因工程造价变化或工期延长方面的索赔事件。

二、工程项目索赔的分类

通常，索赔可以按照索赔目的、索赔主体、索赔事件的性质、索赔处理方式和索赔合同依据进行分类。

（一）按工程项目索赔目的分类

按工程项目索赔目的不同，索赔可分为工期索赔和费用索赔。

（1）工期索赔。由于非承包商责任的原因导致施工进程延误，要求批准顺延合同工期的索赔，称之为工期索赔。工期索赔形式上是对权利的要求，以避免在原定合同竣工日不能完工时，被发包人追究延期违约责任。一旦获得批准合同工期顺延后，承包人不仅免除了承担延期违约赔偿的风险，还可能因提前完工得到奖励。

（2）费用索赔。费用索赔的目的是要得到经济补偿。当施工的客观条件发生变化导致承包商增加开支，承包商对超出计划成本的附加开支要求给予补偿，以挽回不应由他承担的经济损失就属于费用索赔。

（二）按工程项目索赔主体分类

按工程项目索赔主体不同，索赔可以分为以下几类。

（1）承包商与业主间的索赔。这类索赔大多是有关工程量计算、工程变更、工期、质量和价格方面的争议，当然也有终止合同等其他违约行为的索赔。

（2）承包商与分包商间的索赔。若在承包合同中，既存在总承包又存在分包合同，就会涉及到总包商与分包商之间的索赔。这种索赔一般情况下体现为：分包商向总承包商索要付款和赔偿；总承包商对分包商罚款或者扣留支付款等。

（3）承包商与供应商间的索赔。这种索赔多体现在商品买卖方面。如商品的质量不符合技术要求、商品数量上的短缺、迟延交货、运输损坏等。

（4）承包商向保险公司要求的索赔。这类索赔多是承包商受到灾害、事故或损失，依照保险合同向其投保的保险公司索赔。

（三）按工程项目索赔事件的性质分类

按工程项目索赔事件的性质不同，索赔可以分为以下几类。

（1）工期延误索赔。因发包人未按合同要求提供施工条件，如未及时交付设计图纸、施工现场、道路等，或因发包人指令工程暂停或不可抗力事件造成工期拖延的，承包人提出的索赔。

（2）工程变更索赔。由于发包人或者监理工程师指令增加或减少工程量或附加工程、修改设计、变更工程顺序等，造成工期延长和费用增加，承包人对此提出的索赔。

（3）合同终止的索赔。由于发包人或承包人违约以及不可抗力事件等原因造成合同非正常终止，无责任的受害方因其蒙受经济损失而向对方提出的索赔。

（4）加快工程索赔。由于发包人或工程师指令承包人加快施工速度，缩短工期，引起承包人的人力、财、物额外开支而提出的索赔。

（5）意外风险和不可预见因素索赔。在工程实施过程中，因人力不可抗拒的自然灾害、特殊风险以及一个有经验的承包通常不能合理预见的不利施工条件或外界障碍，如地下水、地质断层、溶洞、地下障碍等引起的索赔。

（6）其他索赔。因货币贬值、汇率变化、物价、工资上涨、政策法令变化等原因引起的索赔。

（四）按工程项目索赔处理方式分类

按工程项目索赔处理方式不同，索赔可以分为单项索赔和综合索赔。

（1）单项索赔。单项索赔是针对某一干扰事件提出的，在影响原合同正常运行的干扰事件发生时或者发生后，由于合同管理人员及时处理，并在合同规定的索赔有效期内向业主或监理工程师提交索赔要求和索赔报告。

（2）综合索赔。综合索赔又称一揽子索赔，一般在工程竣工前和工程移交前，承包商将工程实施过程中因各种原因未能及时解决的单项索赔集中起来进行综合分析考虑，提出一份综合报告，由合同双方在工程交付前后进行最终谈判，以一揽子方案解决索赔问题。由于在一揽子索赔中许多干扰事件交织在一起，影响因素比较复杂而且相互交叉，责任分析和索赔值计算都很困难，索赔涉及的金额往往又很大，双方都不愿意或不容易做出让步，使索赔的谈判和处理都很困难。因此，综合索赔的成功率比单项索赔要低得多。

（五）按索赔合同依据分类

按索赔合同依据不同，索赔分为合同中的明示索赔和默示索赔。

（1）合同中的明示索赔。合同中明示的索赔是指承包人所提出的索赔要求，在该工程项目的合同文件有文字依据，承包人可以据此提出索赔要求，并取得经济补偿。在这些合同文件中有文字规定的合同条款，称为明示条款。

（2）合同中的默示索赔。合同中默示的索赔，即承包人的该项索赔要求，虽然在工程项目的合同条款中没有专门的文字叙述，但可以根据该合同的某些条款的含义，推论出承包人有索赔权。这种经济补偿含义的条款，在合同管理工作中被称为“默示条款”或称“隐含条款”。

三、工程项目索赔的依据

在工程项目索赔中，证据是非常重要的。当事人在履行合同过程中要特别注意证据的收集和保存。在实践中，经常会由于证据资料不足，而导致索赔失败，索赔人已经发生的损失得不到补偿。索赔的证据要有“四性”，即真实性、时效性、全面性及法律证明效力性。工程项目索赔的证据资料包括以下几类。

（1）招标文件。招标文件是工程项目合同文件的基础，包括通用条件、专用条件、施工技术规程、工程量表、工程范围说明、现场水文地质资料等文本，都是工程成本的基础资料。它们不仅是承包商投标报价的依据，也是索赔时计算附加成本的重要依据。

（2）投标报价文件。在投标报价文件中，承包商对各主要工种的施工单价进行了分析计算，对各主要工程量的施工效率和进度进行了分析，对施工所需的设备和材料列出了数量和价值，对施工过程中各阶段所需的资金数额提出了要求等。所有这些文件，在中标及签订施工协议书以后，都成为正式合同文件的组成部分，也成为施工索赔的基本依据。

（3）施工协议书及其附属文件。施工协议书及其附属文件，在签订施工协议书以前合同双方对于中标价格、施工计划合同条件等问题的讨论纪要文件中，如果对招标文件中的某个合同条款作了修改或解释，则这个纪要就是将来索赔计价的依据。

（4）来往信件。工程来往信件主要包括：工程师（或业主）的工程变更指令、口头变更确认函、加速施工指令、施工单价变更通知、对承包商问题的书面回答等，这些信函（如电传、传真资料）都具有与合同文件同等的效力，是结算和索赔的依据资料。

（5）会议记录。工程会议纪要在索赔中也十分重要。它包括标前会议纪要、施工协调会议纪要、施工进度变更会议纪要、施工技术讨论会议纪要、索赔会议纪要等。会议纪要要有台账，对于重要的会议纪要，要建立审阅制度，即由做纪要的一方写好纪要稿后，送交对方传阅核签，如有不同意见，可在纪要稿上修改，也可规定一个核签期限（如 7 天），如纪要稿送出后 7 天内不返回核签意见即认为同意。这对会议纪要稿的合法性是很必要的。

（6）施工现场记录。施工现场记录主要包括施工日志、施工检查记录、工时记录、质量检查记录、设备或材料使用记录、施工进度记录或者工程照片、录相等。对于重要记录，如质量检查、验收记录，还应有工程师派遣的现场监理或现场监理员签名。

（7）工程财务记录。工程财务记录主要是记录工程进度款每月支付申请表，工人劳动计时卡和工资单，设备、材料和零配件采购单、付款收据，工程开支月报等。在索赔计价工作中，财务单证十分重要。

（8）现场气象记录。许多的工期拖延索赔都与气象条件有关。施工现场应注意记录和收集气象资料，如每月降水量、风力、气温、河水位、河水流量、洪水位、基坑地下水状况等。必要时还需要提供气象部门的资料作依据。

（9）市场信息资料。对于大中型土建工程，一般工期长达数年，对物价变动等报道资料，应系统地收集整理，这对于工程款的调价计算是必不可少的，对索赔亦同等重要。如工程所在国官方出版的物价报道（如主管部门的材料价格信息）、外汇兑换率行情、工人工资调整文件等。

（10）工程所在地的政策法令性文件。工程所在地的政策法令性文件如货币汇兑限制指令、调整工资的决定、税收变更指令、工程仲裁规则等。对于重大的索赔事项，如遇到复杂的法律问题时，承包商还需要聘请律师，专门处理这方面的问题。

四、工程项目索赔的处理程序

工程项目索赔的处理过程包括编写意向通知书、准备证据资料、编写索赔报告、提交索赔报告、索赔报告的评审、协商解决和争端的解决。

（一）意向通知

发现索赔或意识到存在索赔的机会后，承包商要做的第一件事就是要将自己的索赔意向书面通知给监理工程师（业主）。这种意向通知是非常重要的，它标志着一项索赔的开始。在引起索赔事件第一次发生之后的 28 天内，承包商将他的索赔意向以书面形式通知工程师，同时将 1 份副本呈交业主。事先向监理工程师（业主）通知索赔意向，这不仅是承包商要取得补偿必须首先遵守的基本要求之一，也是承包商在整个合同实施期间保持良好的索赔意识的最好办法。索赔意向通知包括以下内容。

（1）事件发生的时间和情况的简单描述。

（2）合同依据的条款和理由。

（3）有关后续资料的提供，包括及时记录和提供事件发展的动态。

（4）对工程成本和工期产生的不利影响的严重程度，以期引起监理工程师的注意。

一般索赔意向通知仅仅是表明意向，应简明扼要，涉及索赔内容但不涉及索赔金额。

（二）准备证据资料

索赔的成功很大程度上取决于承包商对索赔做出的解释和具有强有力的证明材料。因此，承包商在正式提出索赔报告前的资料准备工作极为重要，这就要求承包商注意记录和积累保存以下各方面的资料，并可随时从中索取与索赔事件有关的证据资料。

（1）施工日志。应指定有关人员现场记录施工中发生的各种情况，包括天气、出工人数、设备数量及其使用情况、进度、质量情况、安全情况、监理工程师在现场有什么指示、进行了什么实验、有无特殊干扰施工的情况、遇到了什么不利的现场条件、多少人员参观了现场等。这种现场记录和日志有利于及时发现和正确分析索赔，可能是索赔的重要证据材料。

（2）来往信件。对与监理工程师、业主和有关政府部门、银行、保险公司的来往信函必须认真保存，并注明发送和收到的详细时间。

（3）气象资料。在分析进度安排和施工条件时，天气是考虑的重要因素之一，因此，要保持一份如实完整、详细的天气情况记录，包括气温、风力、湿度、降雨量、暴雨雪、冰雹等。

（4）备忘录。承包商对监理工程师和业主的口头指示和电话应随时用书面记录，并请签字给予书面确认事件发生和持续过程的重要情况记录。

（5）会议纪要。承包商、业主和监理工程师举行会议时要作好详细记录，对其主要问题形成会议纪要，并由会议各方签字确认。

（6）工程照片和工程声像资料。这些资料都是反映工程客观情况的真实写照，也是法律承认的有效证据，应拍摄有关资料并妥善保存。

（7）工程进度计划。承包商编制的经监理工程师或业主批准同意的所有工程总进度、年进度、季进度、月进度计划都必须妥善保管，任何与延期有关的索赔分析，工程进度计划都是非常重要的证据。

（8）工程核算资料。工人劳动计时卡和工资单、设备材料和零配件采购单、付款数收据、工程开支月报、工程成本分析资料、会计报表、财务报表、货币汇率、物价指数、收付款票据都应分类装订成册，这些都是进行索赔费用计算的基础。

（9）工程图纸。工程师和业主签发的各种图纸，包括设计图、施工图、竣工图及其相应的修改图应注意对照检查和妥善保存，设计变更一类的索赔，原设计图和修改图的差异是索赔最有力的证据。

（10）招投标文件。招投标文件是承包商报价的依据，是工程成本计算的基础资料，是索赔时进行附加成本计算的依据。投标文件是承包商编标报价的成果资料，对施工所需的设备、材料列出了数量和价格，也是索赔的基本依据。

（三）编写工程项目索赔报告

工程项目索赔报告是承包商向监理工程师（业主）提交的一份要求业主给予一定经济（费用）补偿和（或）延长工期的正式报告。索赔事件发生28天内，应向监理工程师送交索赔报告，监理工程师在收到承包人送交的索赔报告和有关资料后，28天内未予答复或未对承包人作进一步要求，视为该项索赔已经获得认可。

1. 工程项目索赔报告的内容

工程项目索赔报告一般应包括以下内容。

（1）提出所发生的索赔事项，要简明扼要，说明问题。

（2）用简练的语言，清楚地讲明索赔事项的具体内容。

（3）提出索赔的合法依据，通常是阐明根据合同或法律法规以及其他凭据中的哪一条款提出索赔的。

（4）提出索赔数及计算凭证。索赔数额要实事求是，计算要符合国家的政策。计算凭证一定要真实，不可涂抹造假。

（5）提出对方应在收到文件后予以答复的时间（一般应按合同规定的时间）。

2. 工程项目索赔报告的基本要求

首先，必须说明索赔的合同依据，即基于何种理由有资格提出索赔要求。一种是根据合同某条款规定，承包商有资格因合同变更或追加额外工作而取得费用补偿和（或）延长工期；一种是业主或其代理人任何违反合同规定给承包商造成损失，承包商有权索取补偿。第二，索赔报告中必须有详细准确的损失金额及时间的计算。第三，要证明客观事实与损失之间的因果关系，说明索赔前因后果的关联性，要以合同为依据，说明业主违约或合同变更与引起索赔的必然性联系。如果不能有理有据说明因果关系，而仅在事件的严重性和损失的巨大上花费过多的笔墨，对索赔的成功都无济于事。

3. 工程项目索赔报告的形式和内容

工程项目索赔报告应简明扼要，条理清楚，便于对方由表及里、由浅入深地阅读和了解，注意对索赔报告形式和内容的安排也是很有必要的。一般可以考虑用金字塔的形式安排编写，如图7-1所示。

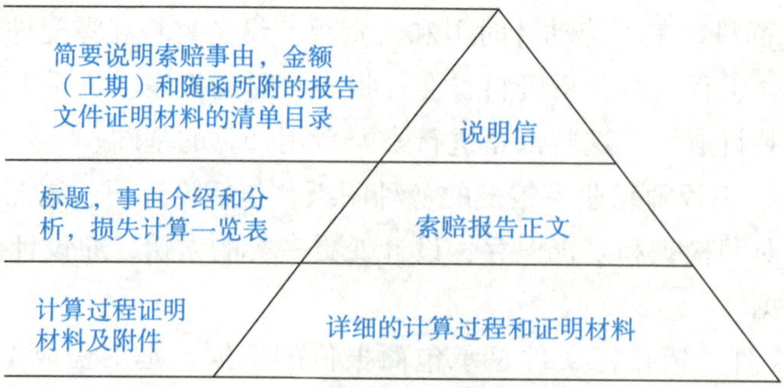

图7-1 工程项目索赔报告的形式和内容

工程项目索赔报告正文，包括题目、事件、理由（依据）、因果分析、索赔费用（工期）。事件是对索赔事件发生的原因和经过，包括双方活动所附的证明材料。理由是指出根据所陈述的事件，提出索赔的根据。因果分析是指依上述事件和理由所造成成本增加、工期延长的必然结果。最后提出索赔费用（工期）的分项总计的结果。

详细的计算过程和证明材料的附件是支持索赔报告的有力依据，一定要和索赔中提到的完全一致，不可有丝毫相互矛盾的地方，否则有可能导致索赔失败。

应当注意，承包商除了提交索赔报告的资料外，还要准备一些与索赔有关的各种细节性的资料，以便对方提出问题时进行说明和解释，比如运用图表的形式对实际成本与预算成本、实际进度与计划进度、修订计划与原计划的比较、人员工资上涨、材料设备价格上涨、各时期工作任务密度程度的变化、资金流进流出等，通过图表来说明和解释，使之一目了然。

4. 工程项目索赔报告应注意的问题

编写工程项目索赔报告是一项复杂的工作，须有一个专门的小组和各方的大力协助才能完成。索赔小组的人员应具有合同、法律、工程技术、施工组织计划、成本核算、财务管理、写作等各方面的知识，进行深入的调查研究，对较大的、复杂的索赔需要向有关专家咨询，对索赔报告进行反复讨论和修改，写出的报告不仅有理有据，而且必须准确可靠。应特别强调以下几点。

（1）责任分析应清楚、准确。在报告中所提出索赔事件的责任是对方引起的，不能有责任含混不清和自我批评式的语言。要做到这一点，就必须强调事件的不可预见性，承包商对它不能有所准备，事发后尽管采取能够采取的措施也无法制止；指出索赔事件使承包商工期拖延、费用增加的严重性和索赔值之间的直接因果关系。

（2）索赔值的计算依据要正确，计算结果要准确。计算依据要用文件规定的公认合理的计算方法，并加以适当的分析。数字计算上不要有差额，一个小小的计算错误可能影响到整个计算结果，容易给人在索赔的可信度方面造成不好的印象。

（3）用辞要婉转和恰当。在索赔报告中要避免使用强硬的不友好的抗拒式的语言。不能因语言而伤害了和气及双方的感情。切忌断章取义、牵强附会、夸大其词。

（四）提交工程项目索赔报告

工程项目索赔报告编写完毕后，应及时提交给监理工程师（业主），正式提出索赔。索赔报告提交后，承包商不能被动等待，应隔一定的时间，主动向对方了解索赔处理的情况，根据所提出的问题进一步作资料方面的准备，或提供补充资料，尽量为监理工程师处理索赔提供帮助、支持和合作。

索赔的关键问题在于“索”，承包商不积极主动去“索”，业主没有任何义务去“赔”，因此，提交索赔报告本身就是“索”，但要让业主“赔”，提交索赔报告，还只是刚刚开始，承包商还有许多更艰难的工作。

（五）工程项目索赔报告评审

工程师（业主）接到承包商的索赔报告后，应该马上仔细阅读其报告，并对不合理的索赔进行反驳或提出疑问，工程师将自己掌握的资料和处理索赔的工作经验可能就以下问题提出质疑。

（1）索赔事件不属于业主和监理工程师的责任，而是第三方的责任。

（2）承包商未能遵守索赔意向通知书的要求。

（3）事实和合同依据不足。

（4）承包商没有采取适当措施避免或减少损失。

（5）索赔是由不可抗力引起的，承包商没有划分和证明双方责任的大小。

（6）合同中的开脱责任条款已经免除了业主补偿的责任。

（7）损失计算夸大。

（8）承包商必须提供进一步的证据。

（9）承包商以前已明示或暗示放弃了此次索赔的要求等。

在评审过程中，承包商应对工程师提出的各种质疑做出圆满的答复。

（六）协商解决

经过监理工程师对索赔报告的评审，与承包商进行了较充分的讨论后，工程师应提出对索赔处理决定的初步意见，并参加业主和承包商进行的索赔协商，通过协商，做出索赔处理的最后决定。

（七）工程项目争端的解决

如果索赔在业主和承包商之间不能通过协商解决，可就其争端的问题进一步提交监理工程师解决直至仲裁或诉讼。如果在合同中约定了仲裁的，可以就此进行仲裁。如果没有约定仲裁的，可以就此进行诉讼。

五、工程项目索赔的计算

工期延误也称为工程延误或进度延误，是指工程实施过程中任何一项或多项工作的实际完成日期迟于计划规定的完成日期，从而可能导致整个合同工期的延长。工期延误对合同双方一般都会造成损失。工期延误后果是形式上的时间损失，实质上造成经济上的损失。

（一）工程项目工期索赔的依据和条件

工程项目工期索赔一般是指承包商依据合同对于非自身的原因而导致的工期延误向业主提出的工期顺延要求。出现以下情况的工期延误时可作为依据和条件要求进行工期索赔。

1. 因业主和工程师原因导致的延误

（1）业主未能及时交付合格的施工现场。

（2）业主未能建设交付设计图纸。

（3）业主或工程师未能及时审批图纸/施工方案/施工计划等。

（4）业主未能及时支付预付款和工程款。

（5）业主或工程师设计变更导致工程延误或工程量增加。

（6）业主或工程师提供的数据错误导致的延误。

（7）业主或工程师拖延关键线路上工序的验收时间导致下道工序延误。

（8）其他（包括不可抗力原因）。

2. 因承包商原因引起的延误

因承包商原因引起的延误的索赔属于工期反索赔，是业主根据合同对于非自身的原因而导致的工期延误向承包商提出的工期赔偿要求。承包商引起的延误主要包括以下几方面。

（1）计划不周密。

（2）质量不符合合同要求而返工。

（3）施工组织不当，出现窝工或停工待料的情况。

（4）资源配置不足。

（5）劳动生产率低。

（6）开工延误。

（7）分包商或供货商延误等。

（二）工期索赔的计算方法

工期索赔的计算方法主要有网络分析和比例分析法两种。

1. 网络分析法

网络分析法是利用进度计划的网络图，分析其关键线路。如果延误的工作为关键工作，则延误的时间为索赔的工期；如果延误的工作为非关键工作，当该工作由于延误超过时限而成为关键时，可以索赔延误时间与时差的差值；若该工作延误后仍为非关键工作，则不存在工期索赔问题。

可以看出，网络分析要求承包商切实使用网络技术进行进度控制，才能依据网络计划提出工期索赔。按照网络分析得出的工期索赔值是科学合理的，容易得到认可。

2. 比例分析法

比例分析法的公式有如下两种。

对于已知部分工程的延期的时间

（1）$\text{工期索赔值}=\dfrac{\text{受干扰部分工程的合同价}}{\text{原合同总价}}\times\text{该受干扰部分工期拖延时间}$

对于已知额外增加工程量的价格

（2）$\text{工期索赔值}=\dfrac{\text{额外增加的工程量的价格}}{\text{原合同总价}}\times\text{原合同总工期}$

比例分析法简单方便，但有时不符合实际情况，比例计算法不适用于变更施工顺序、加速施工、删减工程量等事件的索赔。

（三）工程项目费用索赔的计算方法

工程项目费用索赔的计算方法主要包括总费用法和分项法两种。

1. 总费用法

总费用法又称总成本法，就是计算出该项工程的总费用，再从这个已实际开支的总费用中减去投标报价时的成本费用，即为要求补偿的索赔费用额。

总费用法并不十分科学，但仍被经常采用，原因是对于某些索赔事件，难于精确地确定它们导致的各项费用增加额。

一般认为在具备以下条件时采用总费用法是合理的。

（1）已开支的实际总费用经过审核，认为是比较合理的。

（2）费用的增加是由于对方原因造成的，其中没有承包商管理不善的责任。

（3）承包商的原始报价是比较合理的。

（4）由于该项索赔事件的性质以及现场记录的不足，难于采用更精确的计算方法。

2. 分项法

分项法是将索赔的损失的费用分项进行计算。

（1）人工费索赔。人工费索赔包括额外雇佣劳务人员、加班工作、工资上涨、人员闲置和劳动生产率降低的费用。

对于额外雇佣劳务人员和加班工作，用投标时的人工单价乘以工时数即可，对于人员闲置费用，一般折算为人工单价的0.75；工资上涨是指由于工程变更，使承包商的大量人力资源的使用从前期推到后期，而后期工资水平上调，因此应得到相应的补偿。有时工程师指令进行计日工，则人工费按计日工表中的人工单价计算。对于劳动生产率降低导致的人工费索赔，一般可用如下方法计算。

① 实际成本和预算成本比较法。这种方法是对受干扰影响工作的实际成本与合同中的预算成本进行比较，索赔其差额。这种方法需要有正确合理的估价体系和详细的施工记录。如某工程的现场混凝土模板制作，原计划20 000 m^2，估计人工工时为20 000 时，直接人工成本为32 000 元。因业主未及时提供现场施工的场地占有权，使承包商被迫在雨季进行该项工作，实际人工工时24 000，人工成本为38 400 元，使承包商造成生产率降低的损失为6 400 元。这种索赔，只要预算成本和实际成本计算合理，成本的增加确属业主的原因，其索赔成功的把握是很大的。

② 正常施工期与受影响期比较法。这种方法是在承包商的正常施工受到干扰，生产率下降，通过比较正常条件下的生产率和干扰状态下的生产率，得出生产率降低值，以此为基础进行索赔。

如某工程吊装浇注混凝土，前5 天工作正常，第6 天起业主架设临时电线，共有6 天时间使吊车不能在正常角度下工作，导致吊运混凝土的方量减少。承包商有未受干扰时正常施工记录和受干扰时施工记录，如表7-1 和表7-2 所示。

表7-1　未受干扰时正常施工记录　　单位：m^3/h

时间（天）	1	2	3	4	5	平均值
平均劳动生产率	7	6	6.5	8	6	6.7

表 7-2 受干扰时施工记录 单位：m^3/h

时间（天）	1	2	3	4	5	6	平均值
平均劳动生产率	5	5	4	4.5	6	4	4.75

通过以上施工记录比较，劳动生产率降低值为

$$6.7-4.75=1.95\ (m^3/h)$$

索赔费用的计算公式为

索赔费用=计划台班×（劳动生产率降低值/预期劳动生产率）×台班单价

（2）材料费索赔。材料费索赔包括材料消耗量增加和材料单位成本增加两种方面。追加额外工作、变更工程性质、改变施工方法等，都可能造成材料用量的增加或使用不同的材料。材料单位成本增加的原因包括材料价格上涨、手续费增加、运输费用（运距加长、二次倒运等）、仓储保管费增加等。材料费索赔需要提供准确的数据和充分的证据。

（3）施工机械费索赔。机械费索赔包括增加台班数量、机械闲置或工作效率降低、台班费率上涨等费用。

台班费率按照有关定额和标准手册取值。对于工作效率降低，应参考劳动生产率降低的人工索赔的计算方法。台班量的计算数据来自机械使用记录。对于租赁的机械，取费标准按租赁合同计算。

对于机械闲置费，有两种计算方法。一是按公布的行业标准租赁费率进行折减计算，二是按定额标准的计算方法，一般建议将其中的不变费用和可变费用分别扣除一定的百分比进行计算。对于工程师指令进行计日工作的，按计日工作表中的费率计算。

（4）现场管理费索赔计算。现场管理费包括工地的临时设施费、通讯费、办公费、现场管理人员和服务人员的工资等。现场管理费索赔计算的方法一般为

现场管理费索赔值=索赔的直接成本费用×现场管理费率

现场管理费率的确定可选用以下几种方法。

① 合同百分比法，即管理费比率在合同中的规定。

② 原始估价法，即采用投标报价时确定的费率。

③ 行业平均水平法，即采用公开认可的行业标准费率。

④ 历史数据法，即采用以往相似工程的管理费率。

（5）总部管理费索赔计算。总部管理费是承包商的上级部门提取的管理费，如公司总部办公楼折旧、总部职员工资、交通差旅费、通讯、广告费等。

总部管理费与现场管理费相比，数额较为固定，一般仅在工程延期和工程范围变更时才允许索赔总部管理费。

（6）融资成本、利润与机会利润损失的索赔。融资成本又称为资金成本，即取得和使用资金所付出的代价，其中最主要的是支出资金供应者的利息。由于承包商只有在索赔事件处理完结后一段时间内才能得到其索赔的金额，所以承包商往往需从银行贷款或以自有资金垫付，这就产生了融资成本问题，主要表现在额外贷款利息的支付和自有资金的机会利润损失，在以下情况中，可以索赔利息。

① 业主推迟支付工程款的保留金，这种金额的利息通常以合同约定的利率计算。

② 承包商借款或动用自有资金弥补合法索赔事项所引起的现金流量缺口，在这种情况下，可以参照有关金融机构的利率标准，或者拟定把这些资金用于其他工程承包项目可得到的收益来计算索赔金额，后者实际上是机会利润损失的计算。

利润是完成一定工程量的报酬，因此在工程量的增加时可索赔利润。不同的国家和地区对利润的理解和规定有所不同，有的将利润归入总部管理费中，则不能单独索赔利润。机会利润损失是由于工程延期或合同终止而使承包商失去承揽其他工程的机会而造成的损失，在某些国家和地区，是可以索赔机会利润损失的。

（四）反索赔

工程项目的反索赔是指一方向另一方索赔要求的索赔，对抗对方的索赔要求。常见的是发包方向承包人提出的反索赔。项目的反索赔是发包方实施投资控制和保证实现目标的基本管理内容之一。发包方向承包人索赔的工作内容可包括两个方面：一是防止对方提出索赔；二是反击或反驳对方的索赔要求。

1. 反索赔的内容

（1）工期延误反索赔（累计赔偿额一般不超过合同总额的10%）。

（2）施工（设计）缺陷索赔。

（3）对指定分包人的付款索赔。

（4）发包方合理终止合同或施工承包人不合理放弃工程的索赔。

2. 反索赔的基本方法

（1）反击或反驳索赔报告。在研究对方索赔报告问题的基础上，可以从六个方面实施反击或反驳：①索赔意向或报告的时限性；②索赔事件的真实性；③索赔事件原因分析；④索赔理由分析；⑤索赔证据分析；⑥索赔值审核。

（2）寻找或质疑对方索赔报告中存在的问题。

（3）反索赔中的索赔数值审核要点：对工期索赔数值审核和对费用索赔数值审核。

① 工期索赔数值的审核包括：一是干扰事件是否发生在关键线路上；二是是否有重复计算；三是共同或交叉延期的判断；四是无权要求承包商缩短合同工期。

② 费用索赔数值的审核包括：一是确定索赔报告计算基础的合理性；二是确定是否过高的计算了索赔值；三是确定重复取费的程度；四是评估窝工和停工损失的可靠性；五是科学确定利润额度的合理程度。

（五）工程项目索赔成功的关键

工程项目索赔是一门涉及面广，融技术、经济、法律为一体的边缘学科。它不仅是一门科学，还是一门艺术，要想获得好的索赔成果，必须要有强有力的、稳定的索赔班子，正确的索赔战略和机动灵活的索赔技巧，这也是取得工程项目索赔成功的关键。

1. 组建工程项目索赔班子

工程项目索赔是一项复杂细致而艰巨的工作，组建一个知识全面，有丰富索赔经验，稳定的索赔小组从事索赔工作是索赔成功的首要条件，索赔小组应由项目经理、合同法律专家、估算师、会计师、施工工程师组成，有专职人员搜集和整理由各职能部门和科室提供的有关信息资料，索赔人员要有良好的素质，要懂得索赔的战略和策略，工作要勤奋、务实、不好大喜功，头脑清晰，思路敏捷，有逻辑，善推理，懂得搞好各方的公共关系。

索赔小组的人员一定要稳定，不仅各负其责，而且每个成员要积极配合，齐心协力，对内部讨论的战略和对策要保守秘密。

2. 确定工程项目索赔战略和策略

工程项目索赔战略和策略是承包商经营战略和策略的一部分，应当体现承包商目前利益和长远利益、全局利益和局部利益的统一，应由公司经理亲自把握和制定，索赔小组应提供决策的依据和建议。

工程项目索赔的战略和策略研究，对不同的情况，包含着不同的内容，有不同的重心，一般应包含如下几个方面。

（1）确定工程项目索赔目标。承包商的索赔目标是指承包商对索赔的基本要求，可对要达到的目标进行分解，按难易程度进行排队，并大致分析它们实现的可能性，从而确定最低、最高目标。

分析实现目标的风险，如能否抓住索赔机会，保证在索赔有效期内提出索赔；能否按期完成合同规定的工程量，执行业主加速施工指令；能否保证工程质量，按期交付工程；工程中出现失误后的处理办法等。总之要注意对风险的防范，否则，就会影响索赔目标的实现。

（2）对被索赔方的分析。分析对方兴趣和利益所在，要让索赔在友好和谐的气氛中进行，处理好单项索赔和一揽子索赔的关系，对于理由充分而重要的单项索赔应力争尽早解决，对于业主坚持拖后解决的索赔，要按业主意见认真积累有关资料，为一揽子解决准备充分的材料。要根据对方的利益所在，对方感兴趣的地方，承包商就在不过多损害自己的利益的情况下作适当的让步，打破问题的僵局，责任分析和法律分析方面要适当，在对方愿意接受索赔的情况下，就不要得理不让人，否则反而达不到索赔目的。

（3）承包商的经营战略分析。承包商的经营战略直接制约着索赔的策略和计划。在分析业主情况和工程所在地的情况以后，承包商应考虑有无可能与业主继续进行新的合作，是否在当地继续扩展业务，承包商与业主之间的关系对当地开展业务有何影响等。这些问题决定着承包商的整个索赔要求和解决的方法。

（4）相关关系分析。利用监理工程师、设计单位、业主的上级主管部门对业主施加影响，往往比同业主直接谈判有效，承包商要同这些单位搞好关系，展开“公关”，取得他们的同情和支持，并与业主沟通。这就要求承包商对这些单位的关键人物进行分析，与其搞好关系，利用他们同业主的微妙关系从中斡旋、调停，能使索赔达到十分理想的效果。

（5）谈判过程分析。索赔一般都在谈判桌上最终解决，索赔谈判是双方面对面的较量，是索赔能否取得成功的关键。一切索赔的计划和策略都是在谈判桌上体现和接受检验。因此，在谈判之前要做好充分准备，对谈判的可能过程要做好分析。如怎样保持谈判的友好和谐气氛，估价对方在谈判过程中会提什么问题，采取什么行动，我方应采取什么措施争取有利的时机等。因为索赔谈判是承包商要求业主承认自己的索赔，承包商处于很不利的地位，如果谈判一开始就气氛紧张，情绪对立，有可能导致业主拒绝谈判，使谈判旷日持久，这是最不利索赔问题解决的。谈判应从业主关心的议题入手，从业主感兴趣的问题开谈，使谈判气氛保持友好和谐是很重要的。

谈判过程中要讲事实，重证据，既要据理力争，坚持原则，又要适当让步，机动灵活，所谓索赔的“艺术”，往往在谈判桌上能得到充分的体现，所以，选择和组织好精明强干、有丰富的索赔知识和经验的谈判班子就显得极为重要。

3. 工程项目索赔的技巧

工程项目索赔的技巧是为索赔的战略和策略目标服务的。因此，在确定了索赔的战略和策略目标之后，索赔技巧就显得格外重要，它是索赔策略的具体体现。工程项目索赔技巧应因人、因客观环境条件而异，现提出以下各项供参考。

（1）商签好工程项目合同协议。在商签合同过程中，承包商应对明显把重大风险转嫁给承包商的合同条件提出修改的要求，对其达成修改的协议应以“谈判纪要”的形式写出，作为该合同文件的有效组成部分。要对业主开脱责任的条款特别注意，如：合同中不列索赔条款；拖期付款无时限，无利息；没有调价公式；业主认为对某部分工程不够满意，即有权决定扣减工程款；业主对不可预见的工程施工条件不承担责任等。如果这些问题在签订合同协议时不谈判清楚，承包商就很难有索赔机会。

（2）及时发现工程项目索赔机会。一个有经验的承包商，在投标报价时就应考虑将来可能要发生索赔的问题，要仔细研究招标文件中合同条款和规范，仔细查勘施工现场，探索可能索赔的机会，在报价时要考虑索赔的需要。在进行单价分析时，应列入生产效率，把工程成本与投入资源的效率结合起来。这样在施工过程中论证索赔原因时，可引用效率降低来论证索赔的根据。

在工程项目索赔谈判中，如果没有生产效率降低的资料，则很难说服监理工程师和业主，索赔无取胜可能。反而可能被认为生产效率的降低是承包商施工组织不好，没达到投标时的效率，应采取措施提高效率，赶上工期。

要论证效率降低，承包商应作好施工记录，记录好每天使用的设备工时、材料和人工数量、完成的工程及施工中遇到的问题。

（3）及时发出工程项目索赔通知书。一般合同规定，索赔事件发生后的一定时间内，承包商必须送出索赔通知书，过期无效。

（4）工程项目索赔事件论证要充足。承包合同通常规定，承包商在发出索赔通知书后，每隔一定时间（28 天），应报送一次证据资料，在索赔事件结束后的 28 天内报送总结性的索赔计算及索赔论证，提交索赔报告。索赔报告一定要令人信服，经得起推敲。

（5）工程项目索赔计价方法和款额要适当。索赔计算时采用附加成本法容易被对方接受，因为这种方法只计算索赔事件引起的计划外的附加开支，计价项目具体，使费用索赔能较快得到解决。另外索赔计价不能过高，要价过高容易让对方产生反感，使索赔报告束之高阁，长期得不到解决。另外还有可能让业主准备周密的反索赔计划，以高额的反索赔对付高额的索赔，使索赔工作更加复杂化。

（6）力争单项索赔，避免一揽子索赔。单项索赔事件简单，容易解决，而且能及时得到支付。一揽子索赔，问题复杂，金额大，不易解决，往往到工程结束后还得不到付款。

（7）力争友好解决，防止对立情绪。索赔争端是难免的，如果遇到争端不能理智协商讨论问题，使一些本来可以解决的问题悬而未决。承包商尤其要头脑冷静，防止对立情绪，力争友好解决索赔争端。

（8）坚持采用清理帐目法。承包商往往只注意接受业主按对某项索赔的当月结算索赔款，而忽略了该项索赔款的余额部分。没有以文字的形式保留自己今后获得余额部分的权利，等于同意并承认了业主对该项索赔的付款，以后对余额再无权追索。

因为在索赔支付过程中，承包商和监理工程师对确定新单价和工程量方面经常存在不同意见。按合同规定，工程师有决定单价的权力，如果承包商认为工程师的决定不尽合理，而坚持自己的要求时，可同意接受工程师决定的临时单价或临时价格付款，先拿到一部分索赔款，对其余不足部分，则书面通知工程师和业主，作为索赔款的余额，保留自己的索赔权利，否则，将失去了将来要求付款的权利。

（9）注意同监理工程师搞好关系。监理工程师是处理解决索赔问题的公正的第三方，注意同监理工程师搞好关系，争取监理工程师的公正裁决，竭力避免仲裁或诉讼。

本章小结

本章主要介绍了合同管理的基本知识、工程项目施工合同、工程项目变更的合同管理、工程项目合同的争议处理，以及工程项目合同的索赔。通过本章的学习，读者可以了解合同管理的任务、内容、特点，工程承包合同管理，承包合同各方的合同管理；熟知工程项目施工合同的构成、种类、特征，标准施工招标文件》的应用和合同条款的作用；理解工程项目合同变更的原因，工程项目合同变更对合同实施的影响，工程项目变更的程序，工程项目变更的管理；熟悉工程项目合同争议的处理的四种方法；了解工程项目索赔的原因、分类、依据、处理程序及其计算方法。

习　题　七

一、判断题

1. 发包人供应的材料设备使用前，由承包人负责检验或试验。（　　）
2. 建设工程采购合同约定质量标准的一般原则不包括按国际标准执行。（　　）
3. 负责工程测量定位不属于劳务分包合同中承包人义务。（　　）
4. 建设工程的主体一般只能是法人。（　　）
5. 没有工程师的指示，承包人也可以进行合同变更。（　　）

二、选择题

1. 根据《中华人民共和国合同法》，下列合同属于建设工程合同的是（　　）。

A. 监理合同　　B. 咨询合同　　C. 勘察设计合同　　D. 代理合同

2. 根据《建设工程施工劳务分包合同（示范文本）》（GF—2003—0214），分包项目的施工组织设计应由（　　）负责编制。

A. 承包人　　B. 工程师　　C. 分包人　　D. 发包人

4. 下列关于暂停施工说法，正确的是（　　）。

A. 工程师以书面形式要求承包人暂停施工，并于提出要求后 24 h 内提出处理意见

B. 由于发包人原因造成的停工，由发包人承担追加的合同款，但不允许顺延工期

C. 发包人出现违约情况时，承包人可主动暂停施工，发包人承担相应的违约责任

D. 施工中出现一些意外需要暂停施工的，所有责任由发包人承担

5. 发包人按合同约定提供材料设备，负责保管和支付保管费用的分别是（　　）。

A. 承包人和材料供应商　　B. 监理方和发包人

C. 监理方和材料供应商　　D. 承包人和发包人

6. 承包人在工程变更后（　　）天内提出变更工程价款的报告，经监理工程师确认后调整合同价款。

A. 7　　B. 14　　C. 28　　D. 42

三、简答题

1. 工程项目合同管理的主要内容是什么？

2. 工程项目合同变更的原因有哪些？

3. 工程项目合同发生索赔的原因有哪些？

4. 工程项目合同施工索赔的工作程序有哪些？

5. 工程项目合同处理索赔应注意的问题有哪些？

第八章

工程项目风险管理

本章导读

随着人们生活水平的不断改善，人们对建筑工程项目的质量及风险管理的要求也逐渐的提高，建筑工程由于自身投资多，工期长等特点，使得建筑工程自身存在着诸多不确定因素。因此，加强建筑工程项目的风险管理，不仅有利于保证建筑工程项目质量，还能确保工程顺利，按时完成，而且也是增大企业效益，适应当前建筑市场要求的必然措施。本章主要介绍工程项目风险管理概述、工程项目风险识别、工程项目风险评估、工程项目风险控制等内容。

学习目标

- 了解工程项目风险相关的基本知识。
- 掌握工程项目风险识别的依据和过程。
- 熟练掌握建设工程项目风险评估的内容、步骤及目的。
- 掌握工程项目风险控制的依据和对策。

素质目标

- 培养学生恪守职业道德、诚实守信、爱岗敬业、团结协作、不弄虚作假。
- 培养学生具备理解并遵循工程管理专业伦理，认知社会责任及尊重多元观点。

本章结构图

- 第八章　工程项目风险管理
  - 第一节　工程项目风险管理概述
    - 一、工程项目风险的分类
    - 二、工程项目风险的特点与表达式
    - 三、与工程有关的风险因素
    - 四、工程项目风险损失的衡量
    - 五、工程项目风险概率的衡量
  - 第二节　工程项目风险识别
    - 一、工程项目风险识别的依据
    - 二、工程项目风险识别过程
  - 第三节　工程项目风险评估
    - 一、工程项目评估的内容
    - 二、工程项目风险评估的步骤
    - 三、工程项目风险评估的目的
  - 第四节　工程项目风险控制
    - 一、工程项目风险控制的依据
    - 二、工程项目风险的控制对策

第一节　工程项目风险管理概述

工程项目风险可定义为：在项目建设过程中，由于各种各样的原因，发生潜在的危险和损失的可能性或概率。

一、工程项目风险的分类

工程项目风险可按项目系统要素、管理的过程和要素，以及风险对目标的影响等方式进行分类。

（一）按工程项目系统要素进行分类

按项目系统要素可分为以下三种风险。

（1）项目环境要素风险。如政治、法律、经济、社会以及自然条件风险等。

（2）项目系统结构风险。如技术风险，资源消耗的增加及其他异常情况等。

（3）项目行为主体产生的风险。如业主方面的风险，承包商方面的风险等。

（二）按工程项目管理的过程和要素分类

按工程项目管理的过程和要素可分为以下几种风险。

（1）高层战略风险。

（2）决策风险。

（3）技术风险。

（4）计划与控制风险。

（5）运营管理风险等。

（三）按风险对目标的影响分类

工程项目风险按风险对目标的影响可分为以下几种。

(1) 工期风险。造成局部的或整个工程的工期延长，不能及时投入使用。

(2) 费用风险。包括成本超支、投资追加、收入减少、回报率降低等。

(3) 质量风险。包括材料、工艺、工程不能通过验收、工程生产不合格等。

(4) 生产能力风险。项目建成后达不到设计生产能力。

(5) 市场风险。工程建成后产品未达到预期的市场份额，没有销路，没有竞争力。

(6) 信誉风险。造成对企业形象、职业责任、企业信誉的损害。

(7) 安全风险。人身安全、健康以及工程或设备的损坏。

(8) 法律责任风险。即可能被起诉并承担相应法律的或合同的处罚。

二、工程项目风险的特点与表达式

工程项目风险具有以下几个特点。

(1) 在一个项目中有许多种类的风险存在，这些风险之间有复杂的内在联系。

(2) 风险在整个项目生命期中都存在，而不仅在实施阶段。

(3) 风险的影响常常不是局部的，而是全局的。

(4) 风险的发生和影响也有一定的规律性，是可以进行预测的。

(5) 参与工程建设的各方均有风险，但各方的风险不尽相同。

项目风险具有不同的组成要素，如项目不希望发生的事件、事件发生的概率、事件的后果等。

每个项目的风险可定义为不确定性和后果的函数

$$风险=f（事件，不确定性，后果）$$

不确定性和后果严重性的增加，风险就会加大。

另一种风险的函数表达式是

$$风险=f（事故，安全措施）$$

三、与工程有关的风险因素

与工程有关的风险因素主要存在于政治方面、公共关系方面和管理方面。

(一) 政治方面

政治风险将对一个国家的所有的经营活动带来影响，包括：体制变化、政策变化和法律法规变化。其中，物价上涨是最常遇到的风险。在采用固定总价合同时，虽然投标或签订合同时考虑了物价上涨因素，但有可能估计不足。有时合同中没有价格调整公式，或者虽然有调价公式，但包含的因素不全或不能反映物价上涨的实际情况等。业主资金不足，支付能力差，以各种形式拖欠支付，如拖延每月支付而合同中未有拖延支付如何处理的规定。技术规范要求不合理，工程量表中项目技术说明不明确而投标时没发现。

(二) 公共关系方面

公共关系方面的风险因素主要有以下几方面。

(1) 与业主的关系。如业主以种种理由为借口，或因工作效率低下，延误办理承包商的各种材料、设备手续，延误支付、拖延各种证书的签发等。

（2）与监理工程师的关系。如已完工程得不到及时的确认或验收，或不及时确认进场材料等。

（3）联营体内部各方的关系。和联营体内人员之间的矛盾、各公司之间配合不协调，影响工程。

（三）管理方面

管理方面的风险因素主要为工程管理和合同管理。

（1）工程管理。对于大型复杂的工程，由于参与实施的分包商太多，各工序间错综复杂，加之地质、水文等自然条件的意外变化，使总承包商在工程管理中面临着诸多风险。

（2）合同管理。合同管理主要是利用合同条款保护自己，扩大收益，要求承包商具有渊博的知识和娴熟的技巧，善于开展索赔，精通纳税技巧。

财务管理是承包工程获得理想经济效益的重要保证，财务工作贯穿于工程项目的始终，任何一个环节的疏忽和差错都可能导致重大风险。

四、工程项目风险损失的衡量

风险损失的衡量就是定量确定风险损失值的大小。工程项目风险损失包括：投资方面的风险；进度方面的风险；质量与安全方面的风险；项目产品功能方面的风险。

由以上四方面风险的内容可知，投资增加可以直接用货币来衡量；进度的拖延则属于时间范畴，同时也会导致经济损失；而质量事故和安全事故既会产生经济影响又可能导致工期延误和第三者责任，显得更加复杂。而第三者责任除了法律责任之外，一般都是以经济赔偿的形式来实现的。因此，这四方面的风险最终都可以归纳为经济损失。风险损失可以用风险影响度分析表评价，具体如表8-1所示。

表8-1　风险对项目主体影响度估计表

项目目标	投资	进度	功能	质量
很高（0.8）	费用增加>20%	总体进度拖延>20%	项目没有实际用途	质量下降到没有实际用途
高（0.4）	费用增加5%～10%	总体进度拖10%～20%	功能降低到客户无法接受的程度	质量下降到客户无法接受的程度
一般（0.2）	费用增加5%～10%	总体进度拖延4%～10%	影响到一些主要功能	质量下降，但客户尚可接受
低（0.1）	费用增加<5%	总体进度拖延<5%	影响到一些次要功能	只有在要求很高时，应用才会受到影响
很低（0.05）	不明显的费用增加	不明显的进度拖延	很难发现功能减弱	很难发现品质降低

五、工程项目风险概率的衡量

在对工程项目的风险概率进行衡量时，一般常用的方法主要有相对比较法、概率分布法和风险等级评定法。

（一）相对比较法

相对比较法是由美国风险管理专家理查德·露迪（Richard Rooty）提出，表示如下。

（1）“几乎是0”。这种风险事件可以认为不会发生。

（2）“很小的”。这种风险事件虽然有可能发生，但发生的可能性不大。

（3）“中等的”。这种风险事件偶尔会发生，并且能预期将来有时会发生。

（4）“一定的”。这种风险事件一直在有规律地发生且预期未来也是有规律地发生。

在采用相对比较法时，工程项目风险导致的损失也将相应划分成重大损失、中等损失和轻度损失，然后在风险坐标图上对工程项目风险定位，反映出风险量的大小。

（二）概率分布法

概率分布法可以较为全面地衡量工程项目风险。因为通过潜在损失的概率分布，有助于确定在一定情况下哪种风险对策最佳。

概率分布法的常见表现形式是建立概率分布表。根据工程项目风险的性质分析大量的统计数据，当损失值符合一定的理论概率分布或与其近似吻合时，可由特定的几个参数来确定损失值的概率分布。

（三）风险等级评定

在风险衡量过程中，工程项目风险被量化为关于风险发生概率和损失严重性的函数，但在选择对策之前，还需要对工程项目风险量做出相对比较，以确定工程项目风险的相对严重性。为此，可根据等风险量曲线建立如图8-1所示风险等级图。

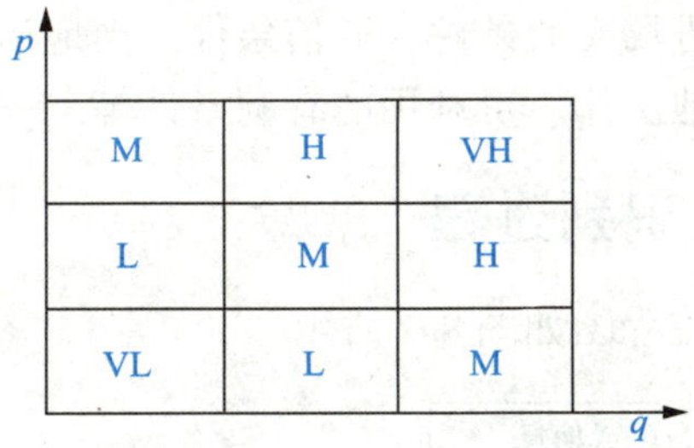

图8-1 风险等级评估图

实际应用时一般将风险量的大小分成五个等级，分别表示为是：VL（很小）；L（小）；M（中等）；H（大）；VH（很大），P表示风险的发生概率，q表示潜在风险损失。

第二节　工程项目风险识别

风险识别是指用感知、判断或归类的方式对现实的和潜在的风险性质进行鉴别的过程。风险识别是风险管理的第一步，也是风险管理的基础。只有在正确识别出自身所面临的风险的基础上，人们才能够主动选择适当有效的方法进行的处理。

一、工程项目风险识别的依据

工程项目风险识别的依据主要有以下几个方面。

（1）项目的前提、假设和制约因素。项目的建议书、可行性研究报告、设计或其他文件都是在若干假设、前提的基础上做出的。这些前提和假设在项目实施期间可能成立，也可能不成立。因此，项目的前提和假设之中隐藏着风险。

（2）项目规划。项目规划中的项目目标、任务、范围、进度计划、费用计划、资源计划、采购计划，以及业主方、总承包商和其他利益相关者对项目的期望值等，都是项目风险识别的依据。

（3）常见风险种类。如政治风险、经济风险、自然风险、技术风险、商务风险、信用风险等。

（4）历史资料。项目的历史资料可以是以前亲身经历过的项目的经验总结，也可以是通过公共信息渠道获得的他人经历项目的历史文档。在过去建设过程中的档案纪录、工程总结、工程验收资料、工程质量与安全事故处理文件，以及工程变更和施工索赔资料等，记载着工程质量与安全事故、施工索赔等处理的来龙去脉，这些对当前工程项目的风险识别是非常有帮助的。

（5）前期现场调研。包括工程地质条件、气象条件、水文条件、地形地貌、地震条件、外围水电气接口条件、进场交通条件、通信条件、当地治安条件、物价条件、当地设计水平、当地施工水平、当地法律、可利用的有利条件等。

二、工程项目风险识别过程

项目风险管理流程

工程项目风险识别过程流程图如图 8-2 所示。

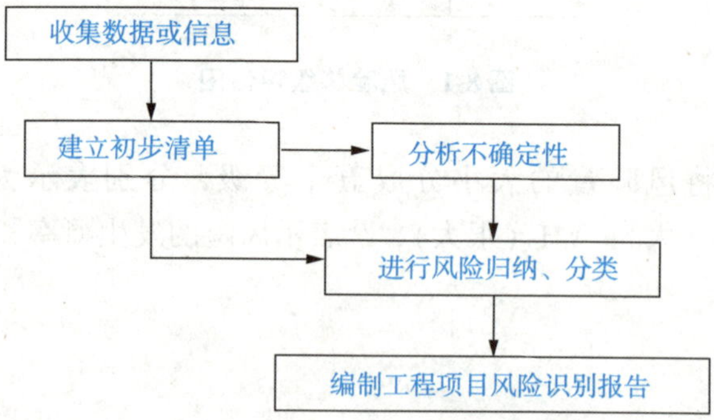

图 8-2　项目风险识别过程流程图

（一）收集数据或信息

一般认为风险是数据或信息的不完备而引起的。因此，收集和风险事件直接相关的信息可能是困难的，但是风险事件总不是孤立的，可能会存在一些与其相关的信息，或与其有间接联系的信息，或是本工程项目可以类比的信息。工程项目风险识别应注重下列几方面数据信息的收集。

1. 工程项目建设环境方面的数据资料

工程项目的实施和建成后的运行离不开与其有关的自然和社会环境。自然环境方面包括气象、水文、地质等对工程项目的实施有较大的影响；例如，经常下雨会影响到工程的进度，对某些工程还会影响到施工的成本和质量；工程地质条件的变化经常会引起工程量和工程造价的上升，也可能威胁到施工的安全和工程的进度；社会环境方面的政治、经济、文化等对工程建设也有重要的影响。物价的上涨会引起建筑材料和施工机械台班费用的上升。这些均会影响工程项目目标的顺利实现。因此，在风险识别时有必要收集和分析工程建设环境方面的数据资料。

2. 类似工程的有关数据资料

以前经历的工程项目的数据资料，以及类似工程项目的数据资料均是风险识别时必须收集的。对于亲身经历过的工程项目，一定会有许多经验教训，这些经验和体会对识别本项目的风险是非常有用的。对于类似的工程项目，可以是类似的建设环境，也可以是类似的工程结构，或者两方面均类似则更好。因此，要注重这两方面数据资料的收集，包括过去建设过程中的档案记录、工程总结、工程验收资料、工程质量与安全事故处理文件，以及工程变更和施工索赔资料等。这些数据资料记载着工程质量与安全事故、施工索赔等处理的来龙去脉，对本工程项目风险的识别极有价值。

3. 工程的设计、施工文件

工程设计文件规定了工程的结构布置、形式、尺寸，以及采用的建筑材料、规程规范和质量标准等，对这些内容的改变均可能会引来风险。例如，在工程施工中，设计施工人员会觉得按规范设计的结构太浪费，计划对其进行优化。此时，应认识到，做这样的优化可能会遇到风险。因此，有必要进行详细的分析论证，进行风险分析。工程施工文件明确了工程施工的方案、质量控制要求和工程验收的标准等。工程施工中经常会碰到方案设计或优化选择的问题，此时，应对工程的进度、成本、质量和安全目标的实现进行风险分析，进而选择合理的方案。

4. 信息收集的方法

（1）头脑风暴法。头脑风暴法是指团队通过本能的、不加判断的汇集一些想法，产生新主意，从而找出解决某一特定问题的想法。

项目团队在项目计划时期专门召开一次项目风险会议，邀请其他项目利益相关者出席，采用头脑风暴法发现、识别项目中的风险。

头脑风暴法规则如下：①不加评论；②随心所欲的表达；③讨论期间不提问；④快速

阐明观点；⑤不需要发挥；⑥不担心重复；⑦思路不加以限制；⑧记录下每个观点；⑨综合并改善其他观点；⑩适宜5~20人。

（2）德尔菲法。德尔菲法是指从一组专家中得到一致意见，来预测未来发展。德尔菲法通常以互相独立的输入为基础，对未来事件进行预测的系统化的、交互式的程序。德尔菲法重复使用几个回合的提问，包括来自前几轮的反馈，从而发挥团队输入的优点，同时又避免面对面商议中出现的偏见效应。

（3）访谈技术。访谈技术是通过面对面或电话讨论的方式收集信息、寻求事实的一种技术，例如：你以前做过的项目中有哪些风险；你认为这个项目中有哪些风险；访谈的汇总、归纳、认定需要经验的支撑。

（4）SWOT分析。SWOT分析就是强弱危机综合分析法，是一种企业竞争态势分析方法，是市场营销的基础分析方法之一，通过评价企业的优势、劣势、竞争市场上的机会和威胁等，用以在制定企业的发展战略前对企业进行深入全面的分析以及竞争优势的定位。而此方法是由Albert Humphrey提出来的。

成功应用SWOT分析法的简单规则：①必须对公司的优势与劣势有客观的认识；②必须区分公司的现状与前景；③必须考虑全面；④必须与竞争对手进行比较，比如优于或是劣于竞争对手；⑤保持SWOT分析法的简洁化，避免复杂化与过度分析；⑥SWOT分析法因人而异；⑦编制风险识别检查表，从以往项目记录中发现风险的方法；⑧检查表是风险识别中快速、简单、低成本的方法；⑨将审核检查表作为每个项目收尾阶段的重要工作，为以后的项目丰富、完善可能的风险清单和风险说明。

（二）分析不确定性

在基本数据或信息收集的基础上，应从下列几个不同方面对工程项目的不确定性进行分析。

（1）不同建设阶段的不确定性分析。工程建设有明显的阶段性，而在不同建设阶段，不论是不确定事件的种类，还是不确定事件的不确定程度均有很大的差别，应将不同建设阶段的不确定性分别进行分析。

（2）不同目标的不确定性分析。工程建设有进度、质量和成本三个目标，影响这三个目标的因素既有相同处，也有不同的地方，要从实际出发，对不同目标的不确定性做出较为客观的分析。

（3）工程结构的不确定性分析。不同的工程结构，其特点不同，影响不同工程结构的因素不相同；即使相同，其程度也可能有差别。

（4）工程建设环境的不确定性分析。工程建设环境是引起各种风险的重要因素。应对建设环境进行较为详尽的不确定性分析，进而分析由其引发的工程项目风险。

（三）归纳分类风险信息

确定风险事件，并在工程项目不确定分析的基础上将风险归纳、分类，进一步分析这些不确定因素引发工程项目风险的大小。为风险管理的方便，针对这种分类，首先，可按工程项目内、外部进行分类；其次，按技术和非技术进行分类，或按工程项目目标分类。

（四）编制工程项目风险识别报告

在工程项目风险分类的基础上，应编制出风险识别报告。该报告是风险识别的成果。通常其包括的内容有如下几个方面。

（1）已识别出的风险。已识别出的工程项目风险是风险识别重要的成果之一。该结果经常采用风险清单的形式出现，风险清单将工程项目所面临的风险汇总并按类进行排列，可给人一个整体的感觉。能使工程项目管理人员不仅把握自己的岗位所面临的风险，而且能使其了解到其他管理人员可能会碰到的风险，还能使他们预感到风险的可能发生的连锁反应。

（2）潜在的工程项目风险。潜在的工程项目风险是指尚没有迹象表明将会发生的风险，是人们主观判断的风险，其一般是一些独立的工程项目风险事件，如自然灾害、项目特殊团队成员的辞职等。当然，其潜在的工程项目风险可能会发展成为现实的工程项目风险，即其发生有一定的可能性。所以对于可能性或者损失相对较大的潜在的工程项目风险，应该注意跟踪和评估。

（3）工程项目风险的征兆。工程项目风险的征兆是指工程项目风险发展变化的可能趋向。例如，国家或地区发生通货膨胀，可能会使工程项目需要的资源价格上涨，从而导致工程项目投资超概算的风险，所以通货膨胀一般是发生工程项目投资风险的一种征兆。对工程项目风险征兆需密切关注，并考虑应对计划和措施。

第三节　工程项目风险评估

工程项目风险估计是对工程项目各个阶段的风险事件发生可能性的大小、可能出现的结果、可能发生的实践和影响范围的大小等的估计。工程项目风险估计是为分析整个工程项目风险或某一类风险提供基础，并进一步为制订风险管理计划，进行风险评价、确定风险应对措施和进行风险监控提供依据。

一、工程项目评估的内容

（1）风险事件发生可能性的评估。工程项目风险评估的首要任务是分析和评估风险事件发生的概率，即风险事件发生可能性的大小，这是工程项目风险分析评估中最为重要的一项工作，而且常常也是最闲难的一项工作。主要原因在于两方面：一是与风险事件相关的系列数据的收集相当困难；二是不同工程项目差异性较大，用类似工程项目数据推断当前工程项目风险事件发生的概率，其误差可能较大。

（2）风险事件后果严重程度的评估。工程项目风险评估评估的第二项任务是分析和评估工程项目风险事件发生后其后果的严重程度，即工程项目风险事件可能带来损失的大小。在工程项目实施的过程中，经常会遇到这样的情况。风险事件发生的概率不一定很大，但如果它一旦发生，其后果是十分严重的。

（3）风险事件影响范围的评估。工程项目风险评估的第三项任务是对风险事件影响范围的评估，其包括分析风险事件可能影响的部位，或可能影响的方面和工作。在工程项目实施过程中，对某些风险事件，其发生的概率和本身造成的后果都可能不是很大，但如果其一旦发生，会影响到工程项目的各个方面或许多工作，此时，有必要对其进行严格的控制。如土木工程施工流水段，一般而言，按照正常设计组织施工，失败的风险很小的；但若不成功，即风险事件发生了，则工程要受到严重的直接经济损失。同时，施工工期常要推迟，而建设工期推迟带来的间接损失也是十分巨大的。因此，在土木工程实践中，人们对土木工程施工中的流水段十分重视。

（4）风险事件发生的时间评估。工程项目风险事件的发生时间，即风险事件出现的时间，也是工程项目风险事件分析中的重要工作。这有两方面的考虑：一是从风险控制的角度看，根据风险事件发生的先后进行控制。一般情况下，较早发生的风险应优先采取控制措施；对于相对较晚发生的风险，则可以通过对其进行跟踪和观察，并抓住机遇进行调节，以降低风险控制成本；二是在工程项目实施中，对某些风险事件，完全可以通过时间上的合理安排，大大降低其发生的概率和减少其可能带来的不利后果。例如，对于大体积混凝土的施工，在其他条件相同的情况下，夏天施工和冬天施工相比，夏天施工出现温度裂缝的风险要大。因此，在允许范围内，一般尽可能将大体积混凝土的施工安排在冬季。

二、工程项目风险评估的步骤

（1）采集数据。首先必须采集与所要分析的风险相关的各种数据。这些数据可以从投资者或者承包商过去类似项目经验的历史记录中获得；可以从气象、水文、建设市场、社会经济发展的历史资料中获得；可以从一些勘测和试验研究中获得；可以在工程项目实施过程中获得。所采集的数据必须是客观真实的，最好具有可统计性。

（2）完成风险分析模型。以取得的有关风险事件的数据资料为基础，对风险事件发生的可能性和可能的结果给出明确的量化描述，即风险模型。该模型又分为风险概率模型和损失模型，分别用以描述不确定因素与风险事件发生概率的关系，以及不确定因素与可能损失的关系。

（3）对风险分析给出结论。工程项目风险性模型建立后，就可以用适当的方法去估计每一风险事件发生的概率和可能造成的后果。通常用来表示风险发生的可能性；可能的后果则用费用损失和建设工期的拖后来表示。

三、工程项目风险评估的目的

（1）确定风险的先后顺序。即对工程项目中各类风险进行评估，根据风险对项目的影响程度、风险事件的发生和造成的后果，确定风险事件的顺序。

（2）确定各风险事件的内在逻辑关系。有时看起来没有关联性的多个风险事件，常常是由一个共同的风险因素造成的。如遇上未曾预料的施工环境改变下的设计文件变更，则项目可能会造成费用超支、管理组织难度加大等多个后果。风险评估就是从工程项目整体出发，弄清各风险事件之间的内在逻辑关系，准确地估计风险损失，制订风险应对计划。

（3）掌握风险间的相互转化关系。考虑各种不同风险之间相互转化的条件，研究如何才能化威胁为机会，同时也要注意机会在什么条件下会转化为威胁。

（4）进一步量化风险发生的概率和产生的后果。在风险识别的基础上，进一步量化风险发生的概率和产生的后果，降低风险识别过程中的不确定性。

第四节 工程项目风险控制

工程项目风险控制是对风险管理计划的执行过程进行有计划的跟踪，并对计划做出调整的过程，通过将项目风险控制在一定水平及范围内，从而保证了整个风险管理的有效性。由于风险管理环境的变化，风险控制必须贯穿、渗透在项目实施的全过程之中，并且在项目进度过程中应收集和分析与风险相关的各种信息，预测可能发生的风险，对其进行监控并提出预警。其目的是核对策略与措施的实际效果是否与预见相同；寻找机会改善和细化风险处理计划；获取反馈信息，以便将来的决策更符合实际。

一、工程项目风险控制的依据

（1）风险管理计划。风险管理计划描述在整个项目生命周期内管理人员及项目组成成员应如何组织或执行工程项目风险识别、风险评估、风险应对计划以及风险监视控制等风险管理活动，风险管理计划是指导整个风险管理活动的纲领性文档。

（2）风险应对计划。风险应对计划是根据风险管理计划制定的应对措施及方案。

（3）项目的沟通。通过项目沟通中的文档，可以了解项目进展及项目风险状况，这些文档包括事件记录、行动规则及流程、风险预报等。

（4）项目的变更。工程项目的实施过程中，由于社会与环境的种种原因导致的项目变更经常会带来新的风险，这是值得项目管理者密切关注的。

（5）项目实施过程中新识别的风险。随着工程项目的进展及内外环境的变化，新风险的产生是一件必然的事情。

（6）项目评审。风险应对计划是否有效、执行是否有效可以通过项目计审者的监测与记录来了解，可以以此为依据来调整应对计划或制订新的应对计划。

二、工程项目风险的控制对策

采用风险控制措施可降低预期损失或使这种损失更具有可控性，从而改变风险的结果；这类力法包括规避风险、风险预防、风险分散、转移风险及风险保留。以下主要说明规避风险和转移风险两种对策。

（一）规避风险

规避风险是考虑到风险存在和发生的可能性，主动放弃或拒绝实施可能导致风险损失的方案。风险规避有两种基本途径，一是拒绝承担风险，如了解到某工程项目风险较大，则不参与该工程的投标；二是放弃以后可能要承担的风险，如了解到某一项目有许多新的过去未发现的风险，决定放弃进一步的项目计划，以避免风险。

采取规避策略最好在项目活动尚未实施时进行。通常采用的方法有以下几种。

（1）终止法。这是规避风险的基本方法，是一种消极的方法，是通过终止或放弃项目或项目计划的实施来避免风险的方法。

（2）工程法。这是一种有形的规避风险的方法，其以工程技术为手段，消除物质性风险的威胁。工程法的特点是，每一种措施总是与具体的工程设施相连的，因此采用该方法规避风险的成本较高，在风险措施决策时应充分考虑这一点。

工程法在规避工程项目安全风险等方面得到广泛的应用。然而应注意到，任何工程措施都是由人设计和实施的，人的因素在其中起主导作用，在使用工程法的过程中，要充分发挥人的主导作用。此外，任何工程措施都有局限性，并不是绝对的可靠或安全，过分依赖工程措施的观点是片面的，要将工程措施和其他措施结合起来使用，以达到最佳的规避风险的效果。

（3）程序法。它是一种无形的风险规避的方法，其要求用标准化、制度化、规范化的方式从事工程项目活动，以避免可能引发的风险或不必要的损失。在宏观上，我国工程项目建设中规定有工程建设基本程序。在工程项目实施过程中，要求按照程序一步一步进行，对于一些重要的环节，而且要求完成一步后，要进行评审和验收，以防止以后的过程留下不利的条件、引发风险的因素。在微观上，工程项目的施工过程是由一系列作业组成的，在作业之间有些存在着严格的先后作业逻辑关系，对这种情况，在工程施工中就要求严格按照规定的作业程序施工，而不能随意安排，以避免项目风险的发生。

（二）转移风险

转移风险是为了避免承担风险损失，有意识地将损失转嫁给另外的单位或个人承担。实行这种策略要遵循三个原则：风险转移应有利于降低工程造价和有利于履行合同；谁能更有效地防止或控制某种风险或减少该风险引起的损失，就由谁承担该风险；风险转移有助于调动承担方的积极性，应认真做好风险管理，从而降低成本，节约投资。

转移风险并不会减少风险的危害程度，它只是将风险转移给另一方来承担。各人的优劣势不一样，对风险的承受能力也不一样。在某些环境下，风险转移者和接受风险者会取得双赢。而在某些情况下，转移风险可能造成风险显著增加，这是因为接受风险的一方可能没有清楚意识到将要面临的风险。

转移风险通常有控制型非保险转移、财务型非保险转移和保险转移三种形式。

（1）控制型非保险转移，转移的是损失的法律责任，它通过合同或协议消除或减少转让人对受让人的损失责任和对第三者的损失责任。

（2）财务型非保险转移，是转让人通过合同或协议寻求外来资金补偿其损失。有两种形式：①免责约定。免责约定式合同不履行或不完全履行时，如果不是由于当事人一方的过错引起，而是由于不可抗力的原因造成的，违约者可以向对方请求部分或全部免除违约责任。②保证合同。保证合同是由保证人提供保证，使债权人获得保障。通常保证人以被保证人的财产抵押来补偿自己因履行保证责任可能遭受到的损失。

(3) 保险是通过专门机构，根据有关法律，运用大数法则签订保险合同，当风险发生时就可以获得保险公司补偿，从而将风险转移给保险公司。

本章小结

本章主要介绍了工程项目风险相关的基本知识、工程项目风险识别、建设工程项目风险评估和工程项目风险控制。通过本章的学习，读者可以了解工程项目风险是如何分类的；掌握工程项目风险的特点与表达式；熟悉影响工程风险的因素；掌握工程项目风险识别的依据和过程；熟练掌握建设工程项目风险评估的内容、步骤及目的；掌握工程项目风险控制的依据和对策。

习题八

一、选择题

1. 下列施工风险管理工作中，属于风险识别工作的是（　　）。

A. 确定风险因素　　B. 分析风险发生的概率

C. 分析风险损失量　　D. 提出风险预警

2. 下列建设工程施工风险的因素中，属于技术风险因素的有（　　）。

A. 承包商管理人员的能力　　B. 工程设计文件

C. 工程施工方案　　D. 合同风险

3. 对建设工程项目管理而言，风险是指可能出现的影响项目目标实现的（　　）。

A. 不确定因素　　B. 错误决策　　C. 不合理指令　　D. 设计变更

4. 建设工程施工过程中，可能会出现不利的地质条件（如地勘未探明的软弱层）而使施工进度延误、成本增加，这种风险属于（　　）。

A. 经济与管理风险　　B. 组织风险

C. 工程环境风险　　D. 技术风险

5. 下列有关建设工程施工风险因素中，属于技术风险的是（　　）。

A. 工程所在地的水文地质条件　　B. 施工管理人员的经验和能力

C. 事故的防范措施和计划　　D. 工程施工方案的可靠性

二、简答题

1. 工程项目风险的分类方式有哪些？
2. 与工程有关的风险因素有哪些？
3. 工程项目风险识别的依据是什么？
4. 工程项目评估的内容有哪些？
5. 工程项目风险控制的依据是什么？

第九章

工程项目沟通管理

本章导读

工程项目沟通是实施现代项目管理的重要内容，主要体现在信息的传递、双向的交流、对方理解信息。它是工程项目管理的重要组成部分，贯穿项目建设全过程，是项目各个管理环节的纽带。本章主要介绍项目沟通管理概述、工程项目沟通中常见的问题。

学习目标

- 了解项目沟通的基本知识。
- 掌握建筑项目管理中沟通的内容。
- 熟悉工程项目沟通的方式。
- 掌握改善与提高项目沟通管理的方法。
- 熟悉工程项目中常见的沟通问题产生的原因及解决方法。

素质目标

培养学生清晰流利的表达能力，具有项目分析、整合的能力，与业界同行及社会公众能进行有效沟通和交流的能力。

引导学生树立职业自豪感和使命感，培养勇于担当的精神，并具备良好的团队理念和合作意识。

本章结构图

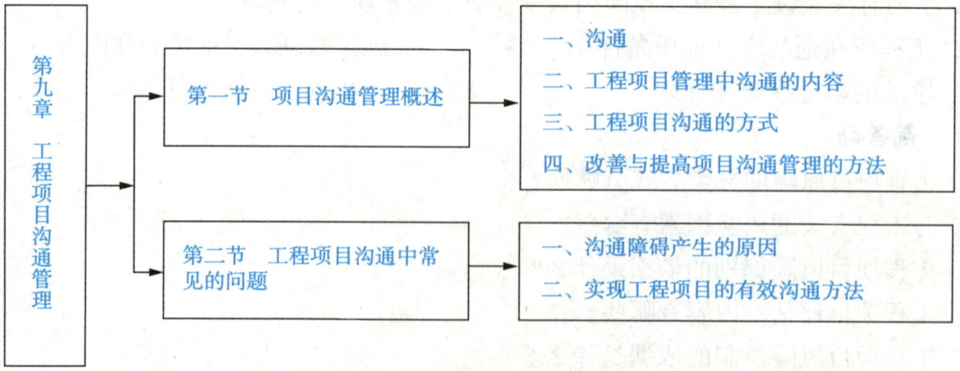

第一节 项目沟通管理概述

工程项目沟通管理是对工程项目实施过程中的各种形式和各种内容的沟通行为进行的管理，其目的是保证工程项目的有关信息能够在适当的时间，以适当的方式产生、收集、处理、储存和交流。沟通管理贯穿于工程项目管理的全过程，以排除障碍、解决矛盾、保证项目目标的顺利实现。

一、沟通

沟通是双方进行信息与思想的交流与传递，是解决参与者之间的矛盾，达到相互理解的基本方法与手段。它不仅可以解决各种技术、管理程序和方法等方面的问题，而且可以解决参与者心理和行为的障碍和争执。沟通可以达到以下成效。

（1）使所有工程项目参与者明确项目目标及各自应完成的任务，并达成共识。

（2）减少不和谐情况的发生，增进工程项目参与者间的协作精神，提高工作效率。

（3）增进工程项目参与者彼此理解，建立融洽的人际关系，提高项目团队凝聚力。

（4）提高各项工作的透明性，有效避免工程项目实施过程中可能出现的腐败行为，并且能够群策群力，使问题处理得更加准确和高效。

沟通主要由以下四要素组成。

（1）主体。发讯者和受讯者。

（2）内容。信息（知识、态度、情感等）。

（3）目的。达成一致的理解。

（4）媒介。语言、非语言。

沟通主要具有以下几点特点。

（1）随时性。双方所做的每一件事情都是沟通。

（2）双向性。双方既要收集信息，又要给予信息。

（3）情绪性。信息收集会受到传递信息方式的影响。

（4）互赖性。沟通的结果是由双方决定的。

二、工程项目管理中沟通的内容

工程项目管理中沟通的内容主要有以下几个方面。

（一）工程项目管理者与承包商的沟通

（1）在技术交底以及整个项目实施过程中，项目管理者应该让各承包商理解总目标、阶段目标以及各自的目标、项目的实施方案、各自的工作任务及职责等，并向他们解释清楚，做详细说明，增加项目的透明度。

（2）指导和培训每个参加者和基层管理者适应项目工作，向他们解释项目管理程序、沟通渠道与方法。

（3）项目管理者在观念上应该强调自己是提供服务、帮助，强调各方面利益的一致性和项目的总目标性。

（4）在招标、签订合同、工程施工中应让承包商掌握信息，了解情况，以做出正确的决策。

（5）为了减少对抗、消除争执，取得更好的激励效果，项目管理者应该鼓励承包商将项目实施状况的信息、实施结果及实施过程中遇到的困难等向项目管理者汇总和集中，寻找和发现对计划、控制有误解，或有对立情绪的承包商，以及可能存在的干扰。

（二）项目经理与业主的沟通

（1）项目经理首先要理解总目标、理解业主的意图、反复阅读合同或项目任务文件。

（2）让业主一起投入项目全过程，而不仅仅是给他一个结果。

（3）业主在委托项目管理后，项目经理应该对项目前期策划和决策过程作全面的说明和解释，并提供详细的资料。

（4）项目经理有时会遇到业主所属组织的其他部门，或合资者各方都想来指导项目实施的情况。对于这种情况，项目经理应很好地听取这些人的意见和建议，对他们做出耐心的解释和说明，但不能让其直接指导实施和指挥项目组织成员。

（三）项目经理部内部的沟通

（1）项目经理与技术专家的沟通十分重要，因为双方存在许多沟通障碍。技术专家常常对基层的具体施工了解较少，只注意技术方案的变化。项目经理应积极引导，从全局角度考虑，既发挥技术人员的作用又能使方案在全局切实可行。

（2）建立完善的项目管理系统，明确划分各自的工作职责，设计比较完善的管理工作流程，明确规定项目中的正式沟通方式、渠道和时间。

（3）由于项目的特点，项目经理应从心理学、行为学角度激励各个成员的积极性。

（4）对以项目作为经营对象的组织，应形成比较稳定的项目管理队伍。

（5）由于项目经理部是临时性组织，特别是在矩阵制的组织中，项目成员在原职能部门仍然保持其专业职位，同时又为项目服务，这就要求职能人员对双重身份都具有相当的忠诚性。

（6）在项目组织内部建立公平、公正的考评工作业绩的方法、标准，并定期客观地对成员进行业绩考评，去除不可控制、不可预期的因素。

（四）项目经理与职能部门的沟通

（1）在项目经理与职能部门经理之间自然会产生矛盾，在组织设置中他们之间的权利和利益平衡存在着很多内在矛盾。项目的每个决策者和行动都必须跨过这个结合点来进行协调。

（2）项目经理必须发展与职能部门经理的良好的工作关系，这是项目经理的工作顺利进行的保证。

（3）项目经理和职能部门经理之间有一个清楚的、快捷的沟通渠道，不能发出相互矛盾的命令。

(4) 项目经理与职能部门经理基本矛盾的根源大部分是经理间的权利和地位的斗争。

(5) 项目组织会给原来的组织带来变化，而人们倾向于对变革进行抵制。

(6) 重要的信息沟通工具是项目计划，项目经理制定项目的总体计划后应取得职能部门资源支持的承诺。

三、工程项目沟通的方式

项目沟通的形式是多种多样的，通常分为书面和口头两种形式。书面沟通一般在以下情况使用：项目团队中使用的内部备忘录，或者对客户和非公司成员使用报告的方式，如正式的项目报告，年报，非正式的个人记录、报事贴。书面沟通大多用来进行通知、确认和要求等活动，一般在描述清楚事情的前提下尽可能简洁，以免增加负担而流于形式。口头沟通包括会议、评审、私人接触、自由讨论等。这一方式简单有效，更容易被多数人接受，但不适用于类似确认这样的沟通。口头沟通过程中应该坦白、明确，这是特别需要注意的。沟通的双方一定不能带有想当然或含糊的心态，不理解的内容一定要表示出来，以求对方的进一步解释。

（一）正式沟通

正式沟通是通过项目组织明文规定的渠道进行信息传递和交流的方式，如组织规定的汇报制度、例会制度、报告制度及组织与其他组织的公函来往。

1. 正式沟通的特点

(1) 有固定的沟通方式、方法和过程。正式沟通方式和过程必须经过专门的设计，有专门的定义，它一般在合同中或在项目手册中被规定，作为大家的行为规则。

(2) 大家一致认可，共同遵守，作为组织的规则，以保证行动一致。组织的各成员必须遵守同一个运作模式，必须是透明的。

(3) 这种沟通的结果常常具有法律效力，它不仅包括沟通的文件，而且包括沟通的过程。例如，会议纪要若超过答复期不作反驳，则形成一个合同文件，具有法律约束力；对业主下达的指令，承包商必须执行，但业主也要承担相应的责任。

2. 正式沟通的形式

正式沟通有几种具体的沟通形式。这里以五个人为一群体为例，基本上有以下五种沟通形式。

(1) 链式沟通。这是一个平行网络，其中居于两端的人只能与内侧的一个成员联系，居中的人则可分别与两人沟通信息。在一个组织系统中，它相当于一个纵向沟通网络，代表一个五级层次，逐渐传递，信息可自上而下或自下而上进行传递。在这个网络中，信息经层层传递和筛选，容易失真，各个信息传递者所接收的信息差异很大，平均满意程度有较大差距。此外，这种网络还可表示组织中主管人员和下级部署之间中间管理者的组织系统，属控制型结构。

在管理中，如果某一组织系统过于庞大，需要实行分别授权管理时，链式沟通网络是一种行之有效的方法。

（2）环式沟通。此形态可以看成是链式形态的一个封闭式控制结构，表示五个人之间依次联络和沟通。其中，每个人都可同时与两侧的人沟通信息。在这个网络中，组织的集中化程度和领导人的预测程度都较低；畅通渠道不多，组织中成员具有比较一致的满意度。如果在组织中需要创造出一种高昂的士气来实现组织目标，环式沟通是一种行之有效的措施。

（3）Y 式沟通。这是一个纵向沟通网络，其中只有一个成员位于沟通内的中心，成为沟通的媒介。在组织中，这一网络大体相当于组织领导、秘书班子再到下级主管人员或一般成员之间的纵向关系。这种网络集中化程度高，解决问题速度快，组织中领导人员预测程度较高。除中心人员外，组织成员的平均满意程度较低。此网络适用于主管人员的工作任务繁重，需要有人选择信息，提供决策依据，节省时间，而又要对组织实行有效的控制。但此网络易导致信息曲解或失真，影响组织中成员的士气，阻碍组织提高工作效率。

（4）轮式沟通。轮式沟通属于控制型网络，其中只有一个成员是各种信息的汇集点与传递中心。在组织中，大体相当于一个主管领导直接管理几个部门的权威控制系统。此网络集中化程度高，解决问题的速度快。主管人的预测程度很高，而沟通的渠道很少，组织成员的满意程度低。轮式网络是加强组织控制、争时间、抢速度的一个有效方法：如果组织接受紧急攻关任务，要求进行严密控制，则可采取这种网络。

（5）全通道式沟通。这是一个开放式的网络系统，其中每个成员之间都有一定的联系，彼此了解。此网络中组织的集中化程度及主管人的预测程度均很低。由于沟通渠道很多，组织成员的平均满意程度高且差异小，合作气氛浓厚。这对于解决复杂问题，增加组织合作精神，提高士气均有很大作用。但是由于这种网络沟通渠道太多，因而易造成混乱，且又费时，影响工作效率。

以上种种沟通形态和网络，都有其优缺点。作为主管人员，在管理工作实践中，要进行有效的人际沟通，就需发挥其优点，避免其缺点，使组织的管理工作水平逐步提高。

3. 正式沟通的方式

（1）协调会议。协调会议是正规的沟通方式，包括常规的协调会议和非常规的协调会议。前者是指在项目管理手册中规定每周、每半月或每一月举办一次，在规定的时间和地点举行，由规定的人员参加；后者是指在特殊情况下根据项目需要举行的，如信息发布会、解决专门问题的会议、决策会议等。

（2）各种书面文件。各种书面文件一般包括各种计划、政策、过程、目标、任务、战略、组织结构图、组织责任图、报告、请示、指令、协议。在实际工程中，项目参加者各方都以书面文件作为沟通的最终依据，这是经济法律的要求，也可避免出现争执、遗忘和推诿责任。

（3）项目手册。项目手册包括极其丰富的内容，是项目和项目管理基本情况的集成，包括：项目的概况、规模、业主、工程目标、主要工作量，各项目参加者，项目结构，项目管理工作规则等。其中说明了项目的沟通方法，管理的程序，文档和信息应有统一的定义和说明，统一的WBS编码体系，统一的组织编码、统一的信息编码、统一的工程成本细目划分方法和编码、统一的报告系统。项目手册是项目的工作指南。

（二）非正式沟通

非正式沟通是在正式沟通外进行的信息传递和交流，如员工之间的私下交谈。其优点是沟通方便、速度快，缺点是容易失真。

1. 非正式沟通的形式

非正式沟通是通过项目中的非正式组织关系形成的。一个项目组织成员在正式的项目组织中承担着一个角色，另外他同时又处于复杂的人际关系网络中，如非正式团体，由爱好兴趣组成的小组，人们之间的非职务性联系等。在这些组织中人们建立起各种关系来沟通信息、了解情况，并影响着对方的行为。其具体形式主要有以下几种。

（1）通过聊天，一起喝茶等传播消息，了解消息、沟通感情。

（2）在正式沟通前后和过程中，在重大问题处理和解决过程中进行非正式磋商，其形式可以是多样的，如聊天、喝茶、吃饭、非正式交谈或召开小组会议。

（3）通过到现场进行非正式巡视和视察，与各种人接触、座谈、旁听会议，直接了解情况，这通常能直接获取项目中的软信息，并可了解项目团队成员的工作情况和态度。

（4）通过大量的非正式横向交叉沟通，能加速信息的流动，促进成员间的相互理解。

2. 非正式沟通的作用

非正式沟通的作用有正面的，也有负面的。管理者可以利用非正式沟通方式达到更好的管理效果，推动组织目标的实现。

（1）非正式沟通更能反映人们的态度。管理者可以利用非正式沟通了解参加者的真实思想、意图、看法及观察方式，了解事件内情，以获得软信息。在非正式场合人们比较自由和放松，容易讲真话。

（2）非正式沟通的信息具有参考价值，可以辅助决策，但这些信息没有法律效力，而且有时有人会利用它来误导他人，所以在决策时应正确对待，谨慎处置。

（3）可以产生激励作用。由于项目组织的暂时性和一次性，大家普遍没有归属感、缺乏组织安全感，会感到孤独。而通过非正式沟通，能够满足人们的感情和心理的需要，使大家的关系更加和谐、融洽，也能使弱势人员获得自豪感和组织的温暖。人们能够打成一片，会使大家对项目组织产生认同感、满足感、安全感、归属感，对管理者有亲近感。

（4）折射出项目的文化氛围。通过非正式沟通可以解决各种矛盾，协调好各方面的关系。例如，事前的磋商和协调可避免矛盾激化，解决心理障碍；通过小道消息透风可以使大家对项目的决策有思想准备。

（5）更好地沟通。在做出重大决策前后采用非正式沟通方式，集思广益、通报情况、传递信息，以平缓矛盾，而且能及早地发现问题，促使管理工作更加完美。

（6）承认非正式组织的存在，有意识地利用非正式组织，可缩短管理层次之间的鸿沟，使大家亲近，增强合作精神，形成互帮互助的良好氛围，还能规范行为，提高凝聚力。

（7）非正式组织常常要求组织平等，降低组织压力，反对组织变革，使组织惰性增加。同时，非正式组织也束缚了成员的能力和积极性，冲淡了组织中的竞争气氛，进而对正式组织目标产生损害。

四、改善与提高项目沟通管理的方法

沟通的有效性，主要看发送者转交接受者态度的状态及其程度。人际沟通是否成功，取决于领导者要向下级人员提供的信息与下级人员通过理解而获得的意义是否相一致。为了增加沟通成功的可能性，必须保证领导者提供的信息与下级人员对信息理解的最大限度的吻合性。

（一）改善有效沟通的方法

（1）重视双向沟通，双向沟通伴随反馈过程，使领导者可以及时了解到信息在实际中如何被理解，使接受者能表达接受时的困难，从而得到帮助。

（2）多种沟通渠道的利用，一个项目组织，往往是综合运用多种方式进行沟通的，只有这样，才能提高沟通的整体效应。

（3）正确运用文字语言。

（二）提高有效沟通的方法

（1）沟通前先澄清概念，经理人员事先要系统地思考、分析和明确沟通信息，并将接受及可能受到该项目沟通之影响者予以考虑。

（2）只沟通必要的信息。

（3）明确沟通的目的，经理人员必须弄清楚，进行这个沟通的真正目的是什么，要下级人员理解什么，明确了沟通目标，沟通内容就容易解决了。

（4）要使用精确的表达，要把经理人员的想法用语言和非语言精确地表达出来，而且要使接受者从沟通的语言或非语言中得出所期望的理解。

（5）考虑沟通时的一切环境情况，包括沟通的背景、社会环境、人的环境以及过去沟通的情况等，以便沟通的信息得以配合环境情况。

（6）要进行信息的追踪和反馈，信息沟通后必须同时设法取得反馈，以弄清下属是否真正了解，是否愿意遵循，是否采取了相应的行动等。

（7）要言行一致地沟通。

第二节 工程项目沟通中常见的问题

在工程项目信息沟通的过程中，常常会受到各种因素的影响和干扰，使沟通受到阻碍。在项目管理组织内部和组织界面之间存在的沟通障碍常常会产生以下问题。

（1）项目组织或项目经理部中出现混乱，总体目标不明确，不同部门和单位兴趣与目标不同，各人有各人的打算和做法，而项目经理无法调解争端或无法解释。

（2）项目经理部经常讨论不重要的非事务性主题，协调会议经常被打断、干扰或偏离了主题。

（3）信息未能在正确的时间内，以正确的内容和详细程度传达到正确位置，人们抱怨信息不够，或信息量大，或不及时，或不着要领，或无反馈。

（4）项目经理部中没有应有的争执，但却存在于潜意识中，人们不敢或不习惯将争执提出来公开议论。

（5）项目经理部中存在或散布着不安全、绝望的气氛，特别是在上层系统准备对遇到危机的项目作重大变更，或指令项目不再进行，或对项目组织作调整，或在项目即将结束时。

（6）实施中出现混乱，人们对合同、指令、责任书的理解不一致或不能理解，特别在国际工程及国际合作项目中，由于不同语言的翻译造成理解的混乱。

一、沟通障碍产生的原因

在项目管理过程中可能会遇到类似的问题，在进行项目阶段性成果检查时，发现业主的实际要求和开发的功能不相吻合，或者业主所要求的某种属性并没有得到体现；或在设计过程中，开发人员开发出的内容与设计要求大相径庭等问题。究其原因，都是由于没有做好充分和有效的沟通。项目需要充分的沟通，以达到项目目标明确、工作职责清晰、项目需求明晰等。沟通障碍可能会造成项目返工，影响项目进度和成本，甚至会导致项目的失败。在实际的工作中，导致沟通问题的原因主要有以下几方面。

（1）人的惰性。因为人的惰性，有些用户可能并不会认真确认用户需求文档，只有到系统完全做出来了，才会提出有些内容是需求理解错误；有些开发人员也不认真看设计文档就直接就去开发；与项目相关的文档不能及时地根据变化进行修改和更新等。

（2）不正确的沟通态度　第一种情况是项目经理和项目经理部成员一般都具有较高的学历，易导致“我以为”的错误，往往太过自信，而没有认真确认沟通。第二种是不敢沟通，不敢和业主沟通，不敢和上级领导尤其是跨部门的领导沟通，害怕被拒绝，害怕沟通中遇到的阻力。第三种情况是懒得沟通，认为这么简单的东西不用沟通，凭自己的理解就可以完成等，导致出现偏差。

（3）缺乏正确的沟通技巧。因为没有选择正确、有效的沟通方法导致和业主沟通失败，因没有一个畅通的沟通机制导致设计与开发产生偏差。所以，项目经理应具备一定的敏感度和懂得依据具体的需要使用不同的沟通技巧和知识。

（4）项目实施的时间约束。一方面项目的开发时间是有限制的，往往为了追求项目的进度而忽视或者压缩沟通时间；而另一方面业主的时间也是有约束的，往往业主不派出专职人员全程参与项目，从而就导致常常会因为客户没有时间而无法进行正常的项目沟通，导致项目推后。

二、实现工程项目的有效沟通方法

(1) 组建一个好的项目经理部。在组建项目部时，要视项目的复杂程度，根据知识、专业、能力、性格等要素优势互补的原则选配项目经理部的主要成员。高效的项目组织能形成良好的“项目精神”，减少不必要的交流和合作的数量，以加强项目经理部的沟通效果。一个好的项目经理部应当具备完成项目任务，实现预期目标的能力，即使在项目遇到困难时，项目经理部也能发挥集体的力量去克服各种困难，使项目始终良好运行，这是一种系统能力，是通过项目经理部成员间的良好沟通和协作体现出来的。

(2) 建立完善的项目沟通管理体系。项目经理部因开展项目而成立，因项目完成而解散，工程项目一次性的特点决定了项目经理部成员为该项目协同工作的临时性。由于项目经理部的成员来自于不同职能部门，成员间并不完全了解，如果不进行有效的沟通，成员间就根本无法协作，因此只有形成有效的沟通体系，成员间才能充分交流、分享信息、相互信任、互相支持。

(3) 正确处理项目各接口的协调关系。正确处理总承包方与业主的关系，总承包方要正确理解业主的设计意图和要求，在设计中定期向业主汇报设计进展，交换意见，如果业主有好的建议，在不违反设计标准、规范、设计初衷的情况下，尽量满足业主的设计变更的要求，以创造良好的合作气氛；处理好与分包商的沟通协调关系，总承包方应主动、积极、详细地向分包方介绍工程概况、技术要点和工程进度，并对分包方的工程进度和质量进行全程的跟踪控制。

(4) 提高发送者沟通的语言能力和心理水平。信息发送者要表达自己的想法，可以结合手势和表情动作等非语言形式来交流，以增强沟通的生动性，使对方容易接受。使用语言文字时要简洁、明确、措辞得当，进行非专业沟通时，少用专业术语。此外，发送者要言行一致，创造一个相互信任、有利于沟通的小环境，有助于相互之间真实地传递信息和正确地判断信息，避免因偏激而歪曲信息。

(5) 注重信息传递的及时性、准确性。注重正式沟通渠道和非正式沟通渠道的结合运用，明文规定的原则与不拘泥于形式的（如口头的）沟通相结合，以使接收者及时了解明文规定的原则很难传递的信息。此外，应尽量减少组织机构的重叠，以拓宽信息沟通的渠道。

(6) 建立沟通的反馈机制。在项目组织中重视双向沟通，双向沟通伴随反馈过程，使发送者可以及时了解到信息在实际中如何被理解，接受者是否真正了解，是否愿意遵循，是否采取了相应的行动等。

在项目实施过程中，参与项目建设的各方相互依赖、相互协作、相互影响，通过实施过程的沟通使相关各方有效地协调工作，可以确保项目目标的顺利实现；通过沟通可以使项目成员知道由顾客、项目主办者和管理者所做出的与项目实施及其业务环境相关的所有决策，从而与相关决策保持高度一致性；通过沟通可以使项目成员了解项目进展情况并跟上项目的进展，从而得以使项目顺利开展。

本章小结

本章主要介绍了沟通相关的基本知识和工程项目中常见的沟通问题。通过本章学习，读者可以了解何谓沟通；了解沟通的的构成要素及特点；掌握建筑项目管理中沟通的内容；熟悉工程项目沟通的方式；掌握改善与提高项目沟通管理的方法；熟悉工程项目中常见的沟通问题产生的原因及解决方法。

习题九

一、选择题

1. 在项目团队中，沟通（　　）。

A. 越多越好　　B. 只能针对那些有利于项目成功的信息

C. 应该在所有的项目团队成员之间进行　　D. 应该把所有信息发送给所有团队成员

2. 信息发送者对下列哪一项负责？（　　）

A. 确保信息被正确接收和理解　　B. 促使信息接收者赞同信息的内容

C. 尽量减少沟通中的噪声　　D. 确保信息清晰和完整以便被正确理解

3. 项目沟通管理包括以下所有过程，除了（　　）。

A. 识别干系人　　B. 规划沟通　　C. 管理干系人期望　D. 控制沟通

4. 在项目沟通中，谁负责确保信息的清楚、明确和完整？（　　）

A. 项目经理　　B. 信息发送者　　C. 信息接收者　　D. 沟通双方

5. 项目经理应该是一个多面的角色，其中包括作为沟通者。项目经理有多少时间是花费在沟通上面的？（　　）

A. 20% ~50%　　B. 75% ~90%　　C. 30% ~60%　　D. 10% ~30%

6. 项目沟通系统中，对项目沟通效果起关键作用的是（　　）。

A. 项目发起人　　B. 高级管理层　　C. 项目经理　　D. 项目团队

二、简答题

1. 良好的沟通实际上是项目成功的关键因素的理由有哪些？
2. 建筑项目管理中沟通的内容有哪些？
3. 沟通方式的类型有哪些？
4. 正式沟通的形式有哪些？
5. 非正式沟通的作用的有哪些？
6. 沟通障碍产生的原因有哪些？

第十章

工程项目收尾管理

本章导读

收尾阶段的管理是项目管理的重要组成部分，对项目的成本控制和二次经营起决定性作用。工程项目收尾管理的目标是确保项目交付成果的质量和完整性，为项目的顺利结束提供支持。本章主要介绍工程项目竣工收尾与验收、工程项目竣工结算与决算、工程项目回访与保修等内容。

学习目标

- 了解工程项目竣工验收的程序。
- 掌握工程项目竣工结算的程序和依据。
- 熟悉工程项目竣工决算的步骤及内容。
- 掌握工程项目回访的程序及方式。
- 掌握工程项目保修的范围及期限。
- 掌握工程项目考核评价的流程及标准。

素质目标

- 培养学生提高项目管理的能力和效率，确保项目的顺利结束和交付，促进自身学习和成长。
- 培养学生爱岗敬业，吃苦耐劳的职业精神。

本章结构图

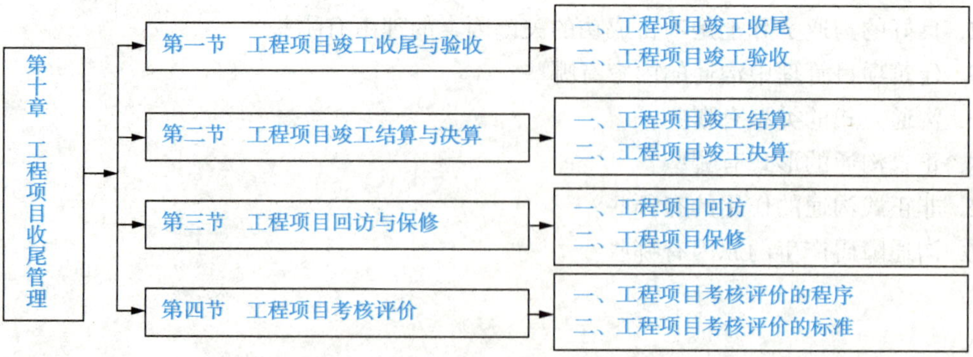

第一节 工程项目竣工收尾与验收

竣工收尾是建设工程项目的最后阶段，决定着建设工程项目能否能按期正常投入使用，承建方能否及时获得工程收益。

一、工程项目竣工收尾

竣工收尾阶段的工程内容纷繁复杂，主要施工任务基本已经完成，一些工程量小的零星未完工程却容易被遗漏，从而拖延竣工收尾期，因此竣正收尾工作要指定专人负责，编制详细的竣工验收计划，采取有效措施保证竣工验收计划的实施，扎实做好项目竣工收尾阶段的组织和管理工作。

工程项目竣工收尾的具体工作程序如下。

（1）建立竣工收尾小组。工程项目进入竣工验收阶段，项目经理部作为工程项目竣工收尾工作的责任主体，要组织配备好竣工收尾工作小组，负责工程项目竣工收尾的各项工作。此小组直接由项目经理负责，辅以各部门项目中工作时间较长、熟悉工程项目情况的多方管理人员参加。全面负责现场施工、细部处理、移交、验收、资料归档等工作。

（2）编制项目竣工收尾计划。项目竣工收尾直接为竣工验收创造条件，为此竣工收尾必须有计划地进行。项目经理部应根据工程项目专业技术特点，结合合同条款拟定竣工收尾工作计划，由项目经理主持，合同、技术和施工等各部门会审，确定后报上级主管部门批准后下发竣工收尾计划。竣工收尾计划应详细列明竣工收尾工程内容的清单和起止日期，计划安排内容详尽并切实可行。

（3）检查项目竣工收尾计划。工程项目竣工验收前，项目经理和相关技术负责人应定期检查竣工收尾计划执行情况，及时解决存在的问题，对于重要部位还要做好检查记录。有关施工、质量、安全、材料、内业等技术、管理人员要积极协作配合，对列入计划的收尾、修补、成品保护、资料整理、场地清扫等内容，要按分工原则逐项检查核对，做到完工一项，验证一项，消除一项，不给竣工收尾留下纰漏。

竣工收尾计划的检查要做到高起点、严要求。依据法律、行政法规和强制性标准的相关规定，严格检查，发现偏差要及时进行调整、纠偏，发现问题要强制执行整改。

二、工程项目竣工验收

工程项目的竣工验收是指施工单位按照施工合同的约定完成了施工图设计文件所规定的全部工程内容，经检验合格，由发包单位会同设计、施工、监理、工程质量监督等相关部门，对该项目是否符合规划设计要求以及建筑施工和设备安装质量进行全面检验，取得竣工合格资料、数据和凭证的过程。

（一）工程项目竣工验收的程序

（1）施工单位自检。单位工程完工后，施工单位应首先依据验收规范、设计图纸等组织有关人员进行自检，对检查发现的问题进行必要的整改。

（2）竣工预验收。工程竣工预验收由总监理工程师组织，各专业监理工程师参加，施工单位由项目经理、项目技术负责人等参加，其他各单位人员可不参加。工程预验收除参加人员与竣工验收不同外，其方法、程序、要求等均应与工程竣工验收相同。总监理工程师应组织各专业监理工程师对工程质量进行竣工预验收。存在施工质量问题时，应由施工单位整改。整改完毕符合规定后，由施工单位向建设单位提交工程竣工报告和完整的质量控制资料，申请组织竣工验收。

（3）正式验收。单位工程质量验收应由建设单位项目负责人组织，由于勘察、设计、施工，监理单位都是责任主体，因此各单位项目负责人应参加验收，考虑到施工单位对工程负有直接生产责任，而施工项目部不是法人单位，故施工单位的技术、质量负责人也应参加验收。建设单位收到工程竣工报告后，应由建设单位项目负责人组织监理、施工、设计、勘察等单位项目负责人进行单位工程质量验收。

（二）工程项目竣工验收的条件

（1）完成建设工程设计和合同约定的各项内容。

（2）有施工单位签署的工程保修书。

（3）有完整的技术档案资料。

（4）有完整的施工管理资料。

（5）有勘察、设计、施工、工程监理等单位分别签署的质量合格文件。

（6）有工程使用的主要建筑材料、建筑构配件和设备的进场试验报告。

（三）工程项目竣工验收的依据

（1）双方签订的工程承包合同。

（2）国家或省、自治区、直辖市和行业行政主管的有关部门颁发的法律、法规，现行的施工规范、质量标准、验收规范。

（3）上级主管部门批准的该工程项目的可行性研究报告、设计文件、施工图纸及说明书等各类文件。

（4）设备技术说明书。

（5）设计变更通知书。

（四）工程项目竣工验收的要求

根据《工程施工质量验收统一标准》（GB 50300—2013）规定，工程施工质量应按以下要求进行验收。

（1）工程的观感质量应由验收人员现场检查，并应共同确认。

（2）检验批的质量应按主控项目和一般项目验收。

（3）工程质量验收应在施工单位自检合格的基础上进行。

（4）参加工程施工质量验收的各方人员应具备相应的资格。

（5）对涉及结构安全、节能、环境保护和主要使用功能的试块、试件及材料，应在进场时或施工中按规定进行见证检验。

(6) 对涉及结构安全、节能、环境保护和使用功能的重要分部工程，应在验收前按规定进行抽样检验。

(7) 隐蔽工程在隐蔽前应由施工单位通知监理单位进行验收，并应形成验收文件，验收合格后方可继续施工。

在工程竣工验收完成后，施工单位应在建设单位对竣工验收报告签字确认后的规定期限内向建设单位递交完整的竣工结算资料，承建双方根据合同约定的有关条款进行工程竣工结算。施工单位在收到竣工结算款后，在规定的期限内向建设单位逐项移交工程项目的档案资料、实体（含各种设备）以及签署的验收证书和工程保修书。

第二节 工程项目竣工结算与决算

工程项目竣工结算，是指承包人在完成合同规定的全部工程内容，并经发包人和有关部门验收合格后，与发包人进行的最终工程价款的结算。竣工决算是工程项目从筹建到竣工交付使用为止所发生的所有实际支出，包括设备及工具购置费、建筑安装工程费和预备费等费用。

一、工程项目竣工结算

承包人在工程项目原有的投标报价和合同价的基础上，结合设计变更、现场签证和工程量核定等各种结算资料确定最终工程造价，再经发包人审查并由发承包双方签字最终确定，经审查核定后的工程竣工结算既是承包人向发包人收取工程价款的依据，也是发包人编制竣工决算，核定新增固定资产的依据。

（一）工程项目竣工结算的程序

(1) 工程按合同完工后，承包人应在经发承包双方确认的合同工程期中价款结算的基础上汇总编制完成竣工结算文件，应在提交竣工验收申请的同时向发包人提交竣工结算文件。承包人未在合同约定的时间内提交竣工结算文件，经发包人催告后 14 日内仍未提交或没有明确答复的，发包人有权根据已有资料编制竣工结算文件，作为办理竣工结算和支付结算款的依据，承包人应予以认可。

(2) 发包人应在收到承包人提交的竣工结算文件后的 28 日内核对。发包人经核实，认为承包人需进一步补充资料和修改结算文件，应在上述期限内向承包人提出核实意见。承包人在收到核实意见后的 28 日内按照发包人提出的合理要求补充资料，修改竣工结算文件，并应再次提交给发包人复核后批准。

(3) 发包人应在收到承包人再次提交的竣工结算文件后的 28 日内予以复核，将复核结果通知承包人，并应遵守下列规定：①发包人、承包人对复核结果无异议的，应在 7 日内在竣工结算文件上签字确认，竣工结算办理完毕。②发包人或承包人对复核结果认为有误的，无异议部分按相关规定办理不完全竣工结算；有异议部分由发承包双方协商解决；

协商不成的，按照合同约定的争议解决方式处理。

（4）发包人在收到承包人竣工结算文件后的28日内，不审核竣工结算或未提出核对意见的，应视为承包人提交的竣工结算文件已被发包人认可，竣工结算办理完毕。

（5）承包人在收到发包人提出的核实意见后的28日内，不确认也未提出异议的，应视为发包人提出的核实意见已被承包人认可，竣工结算办理完毕。

（6）发包人对工程质量有异议，拒绝办理工程竣工结算的，已竣工验收或已竣工未验收但实际投入使用的工程，其质量争议应按该工程保修合同执行，竣工结算应按合同约定办理；已竣工未验收且未实际投入使用的工程以及停工、停建工程的质量争议，双方应就有争议的部分委托有资质的检测鉴定结构进行检测，并应根据检测结果确定解决方案或按工程质量监督机构的处理决定执行后办理竣工结算，无争议部分的竣工结算应按合同约定办理。

（二）工程项目竣工结算的依据

（1）工程合同。发承包双方可在施工合同中约定有关竣工结算的具体内容。

（2）中标投标书的报价单。无论是公开招标还是邀请招标，招标人与中标人应当根据中标价订立合同。中标投标书的报价单是订立合同和竣工结算的重要依据。

（3）施工图、设计变更通知单、施工变更记录、技术经济签证。

（4）现行计价定额、费用定额、地区人工工资标准，材料预算价格、价差调整文件、各项费用指标及调价规定以及现行清单计价规范。

（5）有关施工技术资料和工程竣工验收报告。

（6）工程质量保修书。

另外，还应收集如发包人的指令文件、商品混凝土供应记录、材料使用记录、材料价格变动文件等结算资料。

二、工程项目竣工决算

工程项目竣工验收完成，承建双方办理完成工程竣工结算手续后，要由建设单位编制工程竣工决算并上报有关部门。

（一）工程项目竣工决算的编制依据

（1）设计交底或图纸会审纪要。

（2）招投标的标底资料。

（3）招投标的承包合同。

（4）招投标的工程结算资料。

（5）设计变更记录、施工记录或施工签证单，以及施工中发生的其他费用记录。

（6）竣工图及各种竣工档案资料。

（7）历年基建资料、历年财务决算及批复文件。

（8）设备、材料调价文件和调价记录。

（9）有关财务核算制度、办法和其他有关的批复文件。

(10) 经批准的可行性研究报告及其投资估算。

(11) 经批准的初步设计或扩大初步设计，及其修正总概算。

(12) 经批准的施工图设计及其施工图预算。

(二) 工程项目竣工决算的编制要求

(1) 清理、核对各项账目，保证竣工决算的正确性。在收集，分析整理竣工项目的财务资料时，要做到工程账目清晰，账物相等，账账相符。对于核实清点的各种结余材料、工器具和设备，要按规定妥善保管及时处理，结余资金要上交财政部门或上级主管部门。

(2) 建设单位负责在工程项目办理竣工验收使用后的一个月内编写完成竣工决算，并上报主管部门审查。竣工决算中的财务成本部分，还应送交开户银行审查签证。

(3) 按照规定组织竣工验收，保证竣工决算的及时性。对于竣工验收中发现的问题，及时查明原因并采取措施加以解决。

(4) 积累、整理竣工项目资料，保证竣工决算的完整性。在建设过程中，建设单位必须随时收集与建设项目有关的各种数据资料，并在竣工验收前，将各种数据资料进行分类、立卷、归档。

(三) 工程项目竣工决算的编制步骤

(1) 收集、整理、分析技术、工程结算、施工图纸和各种变更签证等原始资料。

(2) 全面清理工程项目从筹建到竣工交付使用的全部费用的各项账务、债务和结余物资。

(3) 对照核实确认的工程实际变动情况，重新核实各单位工程、单项工程造价。

(4) 将审定后的待摊费用、设备工器具投资、建安工程投资、其他投资严格划分和核定后，分别计入相应的建设成本栏目内。

(5) 编制竣工财务决算说明书。

(6) 填报竣工财务决算报表。

(7) 进行工程造价对比分析。

(8) 清理、装订好竣工图。

(9) 按国家规定上报主管部门审批、存档。

(四) 工程项目竣工决算的内容

工程项目竣工决算的内容主要包括竣工财务决算说明书、竣工财务决算报表、工程竣工图和工程造价对比分析。

1. 竣工财务决算说明书

竣工财务决算说明书是对竣工财务决算报表进行分析和补充说明的文件，是全面考核分析工程投资与造价的书面总结。其主要内容包括以下几个方面。

(1) 建设项目概况，对工程总的评价。

(2) 资金来源及运用等财务分析。主要包括工程价款结算、会计账务的处理、财产物资情况及债权债务的清偿情况。

（3）基本建设收入、投资包干结余、竣工结余资金的上交分配情况。

（4）各项经济技术指标的分析。

（5）工程建设的经验及项目管理、财务管理工作和竣工财务决算中有待解决的问题。

（6）需要说明的其他事项。

2. 竣工财务决算报表

通常，小型建设项目竣工财务决算报表包括建设项目竣工财务决算审批表、竣工财务决算总表，建设项目交付使用资产明细表等；而大、中型建设项目竣工决算报表主要包括以下内容。

（1）建设项目竣工财务决算审批表。

（2）建设项目交付使用资产明细表。

（3）大、中型建设项目概况表。

（4）大、中型建设项目竣工财务决算表。

（5）大、中型建设项目交付使用资产总表。

3. 工程竣工图

建设工程竣工图是工程进行交工验收、维护，改建和扩建的依据，是真实地记录各种地上、地下建筑物、构筑物等情况的技术文件。为确保竣工图质量，必须在施工过程中及时做好隐蔽工程检查记录，整理好设计变更文件。编制竣工图的形式和深度，应根据不同情况区别对待，其具体要求主要包括以下几个方面。

（1）凡在施工过程中，虽有一般性设计变更，但能将原施工图加以修改补充作为竣工图的，可不重新绘制。由承包人负责在原施工图（必须是新蓝图）上注明修改的部分，并附以设计变更通知单和施工说明，加盖“竣工图”标志后，作为竣工图。

（2）凡按图竣工没有变动的，由承包人（包括总包和分包承包人，下同）在原施工图上加盖“竣工图”标志后，即作为竣工图。

（3）凡结构形式改变、施工工艺改变、平面布置改变、项目改变以及有其他重大改变，不宜再在原施工图上修改、补充时，应重新绘制改变后的竣工图。由原设计原因造成的，由设计单位负责重新绘制；由施工原因造成的，由承包人负责重新绘制；由其他原因造成的，由建设单位自行绘制或委托设计单位绘制。承包人负责在新图上加盖“竣工图”标志，并附以有关记录和说明，作为竣工图。

4. 工程造价对比分析

（1）主要材料消耗量。考核主要材料消耗量，要按照竣工决算表中所列明的三大材料实际超概算的消耗量，查明是在工程的哪个环节超出量最大，再进一步查明超耗的原因。

（2）主要实物工程量。对于实物工程量出入比较大的情况，必须查明原因。

（3）考核建设单位管理费、措施费和间接费的取费标准。建设单位管理费、措施费和间接费的取费标准要按照国家和各地的有关规定，根据竣工决算报表中所列的建设单位管理费与概预算所列的建设单位管理费数额进行比较，依据规定查明多列或少列的费用项目，确定其节约或超支的数额，并查明原因。

第三节 工程项目回访与保修

在工程项目竣工验收交付使用后，自签署工程质量保修书起的一定期限内，承包人应主动对建设单位和使用人进行工程回访。对工程在使用过程中暴露出来的由于施工原因造成的质量问题，承包单位应负责修理，直至达到正常的使用条件。建设工程项目的回访与保修是承包单位的一种“售后服务”方式和行为。

一、工程项目回访

工程项目的回访是工程项目在竣工验收交付使用后，承包单位组织生产、技术、质量、水电等有关方面的人员在《工程质量保修书》约定的保修期限内，主动向发包人和使用者了解工程项目及其设备的使用情况，对其存在的问题及时发现，及时处理，保证工程项目正常的使用功能。回访是落实保修制度和承包单位责任的重要措施。

（一）工程项目回访的程序

（1）编制回访工作计划表。

（2）组建回访工作小组进行回访，听取意见及建议。

（3）现场核查工程质量缺陷的情况。

（4）与相关部门人员共同分析引起质量缺陷的原因。

（5）明确相关的责任。

（6）商讨维修事项，实施维修。

（7）填写回访记录表。

（二）工程项目回访的工作计划

要做好工程项目的回访工作，需要制定具体的回访工作计划，并将之纳入到质量管理体系中。回访工作计划主要包括以下几方面。

（1）主管回访与保修的部门。为了便于对发现的工程质量缺陷，采取及时有效的处理措施，主管回访与保修的部门应了解工程项目各个施工单位。

（2）回访保修工作的执行单位。它既可以是本项目的施工单位，也可以是本项目的施工单位委托的其他相关单位。

（3）回访时间安排和主要内容。

（4）回访的对象及其工程名称。工程项目的回访对象既可以是建设单位，也可以是工程项目的使用者。

（5）回访工程的保修期限。

（三）工程项目回访的方式

（1）技术性回访。通过回访用户的方式，及时了解施工过程中所采用的新材料、新设备、新工艺、新技术的使用效果和技术性能，以便及时解决存在的问题，同时还要总结经验，提出改进、完善和推广的依据和措施。

（2）例行性回访。按回访工作计划的统一安排，采用电话询问、开座谈会等灵活多样且有针对性的形式，每半年或一年进行一次。了解工程项目的日常使用情况，听取使用者意见。

（3）特殊工程专访。对某些特殊工程、重点工程、有影响的工程要组织专访。此类工程的服务工作可往前延伸，包括交付使用前对建设单位的访问和交付使用后对使用者的回访，积极听取他们提出的意见，满足他们的要求，对发生的工程质量问题及时上门服务，不断积累此类特殊工程的施工管理经验。

（4）季节性回访。对于容易受季节影响而出现质量问题的工程部位采取季节性回访，发现问题及时采取措施。如雨季回访屋面和墙面的防排水工程；冬季回访锅炉房及采暖工程；夏季回访制冷工程和通风工程。

二、工程项目保修

承包人在向建设单位提交工程竣工验收报告的同时，应向建设单位出具《工程质量保修书》。《工程质量保修书》中应明确工程项目的保修范围、期限和责任等，在规定的保修期限内，承包单位履行与建设单位的约定，对因承包单位不符合工程建设强制性标准以及合同约定等原因而造成的质量缺陷，承包单位负责修复并承担相应的经济责任。

（一）工程项目保修范围

根据《房屋工程质量保修书（示范文本）》，工程质量保修范围主要有：地基基础工程，主体结构工程，屋面防水工程，有防水要求的卫生间，房间和外墙面的防渗漏，供热与供冷系统，电气管线，给排水管道，设备安装和装修工程以及双方约定的其他项目。具体的保修范围应在《工程质量保修书》中约定，一般包括以下几个方面。

（1）屋面、地下室、外墙、阳台、厕所、浴室、厨房以及厕浴间等处渗水、漏水。

（2）各种通水管道（包括自来水、热水、污水、雨水等）漏水，各种气体管道漏气以及通气孔和烟道不通。

（3）水泥地面有较大面积的空鼓、裂缝或起砂。

（4）内墙抹灰有较大面积起泡，乃至空鼓脱落或墙面浆活起碱脱皮者，外墙粉刷自动脱落。

（5）暖气管线安装不良，局部不热，管线接口处及卫生器具接口处不严而造成漏水。

（6）其他由于施工不良而造成的无法使用或使用功能不能正常发挥的工程部位。

凡是由于用户使用不当或第三方造成建筑功能不良或损坏者；或不可杭力因素造成的质量缺陷等，均不属保修范围，由建设单位自行组织修理。

（二）工程项目保修期

工程项目的保修期应从工程竣工验收合格之日起计算。根据《建设工程质量管理条例》的规定，工程项目在正常使用条件下的最低保修期限如下。

（1）基础设施工程，房屋建筑的地基基础工程和主体结构工程，为设计文件规定的该工程的合理使用年限。

（2）供热与供冷系统，为两个采暖期、供冷期。

（3）电气管线、给排水管道、设备安装为 2 年。

（4）屋面防水工程，有防水要求的卫生间、房间和外墙面的防渗漏为 5 年。

（5）装修工程为 2 年。

（6）住宅小区内的给排水设施、道路等配套工程及其他项目的保修期由建设单位和施工单位约定。

第四节 工程项目考核评价

工程项目考核评价是指承包单位依据与项目经理签的《项目管理目标责任书》中的内容，对项目经理部的管理行为、项目管理效果以及项目管理目标的实现程度进行检验和评定的过程。通过考核评价可以使项目管理人员进一步总结经验，找出差距，吸取教训，从而提高承包单位的项目管理水平和管理人员的素质。

一、工程项目考核评价的程序

工程项目考核评价是一项科学的评估方法。在进行考核评价时，除了坚持《建设工程项目管理规范》规定的基本程序外，还应根据工程项目的具体情况切实做好各环节的考核评价工作。工程项目考核评价程流程图如图 10-1 所示。

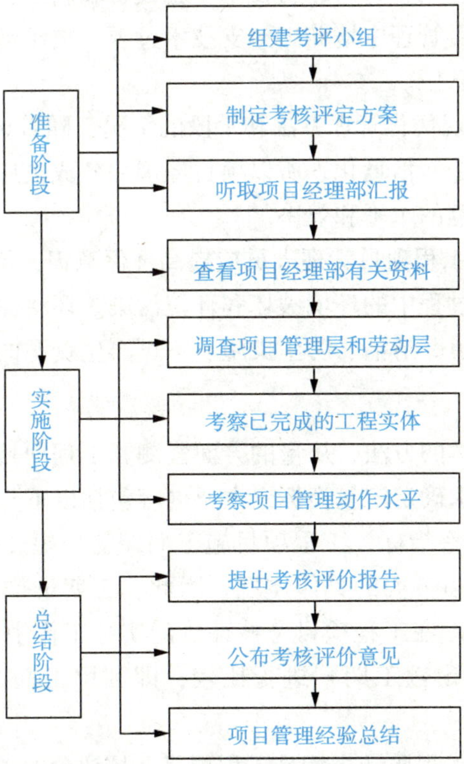

图 10-1 工程项目考核评价流程图

二、工程项目考核评价的标准

工程项目考核评价指标一般分为定性和定量指标两类。

（一）定性指标

对于不便采用定量指标进行工程项目管理考核评价的，可以采用定性指标加以考核评价。定性指标和定量指标相比，指标的处理方式和结果较为笼统，不计较小的差别，只把握大的原则差别，从总体方面对项目管理成果进行考核评价。定性指标是定量指标的基础，确保定量指标的正确方向，其主要内容包括以下几个方面。

（1）执行企业各项制度情况。通过对项目经理贯彻落实企业政策、制度、规定等方面的调查，来评价项目经理部是否能够及时、准确、严格地执行各项企业制度。

（2）项目管理资料的收集整理情况。项目管理资料的收集整理是项目管理工作中的一项基础性工作，它直接反映项目经理部日常工作的规范性和严密性。要从项目管理资料的收集、整理、分类、归纳以及建档等一系列工做出发，强化资料管理的水平。

（3）发包人及用户的评价。施工企业经营的核心是让发包人和用户满意。采取走访、交谈、填写调查表等形式收集整理发包人和用户的评价，有利于施工企业改进和提高项目管理水平。

（4）项目管理中应用新技术、新材料、新设备、新工艺的情况。项目管理者的职责之一就是积极、主动地推广应用新材料、新技术、新设备和新工艺。同样，对于新技术等的推广和应用也有利于在项目管理中培养出一支技术过硬、技术超前、紧跟时代步伐的强有力的项目管理班子和作业队伍。

（5）项目管理中采用现代化管理方法和手段的情况。随着计算机等信息手段在管理中的广泛应用，管理手段也趋于信息化。所以项目经理部各成员应及时学习现代化的管理方法和手段，以提高项目管理的水平和效率。

（6）环境保护情况。工程项目管理人员应提高环保意识，增强环保措施，确保环保效果，以减少甚至杜绝施工过程中的环境破坏和环境污染。环境保护的考核可以从工程项目施工过程中的污水排放、道路清洁、防尘措施、不可再生资源的消耗等方面入手。

（二）定量指标

定量指标是指运用数学的方法，从量的方面去测算工程项目管理的实施效果。依据工程项目考核评价的具体要求确定定量指标，主要内容包括以下几个方面。

（1）工期及工期提前率指标。工程项目施工周期的长短，是一个工程项目管理各部门综合能力、综合水平等多方面的具体体现。因此，工期也是工程项目管理考核评价工作中一个非常重要的指标。在工程项目考核评价的实际工作中，往往用施工的实际工期与计划工期（合同工期，定额工期）进行比较，即利用工期提前量或工期提前率来具体实现。

（2）工程质量指标。工程质量指标是工程项目考核评价的关键指标：依据工程项目的设计要求、国家规定的质量验收评定标准、工程项目所在地的地方所颁布的各项规定、规范，对分部分项工程和单位工程的质量进行鉴定，根据鉴定结果评定分数。鉴定结果不符合要求的工程项目，下达返修或加固通知直至满足安全使用的要求。

（3）工程成本指标。工程成本指标是直接反映工程项目管理经济效果的重要指标。在工程项目管理过程中，可以通过强化管理制度、严控作业成本、规范管理行为、提高技术水平等手段降低工程施工的实际成本。

工程成本指标通常用成本降低额和成本降低率两个指标来表示。成本降低额指标是指工程实际成本与工程预算成本的差额，而成本降低率指标是指工程成本降低额与工程预算成本的比率。

（4）安全考核指标。工程项目的安全问题是工程项目管理的重点。按照建设部发布的《建筑施工安全检查标准》，工程项目的安全标准评定为优良、合格、不合格三个等级。对施工过程中易发生安全事故的主要环节、部位和工艺等的完成情况采用检查评分表的形式进行安全评定和监督，最后再将各个检查评分表汇总形成检查评分汇总表，从而完成工程项目安全标准的评级。

本 章 小 结

本章主要介绍了工程项目竣工收尾与验收、工程项目竣工结算与决算、工程项目回访保修和工程项目考核评价。通过本章的学习，读者可以了解工程项目竣工验收的程序；掌握工程项目竣工结算的程序和依据；熟悉工程项目竣工决算的步骤及内容；掌握工程项目回访的程序及方式；掌握工程项目保修的范围及期限；掌握工程项目考核评价的流程及标准。

习 题 十

一、填空题

1. 工程项目竣工验收前，________和________应定期检查竣工收尾计划执行情况，及时解决存在的问题，对于重要部位还要做好检查记录。

2. 建设单位收到工程竣工报告后，应由________组织监理、施工、设计、勘察等单位项目负责人进行单位工程质量验收。

3. 承包人未在________的时间内提交竣工结算文件，经发包人催告后________天内仍未提交或没有明确答复的，发包人有权根据已有资料编制________，作为办理竣工结算和支付结算款的依据，承包人应予以认可。

4. 工程项目施工周期的长短，是一个工程项目管理各部门________、________等多方面的具体体现。

5. 工程成本指标是直接反映________的重要指标。

二、简答题

1. 工程项目竣工收尾的程序是什么？
2. 工程项目竣工验收的依据有哪些？
3. 工程项目竣工结算的依据有哪些？
4. 工程项目竣工决算的编制步骤是什么？
5. 工程项目回访的方式有哪些？
6. 工程项目考核评价标准是什么？

参考文献

[1] 兰风林. 工程项目管理实务 [M]. 大连：大连理工大学出版社，2022.

[2] 孟小丽，吴玉秀，安袓. 工程项目管理实务 [M]. 北京：中国农业大学出版社，2022.

[3] 曹明. 建设工程项目管理 [M]. 2版. 北京：清华大学出版社，2022.

[4] 吴守荣，任英伟. 工程项目管理 [M]. 北京：机械工业出版社，2021.

[5] 丛培经，赵世强. 工程项目管理 [M]. 6版. 北京：中国建筑工业出版社，2024.

[6] 陈关聚. 项目管理 [M]. 3版. 北京：中国人民大学出版社，2021.

[7] 建造师考试研究院. 建筑工程管理与实务 [M]. 哈尔滨：哈尔滨工业大学出版社，2022.

[8] 龙炎飞. 建筑工程管理与实务一次通关 [M]. 北京：中国建筑工业出版社，2022.